北京印刷学院数字出版与实务教学团队建设资助项目（项目代码：22150114009）

期刊策划教程

QIKAN CEHUA JIAOCHENG

周康 编著

知识产权出版社

全国百佳图书出版单位

图书在版编目(CIP)数据

期刊策划教程 / 周康编著. — 北京 : 知识产权出版社, 2018.5
ISBN978-7-5130-4736-4

Ⅰ.①期… Ⅱ.①周… Ⅲ.①期刊编辑 – 教材 Ⅳ.①G237.5

中国版本图书馆CIP数据核字(2018)第083579号

内容提要：

本书以期刊为研究对象,以期刊策划为研究角度,就什么是期刊,如何做一份期刊的问题进行了研究,并对期刊社如何组织期刊内容的策划、选题、审稿、编辑加工等种种环节,辅助以案例分析,全流程地阐述期刊策划,并对期刊策划进行延伸,力图勾勒出较为完整、系统的期刊策划整体框架,为期刊研究提供一些帮助。

责任编辑:阴海燕　　　　　　　　　　　　　　责任印制:孙婷婷

期刊策划教程

周　康　编著

出版发行:知识产权出版社有限责任公司	网　　址:http://www.ipph.cn
电　话:010-82004826	http://laichushu.com
社　　址:北京市海淀区气象路50号院	邮　编:100081
责编电话:010-82000860转8693	责编邮箱:yinhaiyan@cnipr.com
发行电话:010-82000860转8101	发行传真:010-82000893
印　　刷:北京中献拓方科技发展有限公司	经　销:各大网上书店、新华书店及相关专业书店
开　　本:710mm×1000mm 1/16	印　张:17.5
版　　次:2018年5月第1版	印　次:2018年5月第1次印刷
字　　数:252千字	定　价:58.00元
ISBN 978 - 7 - 5130 - 4736 - 4	

前　言

　　2016年，诸多期刊停刊或休刊，"纸媒黄昏"的说法愈演愈烈。事实上，多年前在有线电视、网络等的冲击下，图书库存增长、报刊征订下降这些问题也是存在的。

　　现在的媒介环境发生了更大的变化，电视的屏幕不但从显像管进化到了液晶屏、LED屏，信号传输技术也是有线电视、机顶盒、数字电视等层出不穷，无线发射塔已经不再重要，并且频道更多、栏目更多，观众有了更多选择。网络则从拨号、固定IP端口的有线网络发展到宽带网络，在带宽扩容带来的传输速度加快和随时随地的便利之外，与手机的结合更使得移动互联网飞速发展，我们现在已经完全可以通过手机来获取信息——这既包含信息的媒介来源种类，也包含信息的媒介呈现形式——这才是对纸媒的致命打击。当随时随地都能通过手机屏来阅读信息，不管这信息原本来源于图书、报纸、期刊，还是来源于广播、电视、网络，并且信息能够以文字、图片、音频、视频、动画等多媒体方式呈现，那么，受众自然会选择还原感最强、体验度最高的方式，当在手机屏上能够轻松获取信息并且得到娱乐，那么谁还会执着于一定要从纸媒上获取？

　　"假如你吃鸡蛋觉得味道不错，又何必认识那只下蛋的母鸡呢？"将信息比作鸡蛋，那么信息的载体自然可以比作母鸡，受众感兴趣的是内容、是信息，不是载体、不是具体的载体形式，所以，当随身携带的手机与互联网结合，手机屏幕能够完全展现文字、图片、视频的时候，纸媒真正的危机来到了，其中当然包含期刊。期刊销量下滑，甚至部分期刊休刊、停刊也是理所当然的事情。

但是我们也看到，在期刊业整体受到冲击的同时，也有一些期刊逆势而上，不仅保持着稳固的读者群，还能够从一本期刊出发，形成期刊群，并能够在单一纸刊之外，与新媒体技术结合，发展出更为丰富的数字期刊形式。此外，期刊平台也为原本大众所不熟悉的学术期刊提供了新的天地，因此，数字化也并没有完全碾压掉纸媒的生存空间。

对照人类历史上多次出现的技术迭代，图书的历史为3000年左右，期刊的历史约为400年，大众报纸的历史也不过300年。当广播出现的时候，纸媒经历冲击；当电视出现的时候，广播和纸媒一起经历冲击。当然，互联网对纸媒、广播和电视带来的冲击更大，但各类型传媒的生命力都是顽强的，都在吸收新型媒体的优点，并对自身予以补充，新的传媒也都是在旧的传媒的基础上发展起来的。同时，从传媒研究的视角来看，各传媒类型也都只是不同时代和技术背景下，信息所能寻找到的不同表现形式与传播类型的结合。

因此，我们也可以无惧于"纸媒黄昏""纸媒没落"的说法，各类型媒介都有自己的独特生存空间，期刊也一样有着自身的生存空间，我们需要做的是研究期刊在现代媒介和社会环境中，其生存和发展的空间在哪里，其生存和发展的方法是什么。

本书以期刊为研究对象，以期刊策划为研究角度，试图对上述问题进行研究和回答。

本书依据期刊的逻辑，从什么是期刊出发，对期刊的定义、特征、形态构成、内容构成等进行分析，研究期刊社如何组织期刊内容的策划、选题、审稿、编辑加工等种种环节，辅以案例分析，来全流程阐述期刊策划，并对期刊策划进行延伸，力图勾勒出较为完整、系统的期刊策划整体框架，为期刊研究提供一些帮助。

目　　录

期刊基础知识篇

期刊市场知识篇

期刊内容知识篇

期刊策划操作篇

期刊基础知识篇

　　本篇为期刊基础知识篇,包括期刊概述、期刊构成、期刊基本运作三章,从期刊相关知识出发,分别对期刊进行较为全面的基础知识梳理、期刊组成部分解构,以及期刊基本的运作流程阐述,为读者提供期刊的一个概括性全貌,利于进一步学习。

第一章　期刊概述

本章从期刊的定义、期刊的历史、期刊的特点和功能、期刊分类等多个方面对期刊进行全面介绍，以期读者能够对期刊有一个较为全面的了解。

第一节　期刊定义

一、期刊定义

期刊，又称杂志，是指在纸质印刷媒体中，装订成册，连续出版且统一序列号的出版物。

期刊和杂志是同一出版物不同角度的名称。"杂志"在于强调刊物内容的包罗万象，"期刊"则是强调该种出版物具有出版周期特征。普通读者习惯把有别于报纸和图书的纸质出版物统称为期刊，而这样的定义只对期刊的外在特征进行了说明，不能完全用来概括期刊的本质属性，因此，我们有必要考察几种不同的期刊定义。

1983年版《现代汉语词典》中"期刊"的定义是："定期出版的刊物，如周刊、月刊、季刊"。

1990年版《中国大百科全书（新闻出版卷）》中"期刊"的定义是："有固定刊名，以期、卷、号或年、月为序，定期或不定期连续出版的印刷读物。"

联合国教科文组织1964年11月19日在巴黎举行的大会上所通过的

决议对期刊有如下定义："凡用同一标题连续不断（无限期）定期与不定期出版，每年至少出一期（次）以上，每期均有期次编号或注明日期的称为期刊。"

国家新闻出版总署1988年11月24日颁布的《期刊管理暂行规定》中，对期刊的概念界定是："本规定所称期刊，是指有固定名称，用卷、期或年、月顺序编号，成册的连续出版物。"该规定进而按照期刊持有的是"国内统一刊号"还是"内部报刊准印证"，将期刊区分为正式期刊和非正式期刊。

修订后的《期刊出版管理规定》（2005年）中，除对个别文字进行了调整，基本维持了原来对期刊概念的界定，第二条第三款规定："本规定所称期刊又称杂志，是指有固定名称，用卷、期或者年、季、月顺序编号，按照一定周期出版的成册连续出版物。"

综合以上期刊定义，现代期刊的完整定义可以这样界定："期刊，是面向公众，定期或不定期成册连续出版的印刷品，刊期往往在一周以上，一年以内，有固定名称，以卷、期，或年、月顺序编号出版，每期版式基本相同。"

二、期刊的计量单位

在出版序列上，期刊的计量是看该刊出版了多少期，期刊作为连续出版物，最基本的计量单位就是"期"。期刊按照自己的出版周期，每出版一次，即为一期。

以"期"作为期刊的计量单位，有两种计量方法。第一种为"第××期"或者"××年第××期，总第××期"的顺序号，这在期刊封面上通常都能看到，这也是大众最为熟悉的期刊计量方式，最简单地标明了这本期刊的本年度序列及总体序列。

如《新周刊》第441期，其在压脊注"2015年第08期（总第441期）"，见图1-1。

图1-1　《新周刊》杂志封面

　　期刊还有在"期"之前用"卷"计量的排列方法,如一些期刊在"××期"之前有"××卷"。这是期刊采用了图书的计量方式,出现这种情况是由于期刊往往会出现合订本,期刊合订本在装帧类型上类似图书。"卷"是在"期"之上的一个时间分类,这里"期"为一个年度中依时间顺序出版发行的期数编号,而"卷"是此期刊从创刊年度开始按年度顺序逐年累加的编年号,从该刊创办开始即为该刊的第一卷。以"卷"计量的期刊,往往是一些创刊历史相对久远的自然科学、社会科学类期刊,高校的学报往往也遵循这种计量方式。

　　如《北京大学学报(哲学社会科学版)》(双月刊)1955年创刊,在计量上,庆祝创刊50周年专号的2005年第5期就体现为"第42卷第5期",2017年第3期就体现为"第54卷第3期",见图1-2。

图1-2 《北京大学学报(哲学社会科学版)》封面

第二节 期刊简史

一、早期期刊简史

在人类历史上,任何新事物的出现都有赖于社会对它的需求和具体的社会生产条件。期刊是人类文明发展较高阶段的产物,期刊的产生要有记录知识的文字、图像信号,还需要具备记载文字、图像信号的物质载体,复制方式也是期刊发展的重要技术条件。在这些条件都得到满足之后,期刊才有可能出现。

期刊的复制方式即期刊生产技术和工艺,包括两个方面:一是把文字符号转移到载体上的复制技术;二是把载体加工成便于使用的装帧形式的技术。

(一)最早的期刊

1665年1月5日,法国人戴·萨罗在巴黎创办了《学者杂志》,这是世界上出现的第一种杂志,它是作为学者之间的通信手段而出现的。1731年,英国人艾德华·卡夫(Edward Gave)也创办了一份期刊,名为《绅士杂志》

（*Gentleman's Magazine*），该刊内容包括小品、论文和其他各式各样的文章，比较庞杂，供当时人们作为社交谈资和业务研究参考的资料，从此，人们用杂志"Magazine"来指称"刊登论文、故事等文字并定期出版的出版物"。期刊在世界范围内逐步发展。

我国期刊的产生受外国影响较大。1815年，我国的第一种期刊《察世俗每月统计传》创刊。这是英国传教士马礼逊在马六甲创办的，英文刊名为 *Chinese Monthly Magazine*（今译法应该是《中文月刊》或《中文每月杂志》，旧译法则偏重于意译）。1862年，上海出现了一种中文刊物，名为《中外杂志》（英文名为 *Shanghai Miscellany*），这是中国最早以"杂志"冠名的刊物。

19世纪的中国虽然有"杂志"这个词汇，但其含义同英文的杂志并不完全一样。日本于1867年出现了一本《西洋杂志》，其在第一卷上声明："本杂志创刊的目的，乃类似西洋诸国月月出版的马卡仙（即Magazine的音译），广集天下奇谈，应能一新耳目，加益万民之诸科学和百工技艺，包括所有译说，将不惜版面，搜集汇纳……"这里所说的杂志，就完全等同于英语里的"Magazine"。我国用杂志来称英语的"Magazine"，是从20世纪初开始的，因此有学者认为我国"杂志"一词是从日本移植过来的。

（二）中国期刊的发展

中国期刊的发展大体上经历了六个阶段。

第一阶段是1815—1890年，这一时期的期刊多为外国传教士创办。在以传教为主要目的的传教士创办期刊过程中，在宗教和西方文化传播之外，客观上促进了期刊在中国的最早发展。

第二阶段是1891—1936年，这一时期是中国社会性质发生重要变化的转折期，也是期刊在中国逐步发展壮大的关键时期。封建社会结束等各种社会变革催生了中国报刊业的快速发展，在报纸之外出现了许多产生过重大社会影响的期刊。

第三阶段是1937—1949年，这一时期中国经历了抗日战争和解放战争，出版受到了很大的影响，期刊也同样如此。期刊编辑部门居无定所，印刷纸张等物资匮乏都制约了期刊的发展,但民国时期,期刊在战火中坚持了下来。

第四阶段是1950—1966年,中华人民共和国成立后的17年,我国各项事业得到恢复和发展,期刊也随之得到了发展,如1949年年底我国有257种期刊,到1959年全国期刊达到851种,期刊数量增加和印数增加的情况一直持续到1966年"文革"之前。

第五阶段是1967—1977年,这一时期由于"文革"影响,我国的期刊出版受到巨大冲击,如1969年全国仅出版了20种期刊。

第六阶段是1978年至今,全国期刊的发展进入一个新的历史(发展)时期,期刊数量增长迅速,品种也极大丰富。2000年,我国内地公开出版的期刊达到8725种,到2006年,正式出版的期刊数量已达到9468种;2015年我国期刊首破万种,为10 014种;到2016年,正式出版的期刊数量已经达到10 084种,这还不包含共计307种的少儿类、画刊、动漫类期刊。

(三)中国早期期刊举证

从整体上来看,早期期刊是从报纸中演变而来的,且与报纸一样采用纸张作为信息载体,但期刊在内容深度上具有报纸所不具备的深入性,在内容广度上也比报纸有更大的容纳能力。另一方面,从发行范围上来看,早期的报纸更侧重于地方信息的报道,而期刊能够做到大地域范围内或者行业内的信息汇集。

早期期刊在发展为定型期刊过程中,以小册子形式摆脱了报纸的无装订形态,随着出版印刷技术的进步和观念发展及经营要求,期刊逐步定型为具备封面、封底、目录导读、广告刊载等形式的定型期刊的形制。

就中国范围内的期刊来看,最早的中文期刊是《察世俗每月统记传》,由英国传教士马礼逊于1815年8月5日在马六甲创办,木版雕印,在南洋华侨中免费散发。

国内最早创办的具有现代含义的中文期刊,是1857年在上海创刊的教会刊物《六合丛谈》。

1868年教会创办的《中国教会新报》,1874年改名为《万国公报》,成为广学会的机关刊物,是外国传教士所办的最有影响的一种刊物。

1872年英商美查在申报馆之下创办的《瀛寰琐记》,是中国的第一种文艺刊物。

1896年创刊,由梁启超任主笔的《时务报》,则是国人创办的第一种以时事政治为主的综合性刊物。

1900年由杜亚泉创办的《亚泉杂志》,成为国人创办的第一种自然科学期刊。

1904年由商务印书馆创办的《东方杂志》,是中国近代出版时间最长、最具影响的综合性期刊。

不管是世界范围内还是中国范围内,早期期刊逐渐定型为现代期刊的形态,期刊由封面、封底等一系列要素构成,在内容上期刊由多篇文章汇集,具备目录、导读及栏目、版块等期刊内容形式,在经营上广告刊载等多种形式也已经出现。现代期刊装帧形式在保留了期刊基本形态的同时,也越来越多地采用新的装帧形式和装订手段。

二、现代期刊

现代期刊相较于早期期刊,取得了飞速发展,这样的发展首先表现在期刊数量上。

以中国期刊为例,20世纪80年代是中国期刊发展最迅猛的时期。1978年期刊品种为930种,1985年已近5000种,1989年超过6000种。期刊发行量由1978年的年总发行约7亿册突进到1988年的25亿册。20世纪90年代,中国期刊转入稳步发展阶段。期刊品种仍有增长,1998年期刊种数达到8000种,与1989年相比,增长33%。

中国期刊的发展,不仅表现于社会科学类期刊,同样表现于自然科学、技术类期刊。20世纪90年代后期,我国科技期刊已发展到4000余种。

进入21世纪后,我国期刊数量有了进一步的增加,并且各种期刊在数量分布上也更为均衡,见表1-1。

表 1-1　中国期刊数量统计表

单位/种

年份	总数量	综合	期刊类型						
			哲学社会科学	自然科学技术	文化教育	文学艺术	少儿读物	画刊	动漫
2000	8725	556	2089	4449	913	529	121	68	
2001	8889	520	2252	4420	947	545	141	64	
2002	9029	547	2318	4457	957	539	149	62	
2003	9074	571	2286	4497	975	535	149	61	
2004	9490	353	2369	4748	1234	572	152	62	
2005	9468	479	2339	4713	1175	613	98	51	
2006	9468	479	2339	4713	1175	613	98	51	
2007	9468	479	2339	4713	1175	613	98	51	
2008	9549	479	2339	4794	1175	613	98	51	
2009	9851	485	2456	4926	1204	631	98	51	
2010	9884	495	2466	4936	1207	631	98	51	
2011	9849	435	2516	4920	1349	629	118	58	
2012	9867	370	2559	4953	1350	635	142	60	27
2013	9877	368	2577	4944	1353	635	144	61	27
2014	9966	365	3618	4974	1363	646	209	61	32
2015	1014	366	2635	4983	1377	653	209	53	36
2016	10084	365	2664	5014	1383	658	212	55	40

注:根据2001—2017年度中国出版资料汇编数据统计得出。

在表1-1中,需要指出的是,2010年及之前历年统计数据,是按照综合类、哲学社会科学类、自然科学类、文化教育类、文学艺术类、少儿读物类、画刊类共7类进行分类统计,然后计入总种类;从2011年及以后,少儿读物类、画刊类单列为画刊类,不计入期刊总种类;自2012年起增加动漫类期刊也不计入期刊总种类。

在世界范围内,期刊也在蓬勃发展,如在英国,几乎每天都有新的两本期刊上市,期刊除了在数量上的增加之外,质量也在不断提高。世界范围内出现了一大批的知名期刊,如美国的《时代周刊》《新闻周刊》《国家地理》,英国的《经济学人》《地理》等,这些期刊已经发展为完整的期刊集团,上升到产业的阶段,并且随着期刊集团的发展和产业兼并,开始了在世界范围内的竞争。

在数量和质量之外,现代期刊的技术特征也更为明显。在各种纸张、印装方式之外,现代期刊的数字化发展也是技术表现之一,期刊在纸质形式之外,光盘版期刊,期刊网站、数字期刊等多种数字化期刊的形式也已经成为现代社会条件下常见的期刊现象。期刊由纸质到数字化表现,进一步发展为数字期刊,从仅靠印刷的媒体,到一个能够使用各种新技术和平台的媒体来使消费者拥有他们所需要看到的内容,这为期刊进一步发展拓宽了道路。

第三节 期刊要素及其特点、功能

一、期刊要素

从期刊的定义可以看出,构成期刊的要素是:连续出版,有一个稳定的名称,每年至少出版一期,有卷、期或年、月等表示连续出版的序号,由众多作者的作品汇编而成。以上这些要素是期刊不可或缺的基本成分。

期刊要有被传播的知识信息。传播知识信息是期刊的基本职能,知识信息是构成期刊的基本因素。期刊的内容是伴随着人类对自然与自身认识的不断深化和社会的发展而发展的。人类思想、文化、文明的发展史都可以在期刊的内容中得到反映。期刊的内容也从简单到复杂,从低级到高级,从零散到系统,从局部到全面,甚至出现了刊载书目、索引、文摘之类二次、三次文献的检索性期刊,譬如《全国新书目》《全国报刊索引》《新华文摘》等。这些只有在科学技术高度发达,各种知识急剧增长的情况下才能得到充分的发展。同时,随着社会生活领域的扩大,期刊所具有的传播知识的目的性也越来越明确,其社会意义也越来越重要。

从出版学角度考察,出版物都有精神性和商品性的双重属性。期刊作为出版物的一种,也同样是以物质载体来承担精神内容的传播,在期刊的编辑加工过程中,进行的是精神产品的生产,在期刊的印刷发行过程中,进行的是商品的生产和流通,而在读者的购买行为发生之后,通过读者阅读期刊,期刊刊载的信息传递到读者,也完成了作者和编辑的精神传递,因此期刊从商品属性上来讲,是精神性与物质性(商业性)的结合,精神属性是本质属性,物质属性是载体,各类纷繁复杂的期刊,不管其形式和内容如何变化,其本质都必然符合精神性和物质性的统一。

二、期刊特点

(一)连续性

在期刊的定义中,突出的特征之一就是期刊的连续出版,这也是期刊和图书区别的重要特征。期刊自正式创刊发行开始,就会连续不断地编辑出版下去,并且以固定次序的卷、期等顺序排列下去,只要期刊没有停刊,期刊出版行为就不会停止。连续性特点使期刊出版成为一个长期的不间断过程。

(二)周期性

出版物的生产都存在一定的周期性,从信息的采集、编辑加工、印刷复制到发行,各种生产环节都需要时间。期刊作为连续出版物,也同样需要出版周期,期刊绝大多数以周、旬、双周、半月、月、双月、季等不同的时间阶段作为出版周期,使得期刊与其他出版物相比,具有非常明显的周期性特点。

(三)信息高效性

期刊的出版周期比报纸长,但比图书要短。期刊从策划、编辑到印刷,时间较报纸充裕得多,这在客观上使得期刊的信息高效且具有深度。

期刊不关注小的时间单位上事情的发展,而是侧重于在广阔的背景下对事件进行分析;期刊还侧重于对事件产生的前因后果进行深度挖掘,并力求在这个层次上发挥自身的及时性和影响力,再加上期刊本身在信息内容收录上的广泛性,也就造成了期刊的可读性较强,并能够实现反复阅读。

期刊信息高效性除体现在期刊可实现反复阅读之外,还体现在目前出现的过刊市场上。现代期刊市场上常见的零售报刊亭,经常将过期期刊削价出售,过刊售卖在于零售摊点是实现利润最大化,对于期刊读者而言,期刊信息报道深度能够保证较长的生命期,未曾阅读即可视为新刊,削价售卖的过刊在内容上和价格上都能够满足读者的需求,因此过刊市场在实现期刊最大价值之外,也逐渐进入了期刊研究者的视野。

(四)读者具有精确指向性

如果对期刊内容进行粗略划分,期刊一般可以分为一般性期刊和专门性期刊。专门性期刊在相当大程度上是专业人士之间的科研成果、思想交流和信息交流的渠道,具有专业的品位,如《柳叶刀》是英国的一本医学类期刊,但由于其技术含量很高,已经成为世界范围内外科医生的必备读物。《经济学家》在期刊中的地位也如《华尔街日报》在报纸中的地位,都不是普通读者愿意阅读并且能够读懂的期刊。

而在一般性期刊方面,由于数量众多所带来的竞争上的压力,一般性期刊也在对读者进行细致的划分,在读者中进行较精确的小众定位,这在传播学上被称作"大众传播的窄播化"。对追求最大传播效果而言,期刊的这种做法不能在具体某种期刊上起到大众传媒的作用,但在具体期刊,这样详细的读者群划分却能够牢固把握读者,编辑出读者喜欢的期刊,在此基础上也能有效地吸引广告主。例如,同为一般性期刊中的娱乐类期刊,有《看电影》《新电影》《环球银幕》《电影画刊》等多种期刊并存,每种期刊都是在大的分类下进行具体的读者细分,从而对不同阅读兴趣的读者进行内容上的满足。

期刊具有对特定读者的精确指向性,因此可以认为期刊是属于特殊社会群体的媒体。从期刊读者的阅读心态来说,期刊是属于特殊读者群的,是读者自我意识的产物,而随着期刊经营的进一步市场化,大众传播的窄播化会进一步发展,期刊就必须进一步满足读者的不同需求。这样我们也就不难理解同为国内军事类期刊,《世界军事》《航空世界》《坦克装甲车辆》《现代兵器》《舰船知识》《轻武器》《兵工科技》《军事世界画刊》等多种期刊细分后达到共存共生、共同繁荣的良好局面,甚至《国际展望》半月刊也因为对读者进行细分而分别出版了《国际展望·尖端科技报道》和《国际展望·全球热点追踪》两个版本,见图1-3。

图1-3 《国际展望》半月刊两个版本的封面

（五）典藏性

期刊的高档次印刷使得期刊图片精美,传播质量高,期刊的内容时效性强,印刷数量也相对于图书要大,这样使得期刊的可重复性阅读大大增强。图书的可重复性阅读主要是变为图书馆藏书之后,但在成为个人藏书的情况下,传阅的概率大大降低。而报纸对于读者来说也不存在太大的收藏价值,大多是读过即弃。因为期刊有较好的典藏性,读者收藏自己钟爱的期刊也比较普遍,因此很多期刊都在年终岁末推出年度合订本,也是满足期刊收藏的一种方式。

如美国《国家地理》杂志,素来以刊登图片的高规格和艺术水准高而享誉世界,甚至其落选图片的精美程度也能够作为《国家地理摄影集》的出版资源,因此《国家地理》成为很多读者的收藏对象,在《国家地理》的期刊宣传上甚至有一句名言:"订阅该杂志,您需要准备好书架。"

进入21世纪,《中国国家地理》也在朝这个方向发展,如在2005年度的55周年纪念刊、2006年度的56周年纪念刊正常出版之外,《中国国家地理》还专门推出精装典藏本,以利读者收藏。与此同时,期刊社也获得了更多的利润。在此基础上,《中国国家地理》形成了每年度十月刊为大制作特刊的惯例,吸引了部分非订户读者专门购买十月刊。

期刊在满足读者的阅读审美、信息获取与交流之外,还给人较好的美感,期刊装订成册本身易于被收藏,内容高效,利于反复阅读的特性也使得广告主对期刊广告寄予厚望。现代形形色色的期刊几乎涵盖了生活中的方方面面,发行范围广,对期刊的购买,尤其是对高档期刊的购买也反映了读者的经济能力,对期刊的反复阅读更能加深读者转化为消费者的现实可能性,因此现代期刊也是具有相当优势的广告载体之一。

三、期刊功能

出版物和社会存在巨大的联系,社会为出版物提供内容资源,社会因素对出版物产生种种影响;出版物在记录社会信息之外,也在推动社会和经济发展,促进科技和文化知识交流,促进民众学习和提升读者趣味。期刊作为出版物的一种,归纳起来具有下列几方面的功能。

(一)对社会的影响

期刊作为一段时间内的各种深度信息的汇总,能够有效地积累信息,保存大量有价值的信息,为读者提供更多信息交流的机会,进而促进社会信息交流,加速社会发展。

期刊对社会的影响也可以从期刊种类分布上得到佐证。倒如,在2006年,期刊总数量为9468种,其中,综合类479种,哲学社会科学类2339种,自然科学技术类4713种,文化教育类1175种,文学艺术类613种,少儿读物类98种,画刊类51种。对比2016年期刊种类数据,2016年全国共出版期刊10084种,其中,综合类365种,哲学社会科学类2664种,自然科学技术类5014种,文化教育类1383种,文学艺术类658种,少儿读物类212种,画刊类55种,动漫刊40种。我国期刊这种数量上的分布。从横向上各种类期刊的数量对比,以及纵向时间上各种类期刊的数量此消彼长,整体上体现了我国现代的社会发展水平,最为庞大的科学技术类期刊数量体现了整个社会对科技的重视,综合类期刊数量较少也体现了目前经济还处于发展中水平。从各种类期刊数量的历史纵向比较更能体现这一点。

(二)对政治的影响

在期刊中,政治类、新闻类、财经类的期刊大量存在,这些期刊的读者具有特殊性,存在巨大的影响力,这样的人群在整体上对政治层面有着巨大的影响。在报纸和电视、广播之外,期刊是最能体现政治意图的媒体。考察《时代周刊》的封面设计,它倾向于选择有重大影响力的政治经济类人物照片作为期刊的每一期封面,而每年的年度风云人物评选更是每个读者都深切关注的大事。《时代周刊》在1975年2月3日和1976年1月19日分别以周恩来和邓小平照片作为封面,结合当时历史现实,这种封面照片选择显然是期刊政治影响的直接体现。

(三)对经济的影响

从对经济上的影响来看,期刊内容历来以报道的深度见长。以美国《财富》(FORTUNE)为例。《财富》不但每期的报道内容被经济界人士所关注,其关于经济走势的评论更是被看作全球经济发展的晴雨表,并且《财富》每年的年度公司评选活动也是期刊工作的重点。年度500强的上榜公司自然也会把《财富》的这种排行榜,看作本公司实力和业绩的最好证明,从而在业务的继续开展上做足文章。

（四）对科技和文化的影响

从对文化的影响来看,期刊所刊载的内容本身就属于文化的一种,期刊作为一种媒介,在传递信息的过程中,所承载的信息文本体现了社会发展的文化与文明,形成了对各类型文化的积累。

以我国的期刊数据来看,2016年全国共出版期刊10 084种,其中,综合类期刊共365种,占期刊总品种的3.62%;哲学社会科学类期刊2664种,占26.42%;自然科学、技术类期刊5014种,占49.72%;文化、教育类期刊1383种,占13.71%;文学、艺术类期刊658种,占6.53%。2016年,国家新闻出版广电总局所批准创办47种学术期刊中,《红色文化学刊》《丝路瞭望(中文、俄文、哈萨克文)》《中国应用法学》《区域与全球发展》等一批关注社会主义核心价值观建设、一带一路建设、智库建设等国家重大战略需求的期刊,都是在新时代下我们所关注的新问题的集中体现。

从对科技的影响来看,在我国,科技类期刊的数量是最为庞大的,截至2017年10月,我国科技期刊共5021种,在世界范围内,科技类期刊的数量也相当庞大,科技类期刊对各种科技信息的传播和推广起到了重要的作用,同时科学技术的发展也为科技类期刊提供了源源不断的内容支撑。

第四节　期刊的分类

期刊分类同样是一个有现实意义的问题,在世界范围内,期刊数量是庞大的,仅中国内地,2006年全国共出版期刊9468种,平均期印数16435万册,总印数28.52亿册,总印张136.94亿印张,定价总金额152.23亿元(含高校学报、公报、政报、年鉴1742种,平均期印数374万册,总印数3979万册,总印张236755千印张)。十年后,2016年全国共出版期刊10084种,平均期印数13905万册,总印数26.97亿册,总印张151.95亿印张,定价总金额232.42亿元。即使不考虑期刊出版中的印刷数量等指标,在表1-1中国期刊数量统计表中所体现的粗略分类,各个门类的期刊数量相对于读者的阅读能力,都很庞大。以生活中容易购买到期刊的报刊亭作为参照,普通报刊亭往往能同时售卖报纸40~50种,而期刊的种类则有200~400种,可见日常生活中流通的期刊数量仍然相当庞大。

期刊作为出版物,其精神价值附加在物质形态上才能得以实现。从个人购买能力和阅读能力来看,读者购买的期刊数量必然是有限的,在庞大的期刊市场中选择具体的期刊进行购买并阅读是读者的理性选择,读者群在整体上能够涵盖所有期刊,但具体的读者只能对具体期刊进行选择,而不是对所有期刊进行全面浏览,甚至同一期刊内部,读者所浏览的也不是全部内容。现代期刊已经涉及社会生活的方方面面,对这样数量庞大的期刊进行分类,有助于期刊读者迅速确定兴趣范围之内的具体期刊,加快购买行为的产生和完成。

较之图书的分类,期刊的分类相对简单一些。期刊由于出现的时间较晚,同时期刊在不断的出版更新中,对于期刊内容信息的掌握比图书更为容易。考虑到读者的阅读兴趣,一位读者同时购买的期刊种类和数量不会像图书那样大,因此期刊分类也较为简单。

一、期刊常用分类方法

以期刊的级别为依据,可以把期刊分为中央级和地方级两大类。中央级期刊比地方级期刊有更为广泛的发行范围,地方级期刊也在扩大发行范围,这一点通过期刊改名过程中所选择的新期刊名称可以很明显地看出来。大量的期刊改刊的重要内容就是将刊名从地域色彩设为全国色彩。

依照期刊发行的范围,可把期刊分为公开发行期刊和内部发行期刊。内部期刊一般为行业性期刊或者具有一定保密色彩的刊物,其发行量不能随意扩大,市场性非常弱,在本书不作为研究的重点。公开发行期刊是期刊市场的主流。

依照期刊的整体内容,可以把期刊分为综合性和专门性两大类。专门性期刊其行业特征即指向性非常明显,现代学科门类的详细划分是出现专门性期刊的重要原因。相比于专门性期刊,综合类期刊内容庞杂,力图适应最大量的读者。

按照《中国图书馆分类法》,期刊可分为三个基本大类,即社会科学类期刊、自然科学类期刊、综合类期刊。每一类期刊根据学科的性质再详细划分。另外,科技期刊又详细划分为综合性、学术性、技术性、检索性、科普性期刊;社会科学类期刊可分为哲学、政治、经济、法律、历史等类期刊。普通读者日常接触的期刊,大多数属于综合类期刊。

按照期刊的刊期,可以分为周刊、旬刊、双周刊、半月刊、月刊、双月刊、季刊、半年刊、年刊等。其中,月刊形式是期刊最为常见的形式。

在国家出版行政机构的统计中,通常把期刊分为哲学社会科学类、自然科学技术类、综合类、文化教育类、文学艺术类、少儿读物类、画刊这7种。

期刊研究者按照期刊的详细内容,将其分为新闻性期刊、科技期刊、对象性期刊、学术性期刊、文学类期刊、艺术类期刊、文摘期刊、画刊8个门类。

按照期刊的开本,可以对期刊进行分类。如16开、大16开、国际16开、32开、大32开等是最为常见的开本。

按照读者对象,还可将期刊分为学术性、专业性和普及性(群众性)三大类,每类之下仍可继续划分。

二、实际应用中的分类法

(一)报刊征订目录分类

在每年度的报刊征订工作中,都会印发和派送《简明报刊征订目录》,对下一年度能够公开发行的报刊进行刊登。在这种实用性较强的征订目录中,是按照期刊的内容进行较为细致的分类。

在《简明报刊征订目录》中所罗列的期刊,都可以通过邮政系统进行征订,订户到邮局填写征订单,缴纳相应订金,由邮递员完成门对门投递;或者订户以自己所在单位为组织,填写征订单,单位统一汇总后与邮政对接,缴纳相应订金,由邮递员投递给单位收发室,收发室再转发给部门或订户。

全国公开发行期刊种类以千为计,单独的读者时间、精力都是很有限的,作为订户的读者所能够进行的期刊阅读必然是集中于自己感兴趣或者需要的少数种类上,虽然存在以图书馆、阅览室等机构为读者群进行征订的情况,这种集体征订方式也是从本机构所涵盖或服务的主要读者群的兴趣出发进行,具体期刊品种的选择。《简明报刊征订目录》中所体现的期刊分类,有效地保证了读者能够迅速、有效的从几千种期刊中迅速找到自身感兴趣的期刊。

《简明报刊征订目录》从读者的阅读兴趣出发,按照社会科学类、科技、科普、文化、文摘、文学艺术类,妇女、青年类,教育、中小学生、少儿、幼儿类,生活消费、旅游类,体育、医药卫生、保健类、综合类等10余个大类进行初步分类,然后再按照期刊内容细分为下列类别。

政治时事、理论学习类,党建工作类,人大、政协、民族、宗教、侨务类,行政事务类,国际问题类,法制、法学、监察类,军队、公安、民兵类,工人、农民类,青年、少儿类,妇女类,老年类,幼儿、学前教育类,人口、计划生育类,综合经济类,财经、金融、统计、保险类,计划、管理类,标准化、计量、质量类,公关、广告类,新闻、出版类,图书馆、档案、报刊目录索引类,综合教育类,高等教育类,行业教育类,成人教育类,中小学教育类,高校学报(哲社版)、高校学报(自然版)、高校学报(理工版)、高校学报(农林牧版)、高校学报(医学版)、高校学报(财经版)、语言与文字类,综合文艺类,诗词、散文、小说类,传记、故事、民间文学类,文艺理论、文学评论类,美术、书法、摄影类,音乐、舞蹈、曲艺类,广播、影视、戏剧类,画报、文化生活类,体育类,历史、考古、文物类,文摘类,科学技术类,科学普及类,科技情报类,科研学报类,数理科学类,地球科学、地理、环境保护类,经济类,生物科学类,卫生保健类,综合医学类,医学各专科、病理类,医药类,农业类,林业、园艺类,畜牧、兽医、草原、养殖类,探矿工程类,石油、天然气、煤炭类,化学、化工类,金属学、冶金类,机械类,水利、水电类,核科技类,能源与节能类,仪器仪表工业类,无线电、光、电技术类,自动化、计算机、网络类,军事技术类,邮电通信类,交通运输、航空航天类,建设、建筑、建材类,轻工业类,民族画报类,外文版类。

很显然,这样的实际应用中的分类是在尽可能地以期刊内容为主要依据进行细分的,但这样的细分过于琐碎,并且也存在部分期刊内容与刊名之间不对应的情况,读者在面对数量庞大的期刊总量时,还存在检索不易的问题。

（二）期刊代理网站分类

在网上进行期刊售卖也是目前期刊发行的一种方式,除了较为大规模的发行公司之外,通常的期刊代理网站规模相对较小,经营的品种和数量有限,我们可以来看一个具体的期刊分类。某期刊代理网站,将所代理的期刊划分为流行时尚类,文学艺术类,家居类,文体娱乐类,计算机与互联网类,妈妈与宝宝类,企业管理类,政治法律军事类,商业经济金融类,音像影视类,汽车摩托类,健康生活类,史地旅游类,家庭教育类,学生读物类,科学科普类,儿童刊物类,女性男性类,自然生态环境百科类,医学类,新闻、学术类,行业类等,而将这种分类与按期刊的内容分类进行比较,就显得非常详细。这样的分类标准对期刊不做大的分类,仅仅是按照期刊的内容来进行具体的归类,很明显是参照了读者的阅读兴趣。

（三）零售摊点分类

作为销售终端的报刊零售摊点,每个摊点都必须完成销售的最大化,在大城市每个摊点二三百种期刊和四五十种报纸同时销售的情况下,零售摊点的期刊分类是最为简捷的。报刊零售摊点往往将内容相近的期刊集中摆放展示,最为畅销的期刊放置在同类期刊中最为突出的位置,在完成畅销期刊售卖的同时也试图以此带动其他期刊的销售。报刊亭依据期刊销售难易程度,最基本的分类标准是畅销与不畅销,因此报刊亭期刊的摆放直接体现期刊的市场接受程度。这样的期刊分类也更有利于新创刊期刊的市场调查和市场推广。

三、期刊分类方法的不足

对期刊进行分类的目的是通过对期刊精确归类,进而准确定位,但期刊分类目前存在不足。对于具体的《读者》期刊,按照不同的分类标准,就可以描述为"半月刊、地方性刊物、全国范围发行、标准16开、文摘类期刊"等,像期刊《世界军事》,我们能够将其描述为"月刊、全国性刊物、全国范围发行、22开、军事类期刊"。但这些描述还有不尽如人意的地方,如文摘类期刊《读者》,作为市场上单月累计发行量最大的期刊,月总发行量最高曾经突破了1000万份,读者已经习惯把《读者》直接看作一种期刊,不把其视为需要确切归类的期刊,在这样不断变化的市场情况下,期刊分类方法就会显示出它的不足。

在《全国报刊征订目录》中,将《舰船知识》《兵器知识》《坦克装甲车辆》《军事世界画刊》《世界航空航天博览》等期刊归入科学普及类中,而这些期刊的创办目的可以说并不是进行直接的科学普及。同样的情况,《现代舰船》《国外坦克》《兵工学报》《现代兵器》《当代海军》《当代军事》《舰载武器》《国防科技》《兵工科技》《电气传动自动化》被划分在军事技术类期刊中,庞大的军事题材期刊就分散在不同的类别。而对于读者来说,首先是从整体上将这些期刊看作军事类期刊,然后按照刊载内容的不同,根据武器系统,分为陆、海、空三大类。对于不能直接划分为这些类别的、带有综合性质或后勤保障性质内容的期刊,既不能直接分类为综合性质的军事期刊,又因其专业性上也较弱,很难有明确的类别可将其纳入。像《国际展望》这类军事期刊的划分更是难题,《国际展望》在内容上对军事主题的报道远远多于对世界政治形势的分析,但按照原本的办刊宗旨和分类，也无法把其划分为军事类期刊。

同样的情况在以生态、环保、人文地理为主要内容的期刊上表现更为突出。在市场上现在有大量的期刊，但这些期刊在全国书报刊名录中的划分异常混乱，《西藏人文地理》《华夏人文地理》《中华遗产》被划归为文化生活类期刊，而《中国国家地理》《旅行家》《人文地理》《西部旅游·乡土地理》被划分为环境保护类期刊。《中国国家地理》编辑部所创办的子刊《博物》，则被划分到文物类期刊，《博物》期刊的主体内容是《中国国家地理》的简化，是将读者的年龄层降低，在中学生市场的拓展方面，宣称的口号也是《中国国家地理》的青少版，其科普性质比《中国国家地理》更为强烈。"博物"这个词汇在古汉语中特指能够认识所有罕见事物的能力，但从字面意思来看符合考古的内涵，从期刊的内容上来看，是不可能把中学生群体全部变成历史学家和考古学家的，而中学生本身的兴趣也不在此。进行对比则会发现，这类期刊的内容在整体上几乎是一致的，在都是以"天文、地理、生物、人文"为主要内容。

按照旧有的分类方法，具体的刊物与分类类别无法融合在一起，如同前文中的军事类期刊，在庞大的内容下，分类很难与读者认知一致，这会对读者购买产生不利影响。

期刊分类在实际运作中的这种不足，本质在于期刊随着社会的发展日新月异，而期刊还在按照传统的固定元素划分，对变化的市场考虑较少。

第二章　期刊构成

本章从形态及内容构成的角度分析期刊,对期刊进行物质形态与内容结构方面的分析。现代期刊虽然在纸刊之外,光盘版、网页版、平台型等多种新的期刊形式不断出现,但对于期刊来说,除外在形态之外,其内在的内容构成逻辑更为重要,通过编排,共同构成期刊。一本期刊与其他期刊相区别,在开本、用纸等不同之外,更多的也是依靠其内在的构成来体现。

第一节　期刊构成的理论基础及表现

读者通常所能接触到的实体期刊,往往是通过邮政或者报刊亭购买的,实体期刊多由纸张印刷装订而成,具备外在的物质形态构成。

读者阅读期刊,是通过翻动纸页,以单篇文章叠加的方式,完成对整本刊的阅读,从这个角度而言,期刊是由多篇文章叠加形成的文章集合,通过特定的逻辑方式组合,共同构成期刊内容。

内容构成和形态构成将期刊从整体分割成不同的组成部分,这是绝大多数期刊的现实情况,从生理学因素和社会条件限制角度分析,这也适应了人们阅读期刊的感官需要。

一、期刊构成的理论基础

(一)生理因素

期刊是视觉媒体,对其阅读首先需要使用视觉器官,即眼睛,人眼所看到的信息引起大脑知觉和分析,产生意识,完成对期刊信息的阅读。

由于人类眼睛生理结构的限制,读者能够持续用眼的时间是有限的;结合大脑的结构,在视觉信息之外,其他感官也在提供信息,需要大脑处理,从人的大脑的适应性来讲,很难保持对同一种事物的长期连续关注,因此读者能够保持注意力的时间是有限的。这都决定了长时间的连续阅读很难实现。如果读者坚持长时间的阅读,大脑必然会以眼涩、胸闷、腰酸等种种身体不适的生理表现来分散读者注意力,提醒读者应该转换一下状态。即使读者能够坚持,在坐姿正确、光照充足、环境安静、注意力持续的理想状态情况下试图进行长时间阅读,但外界环境的刺激、人自身进食、排泄等也都会时时提醒大脑做出反应,长时间阅读的理想状态很难实现。

因此,从人的生理角度来考虑,期刊内容是将一次长时间才能完成的阅读,在客观上分解为间断行为更适应读者。在读者不可能一次性完成阅读的情况下,对整个期刊进行结构和内容的组成分解,使得读者能够通过对多次的小单元阅读叠加累积,来完成整个期刊的阅读。

(二)社会条件限制

现代社会同以往相比,节奏加快,人们生活的空间扩大,不再局限于较小的范围,这样客观上增加了较多的交通通勤时间,在空间范围扩大的同时,带来的是时间上的切割,在以公交、地铁、私家车等交通工具进行空间转换的同时,也伴随着在各种换乘站点等候期间的时间切割。

同时,现代社会便捷的各项服务也增加了人们生活的多样性,观影、聚餐等社交行为之间也存在大量的碎片时间,以图2-1为例,解析人们对有限时间的基本划分。

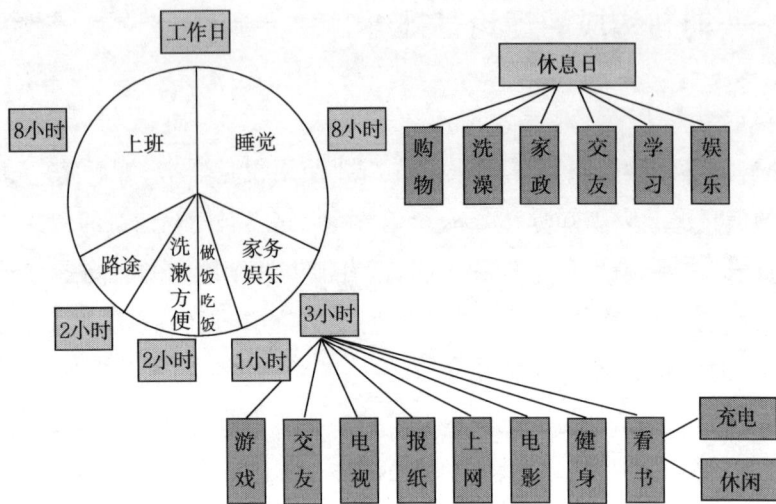

图2-1　时间使用统计图

注：时间的分类：赚钱限制性时间（上班＋路途＋加班）；休息限制性时间（吃喝拉撒睡）；非限制性时间

　　从图2-1可以看出，在现代社会，除基本的休息、上班这些必不可少的时间外，人们已经很难有大块连续时间，能够用于阅读的时间更是少之又少，客观上每年度的国民阅读调查报告的数据也说明了这一点。

　　在能够连续阅读的时间减少的情况下，媒体应该适应这一时代特征，能够将内容以碎片化的方式呈现，用碎片的叠加来拼凑出整体的信息，期刊在结构上天然符合这一需求。期刊内文由多篇文章构成，每篇文章相对于期刊整体，都可视为一个碎片，读者通过对一篇篇文章的阅读，完成对期刊整体的阅读。

　　同时还需要注意的是，读者这些碎片化的时间，伴随着读者在单位、家庭、就餐、娱乐等不同场所之间进行的空间上的不断转移，这种移动的空间与时间也不利于长期持续阅读，能够在移动空间进行的阅读，只能是碎片化的阅读。

　　因此可以说，现代社会条件限制了媒体的呈现形式，媒体的呈现结构需要与现代社会条件相契合。现代社会期刊数量众多,竞争加剧,为提高竞争力,各期刊为读者提供了更多的内容,容量不断扩大化的倾向使得读者的阅读更难一次完成,快节奏的生活也使读者很难做到长时间的在一个固定地方坐卧,用于连续阅读的时间更少。阅读在大多数读者中很难成为一种连续行为,不间断阅读很难实现,客观上就需要对期刊内容进行分割,将整体的期刊内容分解成不同的阅读单元。

二、期刊构成的应用

结合到期刊自身,印刷的物质形态需要读者手动翻页,同时依据阅读学的研究成果,读者在对期刊进行阅读时,通常情况下不是百分之百的进行完全阅读,并且读者往往也不是依照期刊的页码顺序阅读,通常首先阅读最感兴趣的部分,然后再对期刊的其他部分进行阅读,这种非正常页码顺序的阅读,必然使得部分期刊内容会被读者忽略。

期刊的构成既是建立在期刊物质生产的基础上,也是建立读者生理需求满足和社会条件限制的基础上的。

因此期刊在具体的内容呈现上,产生与读者阅读习惯相适应的自身结构。这种结构符合读者的生理条件和社会限制,以单篇文章组合形成整本期刊的方式,满足读者的碎片化阅读需求。

期刊以纸张为载体,具体期刊会存在开本、页码量的限制,期刊信息通过印刷的方式复制于纸张之上,供读者翻阅以获取信息,具体的期刊稿件应该符合写作要求、达到刊登标准;读者对期刊的阅读是通过翻动页码,阅读内容实现,期刊稿件应该能够满足读者阅读过程中对其浏览、了解、分析、记忆等需求,具备社会公认的稿件呈现的规定,方便读者记忆和使用;同时,碎片时间和移动空间带来的社会条件,要求期刊的稿件文章,一方面是碎片化的呈现,但还需要者这些碎片能够拼接、呈现出期刊整体的风貌。

因此,在期刊构成的具体应用上,期刊通常都在有意识地对文章篇幅进行控制,除一些特殊的学术性和文学类期刊的长篇幅文章之外,大众期刊不论开本大小,通常做法是单篇文章不超过4个页码,一般以2~3个页码为宜。如果出现一篇文章多页码的情况,就必然要使用不同层次的插图、配图等装帧设计手段来配合,细心打造,以求得最佳的视觉效果。

在专题报道上,期刊会把专题的庞大叙述进行分解,转化成多个角度的相对简短的文章组合。这样的处理从读者角度而言,文章与文章之间的分隔较为明显,而且文章之间表现出了相对的区别性,在无法长时间连续阅读时,对长文章的阅读也可以按照组成文章的篇幅,随时打断,随时开始。

还需要注意现代阅读环境的变化给期刊带来的新问题,现代社会成为信息社会,传播学家麦克卢汉有着"媒介即信息"的观点。受众通过媒介来接收信息,学者认为,人类所接受的信息80%以上是从视觉器官获得的,期刊的阅读必须借助于眼睛,读者为什么要关注期刊,期刊如何吸引读者,结合传播学的角度来考虑这个问题,要想达到好的传播效果,在期刊内容组成的角度上就必须考虑期刊信息的表现形式,好的表现方式是实现期刊更好传播效果的途径之一。读者在阅读期刊过程中,眼睛需要不停地被新的事物吸引来维系注意力,这样,现代期刊必须在其内容变化上考虑读者需求,以免造成读者的心理性疲劳。因此,对期刊进行翻阅,就很容易看到在期刊的形态构成之外,内容上也存在着一个个不同的组成单元。

期刊的不同栏目相当于期刊的阅读单元,读者阅读时的栏目选择就应该是兴趣的体现,栏目设置也是期刊编辑对读者阅读需求的把握和编辑思想的体现。期刊在形态和内容上的构成,需要遵循读者阅读的能力和习惯,将期刊表现为能够进行层级划分的不同内容的整体组合。

第二节 期刊形态构成

一、外部形态构成

期刊的外部形态构成是期刊构成的物质形态体现。绝大多数期刊都是以纸张为载体，在期刊外部形态构成上，期刊有可操作的空间。

图2-2与图2-3分别为《时尚先生》十周年纪念刊的外包装函套正反面。《时尚先生》十周年纪念刊的正刊及附刊着装手册均为国际标准16开开本，全刊600页，厚度虽然可观，但开本为正常开本，在报刊亭陈设售卖时，厚度特征难以突出。《时尚先生》十周年纪念刊为了吸引读者，在正刊开本延续通常开本的情况下，专门制作了8开本的纸封套包装，这样在报刊亭展示时的视觉效果扩大了一倍，容易让读者形成本期期刊开本为8开的巨型开本的错觉，直接产生本期内容体量巨大的观感。

在外部形态上，页码多、比较厚重的期刊还会进行类似于图书书脊的压脊处理，这些都可看作期刊的形态构成。在这些基本的构成之外，现代期刊中常见的各种不同形式的赠品、非常规的包装形式、广告附加页等，也可以归入期刊的外部形态构成的范畴。

图2-2 《时尚先生》十周年纪念刊外包装函套正面

图2-3 《时尚先生》十周年纪念刊外包装封套背面

期刊的形态构成能够以多样化的形式表现出来,期刊的周年刊等特刊往往以增加外包装的形式,以加强在零售时对读者的吸引力,这是非常常见的做法。

除此之外,在期刊的封面、封底都能够进行折页、拉页等技术处理,这样在增加广告版面之外,还达到了特殊的表现效果。结合期刊连续出版物这一特征,在不同期的期刊上可以通过设置连接要素,打破期刊出版中的时间、空间间隔,也可以形成特殊形态效果。

这里所定义的期刊外部形态构成主要是从触觉、视觉的感知角度来讲,将读者接触到期刊后,对期刊内容以外的部分统称为外部形态。具体内容为以下几个方面。

1. 封套(又称套封、包装袋等)

封套是指期刊的外包装,一些杂志社将杂志装在专门定制的塑料袋内,在装运和陈列时可以起到一定的保护作用。

2. 小礼品

有些期刊会定期或不定期地随刊附赠小礼品,通常是一些小而精致的生活用品。期刊社希望通过这些小礼品能够达到吸引读者购买的目的。

3. 纸张

纸张是期刊重要的组成部分,它与印刷的关系极为密切,作为印刷的舞台,纸张的质量与质感是印刷质量最基础的保证。

通常,一本期刊里会有一种或一种以上的纸张品种,期刊社在选择纸张时,首先要考虑的自然是成本因素,也有很多高档期刊为了其市场定位及满足广告需求,而将纸张成本因素置于较重要的位置上。某些期刊甚至会以高昂的价格定购专门用纸,以体现该期刊独特的风格与品位。

4．印刷

印刷是一本期刊出版流程中的最后环节。由于每本期刊的市场定位不同,对印刷工艺的要求也有很大的差异。

5．装订

装订是将所有页面按顺序订在一起,也是期刊在印厂的最后一道工序。期刊的成品规格不同,装订方法也有很多种,如骑马订、无线胶订、锁线订等。

6．开本

开本是期刊的成品尺寸,虽然一个特殊的杂志开本会给人以新鲜感,但考虑到印刷成本因素以及在期刊发行过程中的物流因素,大多数期刊社还是会以标准开本(如16开、32开)为首选。

二、内部形态构成

期刊的内部形态构成是期刊构成在期刊内容上的首要反映。

期刊的内部形态构成,主要是指期刊内部组成部分,一般由封面(封一)、封二、封三、封底(封四)和期刊内文版式等组成。

将期刊内文版式与封面等区别于期刊外包装,同列于期刊内部形态结构,是出于对期刊读者阅读状态的考虑。读者阅读期刊过程中翻动页码进行内容阅读,阅读过程中手指翻动页码,眼球跟随文章内容转动,从这个角度来讲,内文版式可以视作期刊内部形态构成。

这里所定义的期刊内部形态构成主要是从视觉感知角度而言,将读者拿到期刊后,看到的除期刊详细内容以外的部分统称为内部形态。

1．封面（又称封一、前封面）

封面是一本杂志的"脸"，通常印有杂志的刊名、标志、要目、发刊日期和出版机构的名称等。封面起着美化杂志和保护内页的作用。

2．封底（又称封四、底封）

封底是刊物的最后一面，通常用来印非正文部分的文字、图片，是整本杂志最佳的广告位置，也是最贵的位置。

图2-4为模拟期刊《指针》的封面与封底。

3．封二和封三

封二和封三通常为期刊的广告位。这里就不再列举展示。

图2-4   模拟期刊《指针》的封面与封底

4．内文

对期刊的版式进行分析，其各个构成部分如图2-5所示。

（1）版心，是指文、图等要素在页面上所占的面积。版心的设计主要包括版心尺寸(大小)和版心在版面中的位置设计。

常见的版心形式主要有居中式、大天头式、小天头式、靠订口式和靠切口式等。居中式的版心位于版面中心，其形式多用于图书、画册等。

图2-5　期刊的内文版式

我国传统沿袭下来的版心安排是天头大、地脚小。天头大于地脚的设计使人感到严肃庄重,而且比较方便阅读。一般将期刊的一个双数页码和相邻的一个单数页码组成的两块版面看作一个整体来考虑版面的构图和布局的调整。

(2)天头,是指每面内页的上端空白处。

(3)地脚,是指每面内页的下端空白处。

(4)栏,是指由文字组成的一列、两列或多列垂直的印刷体,中间由空白或线隔开。杂志有一栏、双栏和三栏等几种编排形式,也有通栏跨越两个页面的。多数各栏相等,也有宽窄不一,甚至打破分栏限制,一块一块地在页面上进行组合的。通栏多用于排重点文章;双栏用于排一般文章;三栏则用于排短小的文章。从美学角度来讲,通栏的格调最高,是以文章为中心的最正规的版式,能给读者带来稳定平静的感觉。双栏较通栏富于变化,而且以普通的16开为例,双栏的版面每行的字数恰到好处,最易阅读。三栏或三栏以上的编排形式更加生动多变,较适用于大的开本。

(5)对版,就是由双数页码和相邻于后的单数页码所组成的一对版(合和页/对照版)。由于读者在阅读杂志时,这两版都处于其视线之内,因而在设计版面时一般要将这两版作为一个整体来看待。无论是设置标题还是排放图片,都从整体上来调整。例如,在这两版中不能出现相同位置、相同形式的大标题;对于较长的标题,可以占两版(相邻的双码、单码)的宽度。对于较大的表格和图,也可以从一版(双码)跨排到另一版(单码)。

(6)页码,是任何杂志中最基本的功能构件,读者可以根据页码查询内容。

(7)暗页码,又称暗码,是指不排页码而又占页码的内页。一般用于超版心的插图、插表、空白页或隔页等。

(8)另页起,是指一篇文章从单码起排。如果第一篇文章以单页码结束,而第二篇文章也要求另页起,就必须在上一篇文章之后留出一个双码的空白面,即放一个暗码,每篇文章要求另页起的排法,多用于单印本印刷。

期刊版式示意如图2-6所示。

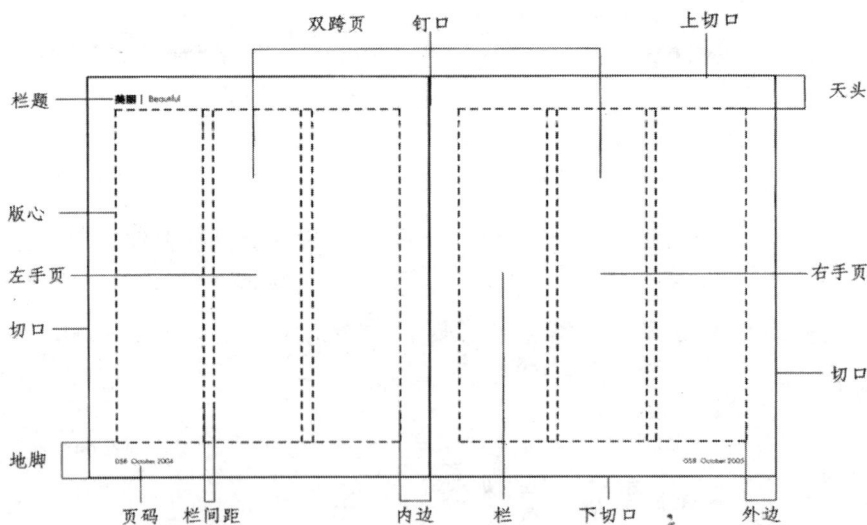

图2-6 期刊版式示意图

5. 压脊(又称封脊)

压脊是指连接期刊封面和封底的部分,压脊上一般印有刊名、发刊日期、出版机构的名称，以便于查找。

6. 夹页（又称插页，包括征订卡、读者调查表、招聘表等）

夹页是指版面尺寸超过或小于期刊开本范围的，单独印刷插装在期刊内的单页。有时也指版面不超过开本，纸张与开本尺寸相同，但用不同于正文的纸质或颜色印刷的页面。

7. 拉页

拉页是期刊的一种特殊页面，可分为封面拉页和内页拉页，一般是由尺寸与期刊开本相同的两页或两页以上的连续页面组成。因为拉页会增加期刊的成本，所以期刊社只会在某种特殊情况下采用这种形式。例如，广告客户购买了期刊的拉页广告版面，或是为了强调一些内容的视觉效果。

8. 别册（又称附录）

别册是指定期或不定期的随期刊一起发售并免费赠送的小册子，其功能视期刊社的目的而定，例如，作为期刊本身的增值服务，如《看电影》期刊的DVD别册，或者是为了传达期刊社希望读者了解的某种信息，如周年庆典活动、有奖订阅活动、读者论坛、广告，等等。

9. 海报

海报是随期刊一起印制并免费发售的宣传单页。

这里所定义的期刊内部形态结构，并排科学、准确的定义，主要目的是将期刊的内容从信息的有效性出发，将有别于期刊具体文本的视觉内容进行归类，方便学习和掌握。

第三节　期刊稿件

一、期刊稿件的外在形式

期刊稿件在期刊上的存在有着两方面的意义，一方面是作为期刊组成部分,成为期刊的构成单元;另一方面是期刊稿件作为单篇文章也存在相对独立性。读者通过对单篇文章的叠加阅读完成对期刊的整体阅读。

因此,稿件必须满足自身相对独立性和期刊构成部分的双重要求,这在内容之外,也对稿件的外在形式提出了要求。如学术类期刊在征稿中会对稿件做出非常具体的要求,如《北京大学学报(哲学社会科学版)》的征稿要求。

《北京大学学报(哲学社会科学版)》
2008年新订编排规范

《北京大学学报(哲社版)》是北京大学主办的人文社会科学综合性学术期刊。为进一步方便作者写作和读者阅读,从2008年第一期起,本刊将实行新订的编排规范。现将投稿注意事项规定如下:

来稿以10000字左右为宜。欢迎简明扼要而又论证充分的短文。所论重大理论问题、重要学术问题的论文允许篇幅稍长一些。稿件正文之前请附论文中文摘要(300~400字)、英文摘要(允许与中文摘要有所不同,不必对应翻译,约200个英文单词)、关键词(3~5个)、作者简介(包括姓名、性别、民族、籍贯、工作单位、学位、职称)。如果所投稿件是作者承担的科研基金项目,请注明项目名称和项目编号。

对于人文学科的论文不再区分注释(对文章中某一内容的进一步解释或补充说明,或作者对自己观点的阐发)与参考文献,二者均放在当页,以脚注形式出现。对于社会科学的论文,仍然可以将注释和参考文献分开,放于文末的参考文献采用"著者–出版年"制。

注释与参考文献著录项目要齐全(不需要加文献标识码)。
专著:

主要责任者,文献名,出版地,出版单位,出版年,起止页码。

译著:

原著者国名,原著者,文献名,译者名,出版地,出版单位,出版年,起止页码。

期刊文章:

主要责任者,文献题名,刊名,年,卷(期):起止页码。

报纸文章:

主要责任者,文献题名,报纸名,出版日期(版次)。

专著中的析出文献:

析出文献主要责任者,析出文献题名,专著主要责任者,专著名,出版地,出版者,出版年,析出文献起止页码。

引用马克思主义经典作家的著作,采用人民出版社最新版本。如《马克思恩格斯选集》《列宁选集》用 1995 年版,《列宁全集》用 1984 年以后版本,《毛泽东选集》用 1991 年版,《邓小平文选》(一、二卷)用 1994 年版,等等。

外文参考文献要用外文原文,作者、书名、杂志名字体一致,采用正体;不得用中文叙述外文,如"牛津大学出版社,某某书,某一年版"等。

来稿请寄纸质文本,注明详细通讯地址(含街道路名)、邮政编码、联系电话。

请勿一稿多投。本刊实行双向匿名评审制度。来稿 3 个月内未收到本刊的用稿通知,作者可自行处理。来稿一般不退,请作者自留底稿;也不奉告评审意见,敬请海涵。

《北京大学学报》编辑部

2007 年 6 月

在上面的征稿简则示例中,显然是将学术期刊的稿件从内容到形式都进行了严格的规定。在这样的严格要求下,学报类期刊的稿件在内容上与学报有了严密的契合,在稿件的表现形式上也达到统一且规整严密,体现出学报类期刊的学术品位。

而综合类、时政类等类别的期刊中,对文章的内容和形式的要求显然没有这样严格,文章的体裁和写作形式有着相当大的自由度,这也和期刊所谓的"杂"之特色有紧密关系。但这些构成期刊的文章,不管其风格、体裁如何多样,篇幅大小如何多变,从整体上来看,必须统一在期刊整体的编辑思想主线上,不符合期刊编辑思想的文章,将无法被期刊采纳和刊登。

二、构成期刊内容的主要元素

期刊稿件在经过采用和编辑加工后才能成为期刊的构成文章,对于期刊文章,还存在更细层次的分析。在文字层面具体可以总结如下。

1. 栏题
栏题又称栏目的名称。如"访谈""写真""聚会"等。

2. 大标题
大标题即文章的题目,用以揭示文章中心内容的标题,是一篇文章的眼睛、窗口。

3. 副标题
副标题是对文章题目的补充、解释和完善,起承上启下的作用。

4. 引言
引言就如独立的副标题一样,可以切割文章,使之更加易读。引言可以采用直接引用的方式,也可以采取简短摘要的形式。这两种形式都有助于构筑另一个层面的信息,引言设计方式应使之从正文中脱颖而出,从而给读者增加进一步阅读的动力。从形式上来讲,引言部分可以有所变化,如区别于正文的字体,其他排版方法,甚至可以把引言与照片和彩色区域结合在一起。

5. 著作标题

著作标题包括文章作者、摄影作者、图片出处、专题的策划人员等名录。有时也包括图片专辑的道具、场地、服装、化妆等工作人员名录。

6. 正文

正文即文章的内容文字。

7. 中标题

中标题即分段标题,大标题下的二级标题。

8. 小标题

小标题即大标题下的三级标题,小的段落标题。可以通过使用小标题的方法把长篇的文章组织起来。小标题基本上可以分为两种:第一种小标题取决于文章的内容,标示着另一部分的开始。从设计的角度看,这种小标题不可以随便移动。第二种小标题是可以移动的,设计者可以把它插入文中的任何位置。这种标题的作用是从视觉效果上把大块的文章切割开来,因为文本会环绕在第二种小标题的周围,所以这种标题的内容并没有第一种标题那样精确。

9. 抽文

抽文是重点文字,从正文中引出的要点,用以强调内文段落中引发读者兴趣的内容,并起到适度调节读者视觉的作用。

10. 对话、访问(QA)

对话、访问(QA)指通常在访谈类栏目中,将访问者和被访问者的语言用不同字体表示。在多数情况下,访问者可用Q(Question)表示,被访问者可用A(Answer)表示。

11. 附件

附件包括box标、box内文,作为正文的相关链接附在正文附近,因形似一个盒子,故称为box。附件属于补充正文信息的文本(如附录、摘录和摘要等),常常出现在单独的框格内。与正文相关的采访笔录也以同样的方式分割开来,从而形成另一个层次的文本。值得注意的是,正文本身应与附加信息的长度相适合,专业期刊往往难以避免加框文字的字数超量的情况,假如真如此,合理的做法是在版面布局允许的条件下,对补充材料作摘要式处理。对于加框文字并无表格要求的——加框文字可与照片、图示、线条和彩色区域结合在一起,其字体应与正文字体有明显的区别,常用的字体为无衬线字体,如果框格较窄,最好不要使文字过分拥挤。

12. **图说**

图说即图片说明,又称图注,指插图的注解和说明。一般排在图题下面,少数排在图题之上。图说的行长一般不超过图的长度。

13. **表格**

表格是快速掌握可比信息的系统,它的作用是为读者提供一组清晰的客观信息。大多数期刊并不重视表格的设计:表格很少与图表和插图共同使用,因为这样会削弱表格的简洁性和可读性。即便有这些限定因素,但仍然有可能设计出精彩的表格。除了排版的方式以外,还可以使用线条和空格。

14. **表注**

表注指表格的注解和说明。一般排在表的下方,也有的排在表框之内,表注的行长一般不超过表的长度。

15. **图表**

图表主要用于商业及金融杂志,基本可分为三种类型。第一种以整体为基础(如100%),进而被分为或大或小的部分的饼状图。这种图表不能反映动态的发展,只能反映目前现状。第二种是展现精确数字对比规模和数量的柱状图,但柱状图不能有效地反映百分比。柱状的表现形式可以是平面的,或者是圆柱形或方柱形的,有时柱状图还可以同时使用多种构成方法和阴影。但由于一个图表可能包含几个交织在一起的图形,因此如果在图表中使用阴影,可能削弱图表的效果。第三种是有坐标系的线形图,这种图表可以显示不同时间段的发展变化。比如用线形图来显示股票的发展行情。对图表的基本要求是简洁明了、设计精确,以便于掌握事实。

16. 背题

背题是指排在一面的末尾,并且其后无正文相随的标题。排印规范中禁止背题出现,当出现背题时应设法避免。解决的办法是在本页内加行、缩行或留下尾空而将标题移到下页。

17. 结束符

结束符表示一篇文章结束的符号,通常为统一的小型LOGO,贯穿整本杂志。

第四节 期刊内容构成

在期刊的外部与内部形态构成之外,期刊构成最重要的方面是期刊内容构成。期刊之间的区别除了体现在刊名、开本等外部因素之外,最本质的区别是在期刊的内容上。在对期刊的内容进行分析之前,可以先分析期刊的内容构成。

如,我们熟知的文摘类期刊《读者》。

《读者》作为我国影响力颇大的文摘类期刊,发掘人性中的真、善、美,体现人文关怀,在刊物内容及形式方面追求高品位、高质量,以其形式和内容的丰富性及多样性,赢得了各个年龄段和不同阶层读者的喜爱与拥护。在《读者》的目录上,在具体的文章的篇名之外,可以找到这样的词汇,如:文苑、人物、社会、人生、生活、文明、家园、点滴、互动、艺术等,同时还存在大量这种词汇:

卷首语、文苑、书林一叶、幽默小品、原创精品、人物、名人轶事、杂谈随感、话题、人世间、人生之旅、婚姻家庭、青年一代、两代之间、心理人生、经营之道、理财、在海外、他山石、历史一叶、文化茶座、人与自然、影像、人与自然、生物世界、言论、漫画与幽默、意林、点滴、智趣等。

以《读者》第605期为例，将这些词汇按照与页码的对应关系排列，这些词汇间的关系则会迅速清晰，见表2-1。

表2-1　《读者》第605期目录页统计表

《读者》	文苑	卷首语 p1
		文苑 p4　p13　p33　p36　p42　p66
		原创精品 p68
	人物	人物 p16
		名人轶事 p7　p15
	社会	杂谈随感 p24　p56　p64　p70
		话题 p44
		社会之窗 p62
	人生	人世间 p10　p40
		人生之旅 p8　p26　p58
		两代之间 p14　p20
		婚姻家庭 p53　p54
	生活	心理人生 p22 p37
		理财 p65
		经营之道 p18
		乐活 p60
		生活之友 p23　p61
	文明	在海外 p32　p43
		他山石 p46
		科海览胜 p57
		历史一页 p30
		文化茶座 p34　p50
	悦读	幽默小品 p52
		言论 p19
		漫画与幽默 p38
		影像 p28
		话与画 p48

续表

《读者》	点滴	意林 p55
		点滴 p9 p13 p25 p47 p63 p67 p69
	互动	互动 p72
	艺术	封面

从表2-1《读者》第605期目录页统计表中可以清晰地看出,《读者》各篇文章是以一定的内文逻辑进行排列、组合,来构成期刊整体文本的。

选择其他非文摘类期刊进行对比,如原资讯类期刊《壹读》。

图2-7为《壹读》曾经发布的内容结构图,可以在该图中清晰地看到该刊的内容形态结构。

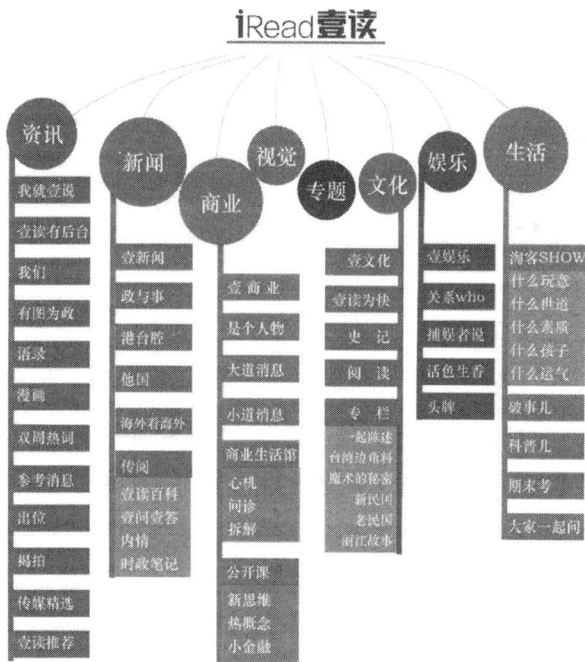

图2-7 《壹读》内容结构图

对照《读者》和《壹读》的内部结构可以发现,虽然构成期刊的是具体的单篇文章,但这些文章必须依照期刊的需要,分别划归于不同位置。

我们将期刊上这些不同的位置聚合,可以以涵盖领域的包容度大小,参照报纸行业版组、栏目的命名方式,命名为版块和栏目。从这个角度来看,期刊的内部形态结构首先是由大小不等的版块和栏目构成的。

在期刊内容构成上,版块和栏目是最为普遍和常见的构成单元。对期刊的版块和栏目进行更为细致的研究,则可以这样认为,单篇文章是期刊内容的最小构成单位,内容相近、文风类似的文章组合构成期刊的栏目;相近或者相似栏目组合成期刊的版块。栏目和版块容纳数量和篇幅不等的文章,这些文章在内容上除了要共同体现期刊编辑思想之外,还要在栏目和版块的组成上形成一个小的、符合期刊思想的文章群。将期刊的组成文章视作期刊内容构成的基本单元,在使用栏目、版块表述期刊文章聚合之外,还有一系列的内容构成单元。

1. 版权页

版权页是指期刊版权、出版机构和制作人员的记录页。在版权页中,按有关规定记录了刊名、期刊社、发行者、印刷者、印数、开本、印张、出版年月、定价、刊号等项目。版权页主要供读者了解期刊的出版情况。

2. 广告刊例

广告刊例是期刊的广告报价单,设计广告刊例是期刊美编的工作之一。虽然一份精美的广告刊例能为期刊的广告销售带来意想不到的效果,但需要注意的是,设计广告刊例时要充分考虑到与期刊本身内容、风格、气质的协调,否则将会给广告销售带来灾难性的后果。

3. 篇章页(又称中扉页或隔页)

篇章页是指在正文各篇、章起始前排的,印有篇、编或章名称的一面单页。篇章页只能利用单码,双码留空白。篇章页,一般作暗码计算或不计页码。篇章页有时用带色的纸印刷来显示区别。

4. 页序

页序是指杂志页码的顺序,是期刊版序的具体体现。

5．**前扉页**

前扉页是指一本期刊里位于右手的第一个页面。由于各种期刊的类型不同，前扉页所起到的作用有很大的差异。在文学期刊里，前扉页一般只起装饰作用，增强了期刊的美观，消费型期刊里，前扉页是绝佳的广告版位，价格仅次于三封。某些大型期刊（如《青年视觉》《世界时装之苑——ELLE》）因广告需要，还设置了扉二、扉三、扉四等。

6．**后扉页**

后扉页是指一本期刊内文里位于左手的最后一个页面。有很多期刊在后扉页上发布与期刊相关的各种消息，或是作为广告版面销售。

7．**卷首页**

卷首页通常出现在目录之后、版权页之前。这里是期刊出版人或主编的个人天地，由他们的文章作为本期期刊的起始，有些期刊在卷首页刊登出版人或主编的肖像照片，有些则选择插图或纯粹文字。

8．**目录页**

目录页是期刊中栏目、题目的记录，起到主题索引的作用，便于读者查找。目录一般放在书刊正文之前（有些期刊因印张所限，有时将目录放在封二、封三或封四上）。

第三章　期刊基本运作

　　本章从期刊社的组织结构、相关工作人员及期刊出版流程出发,对涉及期刊策划工作的主要方面进行介绍。

　　一本期刊的运作,不是一个人能够完成的,需要整个期刊社的通力协作。一个合理的期刊社结构必须有社长、总编辑、副总编辑、编辑部主任、美术总编、图片总编、责任编辑、记者等人员,必须具备编辑部、发行部等不同部门,才能按照流程完成期刊从创意、策划到编辑、加工乃至印刷、发行,最后到达读者手中。进行期刊策划,必须对期刊运作有基本的了解。

第一节　期刊社组织结构

　　期刊社的机构设置是由期刊社的部门设置、人员配备和运行方式所体现的,期刊社内部各工作部门按照一定的运行方式来实现其职能的使用价值。具体期刊出版单位的机构设置与运行都是基于自身发展的需要进行和展开的。

　　长期以来,期刊机构设置较为简单,人员编制较少,在一般情况下,是以进行内容生产的编辑部为核心来运作,将期刊发行等工作委托给国家邮政部门,期刊社再设立财务、总编室等部门,形成完整的机构设置。

　　在改革开放初期,期刊社的机构设置延续长期以来的行政化特征,只设办公室、总编室、采编部、发行部这几个主要部门,其中采编部和发行部是主要的业务部门,办公室则囊括了人事、劳资等行政职能部门。具体业务的开展围绕采编部与发行部进行,其他部门则为采编部和发行部提供保障和支持。

随着市场经济的发展,特别是整个出版行业改革的不断深入,进行市场竞争的期刊社面临与计划经济时代及市场经济初期完全不同的市场和社会环境,期刊社的机构设置需要调整和壮大,部门分工需要细化和专业化。如一般中型期刊社因此而产生了除社长办公室和总编办公室之外的包括社办公室、人事部、财务部、编辑部、记者部、广告部、外联活动部、经营部等;规模再大一些的期刊社还有理论部、国际部等;很多期刊社都特别聘请了专职或兼职的法律顾问。

期刊社的机构、部门设置根据具体期刊的实际进行,期刊社内部管理的机构和机制表现为一种单位的组织构成和运行方式;通过工作部门的相互作用,按照一定的运行方式来实现其职能价值。常见的期刊社组织架构可以分成以编辑部为主体、以发行部为主体及现代期刊社结构三种主要类型。

一、以编辑部为主体

以编辑部为主体的机构设置类型是期刊社中最为常见的。哲学社会科学类、自然科学技术类期刊是我国期刊中的主体,这两类期刊均偏向学术和专业,读者多为特定领域的学者和研究人员,读者总体数量不多且分散于各地高校、科研机构等,因此造成这类期刊往往限定于某特定专业领域,发行数量较小但市场相对固定。期刊在内容设置上偏重于具体专业领域,强调内容的专业性与深入性,在期刊内容结构、栏目设置等方面不做太多要求,期刊内容往往是以学术论文为主要代表的文章集合,期刊的主要精力放在对内容的管理上,编辑加工过程更多体现在对学术论文质量的衡量和编辑加工。

此类期刊社人员数量较少,人员主体集中于编辑部,机构设置以期刊编辑部门为主体,往往设置编委会以及外审专家团等。此类期刊按照期刊的编辑流程对稿件进行审稿和编辑加工,其他部门主要起辅助作用。

此类期刊发行范围具有很强的针对性,主要面向特定领域和特定市场,期刊在编辑出版后通过邮发和编辑部邮寄就能覆盖绝大多数的发行范围,期刊社只要建立好编辑部与印厂、邮政的对接渠道即可完成发行,发行部门由极少数人员构成,甚至不设立专职的发行部门。期刊社以编辑出版期刊作为基本任务,由于有国家财政以各种形式的拨款,期刊社基本上很少有经济上的压力,市场性不强,直接经济效益不明显,但此类期刊多数的主管主办部门为某学科协会、政府部门、高校、科研院所等,期刊在政治、经济、科技等方面的影响较大。

如《求是》期刊社是由社办公室、总编室、政治编辑部、经济编辑部、文化编辑部、科教编辑部、国际编辑部、评论部、红旗文摘编辑部、人事部、机关党委、纪委等组织机构组成的,旗下包括红旗出版社、红旗文摘杂志社、小康杂志社、事业服务中心等机构。内容编辑部门是期刊社的核心,政治编辑部、经济编辑部、文化编辑部、科教编辑部、国际编辑部、评论部、红旗文摘编辑部等都是编辑部的细分。期刊社实行编委会领导下的社长负责制,统领整个机构的运行。

二、以发行部为主体

以发行部为主体的机构设置类型也是期刊社中较为常见的。

以发行部为主体的期刊社机构设置类型与以编辑部为主体的期刊社机构设置类型没有本质区别,只是该类型期刊更为市场化,期刊在保证内容编辑质量之外,市场化程度更高一些。期刊社的机构设置通过适时地调整而逐步完善,期刊社办公室、总编室、编辑部(亦称采编部)、出版发行部、广告经营部、活动策划部、对外联络部等部门在工作中相互作用,使期刊社成为完整的期刊出版机构。具有一定规模的期刊社,在行政管理上,设有由办公室统一领导的劳动人事部、财务部等职能机构;规模较小的期刊社办公室行政管理人员往往是身兼数职。以发行部为主体的期刊社是自收自支、自负盈亏、独立核算的期刊经营单位,以编辑出版和发行广告以及社会活动等部门为一体的组织机构,承担着创造社会和经济效益的任务。

相较于自然科学期刊、哲学社会科学期刊、高校学报等,此类期刊的发行数量相对较大,往往为几万份,但相对于大众综合性期刊百万级的发行量而言又较小,此类期刊的编辑部门完成内容编辑后,整合预留的广告版面,按照编辑出版流程进行印刷出版。此类期刊主要通过邮发渠道和报刊亭等完成发行,由于其发行数量相对较大,期刊社需要建设自身的发行力量,发行部门人员相对较多,一方面由发行人员完成与邮发和零售渠道的对接;另一方面此类期刊中较大印量的期刊为节省运输费用和降低发行成本,在外省建立的分印点等工作也主要由发行部门完成。同时,期刊的广告维护和市场开发等也主要由发行部门完成。

此类期刊的机构设置由该类型期刊的性质决定,有一定的市场和发行数量相对较大决定了该类型期刊社的主体部门除负责内容的编辑部门之外,发行部门最为庞大并承担着较多的市场职能。

整体而言,此类期刊市场性较强,直接经济效益较为明显,同时此类期刊的主管主办部门来源多样,期刊在经济、科技、文化等方面的影响作用较大,在期刊市场上表现活跃。

三、现代期刊社结构

随着出版业体制改革的不断深入,越来越多的期刊社在保持传统的编辑部、发行部等主要部门外,也依据时代发展和市场需要,建立起了能够体现时代特色,适应出版体制改革和与国际惯例接轨的现代期刊社结构。

随着市场经济的发展,特别是期刊市场竞争力的增强,期刊社的机构设置需要调整和增加,部门的分工需要细化。刊物在国内外产生一定影响并形成一定规模的现代期刊社,一般设置社办公室、总编室、人事部、财务部、编辑部、记者部、发行部、广告部、经营部及社会活动部等内部机构;规模再大一些的期刊社还会设置国际部等;很多期刊社另外设置了法律顾问部和新媒体部门,特别聘请了专职或兼职的法律顾问。

此类期刊虽然设置部门较多,但各部门具体业务互不干涉且又相互补充,在针对各项具体业务展开工作之外,各部门共同向出版人或总编负责。此类期刊在内容上面向大众市场,也往往以细分后的具体市场为服务对象,发行量较大,在几万份到几十万份不等,且较为稳定,能够吸引广告主持续投入。

部门设置是现代期刊在经营上专业化的体现。各部门职责具体、明晰,能够专注于完成本部门的工作,并能够在出版人和主编的领导下形成合力,形成持续高质量出版的期刊内容,保持对所针对市场的持续影响。

此类期刊各部门负责人往往针对专业性业务,如期刊社各部门负责人中出版人、广告总监、发行经理、印务/印务总监、新媒体总监等的设置,涵盖了期刊内容生产以外的业务。同时,期刊的编辑部依然是内容生产的主体,编辑部的规模越大,分工越细,由主编或执行主编、编辑部主任、责任编辑、资深/首席编辑、编辑/记者、流程编辑、图片/视觉编辑、特约撰稿人等人员构成,也体现了现代期刊的专业分工。

如《三联生活周刊》的机构设置,《三联生活周刊》由中国出版集团主管,生活·读书·新知三联书店主办,除设立总编辑、副总编辑、主编、副主编之外,还下设采编中心、视觉设计中心、发行服务中心、新媒体发展中心、行政管理中心、法律顾问。

在各个中心形成基本的部门设置之外,各部门下继续设立具体岗位,如采编中心下设主编助理、资深主笔、主笔、特约撰稿人、主任记者、记者、摄影记者、实习记者;视觉设计中心下设视觉设计总监、图片总监、美术编辑、图片编辑、编务总监;发行服务中心下设发行总监、营销经理、发行经理、发行助理、发行财务、发行物流、营销策划、读者服务部、文丛发行;新媒体发展中心下设新媒体发展总监、市场经理、市场专员、技术经理、技术专员、运维经理、运维专员;行政管理中心下设行政主任、行政助理、财务总监、财务主任、出纳。《三联生活周刊》的部门设置一方面以不同的业务版块进行区分,另一方面每个业务版块下的具体业务也进行细分,从整体上形成一个条块合理、层级清晰、权责明确、运行良好的期刊整体。

第二节　期刊社工作人员

在期刊的组织架构之外,期刊社工作人员依据具体工作内容的不同,也出现了不同的工作职位,这里以市场化程度最高的大众综合类期刊为例进行分析。

一、期刊社工作人员构成

(一)期刊社主要部门负责人

1. 出版人

对一些期刊而言,出版人就是所有者,而对另一些期刊来说,出版人是负责监管期刊的编辑和业务部门及经营杂志的人。通常的情况是,出版人负责广告销售、零售、订阅、生产、宣传和财务这些重要领域。大多数出版人也同时负责预算,做财务计划,以及同期刊的高级管理层打交道。总之,出版人管理着期刊业务的各个方面,同时要协调编辑部门与其他部门的协作。

2. 广告总监

广告部的领导,负责管理广告部门,制定广告策略和办事程序,主持或协助出版人完成期刊的形象推广活动,并负责实现广告销售目标。

3. 发行经理

负责把杂志送到读者手中的人,对于那些既有订阅,又有零售的期刊来说,一个好的发行经理至关重要。

4. 印务/印务总监

大型的期刊社或出版集团通常设有印务(印务总监)一职,负责与期刊印刷有关的工作,包括参与期刊印刷价格谈判、签订印刷合同、协调印刷周期、监督期刊的印刷质量等。

(二)期刊社编辑部

编辑部人员的规模和分工各不相同,差别很大。通常,编辑部的规模越大,分工则越细,反之;就需要能者多劳了,在一些情况下甚至有一个人的编辑部(如企业内刊)。

1. 主编/执行主编

主编/执行主编控制一本期刊的编辑内容并制定编辑方针,协调编辑、美术编辑和发行部门,确保期刊按时按质出版,监管编辑和校对人员,所有编辑对此人负责。通常,主编的品位将决定一本期刊的气质。

2. 编辑部主任

编辑部主任是主编的助手,协助主编管理编辑部的日常工作,使主编尽可能地远离那些辅助性的或者简单监督的非创造性工作。

3. 责任编辑

一些期刊社指派某些编辑负责特定某一期或几期的编辑工作,这些编辑通常被称为期刊的责任编辑,他们的工作与负责各期期刊的主编的工作十分相似。在或多或少地给予责任编辑自主权的同时,主编始终保留着支配和控制期刊编辑过程的任何阶段的权力,期刊责任编辑制度是一种帮助主编分担重担的方法(也有在主编职务空缺时,任命责任编辑暂时代理主编职能的情况)。

4. 资深/首席编辑

资深/首席编辑是负责策划、撰写期刊的重要选题或完成深度报道的编辑。通常他们具有丰富经验,可指导文字编辑的写作并监管一些编辑人员,能够完成主编所布置领域内所有的编辑工作。

5. 编辑/记者

在一个有一定规模的期刊社里,编辑人员(文编)应该包括文章编辑和负责某一特定专栏或选题写作的编辑。这些编辑的主要工作是负责期刊内容的构思、搜集和加工。编辑人员还应包括记者(采编),负责采访、写作工作。文字编辑不仅要负责稿件的文字编辑和校对,还要对事实进行调查与核对。

6. 流程编辑

一些期刊社还设有流程编辑一职,流程编辑在编辑部主任领导下工作(有时也由编辑部主任兼任),主要负责收集、整理编辑部所有稿件,并督促文字编辑按时交稿,以及协调美编与文字编辑的工作交接。流程编辑必须了解编辑部的工作进度,并随时向主编报告,是编辑流程中一个非常重要的环节。

7. 特约撰稿人

在一些月刊中,特约撰稿人的名字被列在刊头,在工作流程中会参加编辑会议。期刊社经常请知名作家或专家做特约撰稿人,尽管这些人很少定期投稿,但在提升期刊形象和吸引读者等方面起着相当关键的作用。

8. 图片/视觉编辑

由于期刊的性质不同,一些期刊的编辑部设有图片编辑(视觉指导、视觉编辑或视觉总监)这样的职务。负责期刊出版过程中与图片有关的编辑工作,包括图片的选择、购买、约稿等,以及指导和协助摄影师完成期刊所需要的高质量图片的拍摄工作。

二、期刊编辑出版人的社会角色

在出版学研究中,出版人是指从事出版物经营的工作人员。出版人在出版业中扮演多重角色。我们在这里用"期刊编辑"来统称从事期刊出版各项工作的从业人员。

期刊编辑是文化生产的组织者。期刊编辑根据社会调查发现社会需求,制订相应的计划,组织作者写作,从而使文化生产和社会需求达到必要的默契。没有期刊编辑的组织,期刊生产很可能处于一种无序状态,甚至会使某些文化产品无法顺利问世。

期刊编辑是社会信息的把关人。在出版物的生产过程中,编辑出版工作是拥有选择权的。这种选择具有把关作用,需要编辑抱着对社会、对人民负责的态度,对精神产品扶正祛邪、择优汰劣。这种选择还具有导向作用,能对社会文化生活产生显著的影响,比如改变读者的阅读口味、调整作者的写作计划、催生某种文学体裁、推动某种写作风格,等等。

期刊编辑是优秀作品的助产士。编辑工作以作品原稿为劳动对象。其任务是把稿件转化为出版物,把作者个人的智慧成果转化为社会文化产品。写作作为文化创造过程，它的主体无疑是作者而不是编辑；然而，编辑对推动这一过程的顺利进行和保证产品的质量，有不可忽视的作用。编辑的介入有利于缩短作者与读者的距离，提高写作的针对性和作品的成功率。编辑还要参与将作品转化成出版物的整体设计。对成熟的稿件，编辑要通过认真的加工，弥补作品可能存在的疏漏，做到精益求精；对不成熟的稿件，编辑要提出修改方案，有时甚至要帮助作者做脱胎换骨的改动。新颖的封面或包装，别致的名称和标题，巧妙的宣传语句或营销手段，能大大增强出版物的市场竞争力。

期刊编辑能够扮演好以上的角色，才能有序、有效地完成期刊相关工作。

三、期刊编辑的素质与能力

(一)期刊编辑素质

1. 政治素质

期刊编辑出版人员素质，首先是政治素质，这是由社会主义出版工作的性质所决定的。首先要懂政治、讲政治，坚持正确的政治方向，学习法律法规，研究政策规定，遵守政治纪律。其次要有基本的理论修养，联系出版工作实际，保持高度警觉，把好政治关。

2. 思想素质

期刊编辑出版人员素质，还体现在思想素质方面，期刊编辑出版人员要有文化追求、科学信仰、高尚的道德和美好的情操。

3. 文化素质

期刊编辑出版人员素质，还体现在文化素质方面，文化素质包括基本的理论修养、扎实的专业训练、开阔的知识视野、深厚的语言文字功底、良好的思维方式、广泛的阅读兴趣、科学的学习方法。

4. 职业素质

期刊编辑出版人员素质，最直接地体现在职业素质方面。期刊编辑出版人员的职业素质即专业素养，包括出版理论修养和编辑实务经验，分别表现为职业追求、职业敏感和职业作风。编辑出版人员的职业追求,是一种执着的文化追求。编辑出版人员的职业敏感既是一种创造的敏感,也是一种市场敏感。编辑出版人员的职业作风是一种一丝不苟的求是作风,拒绝想当然、侥幸、浮躁、粗枝大叶,崇尚独立思考、勤奋敬业。

(二)期刊编辑出版人员能力

现代期刊的编辑出版工作要求期刊编辑出版人具有并不断提高以下七方面的能力。

1. 策划能力

策划能力就是全面地设计、关照出版过程的能力。成功的策划有助于出版物质量的提高,有助于竞争实力的增强。期刊编辑出版人策划能力的大小,取决于信息的收集和分析是否充分;能否别出心裁,富有创造性;是否熟悉出版实务,懂得经济核算。这三个方面的能力越强,策划成功的可能性就越大。

2. 社会活动能力

期刊编辑出版人必须与社会建立广泛的联系,有积极参加社会活动的热情和能力,要有善于与有关部门沟通、协调、合作的能力,能经常以积极的姿态,走近学术文化团体,参加各种类型的聚会和讨论,及时了解文化创造的前沿动态。期刊编辑出版人要了解市场,要创造条件接近读者,通过多种途径了解读者的需求,倾听读者的意见。编辑不仅要有出版界的朋友,还应有社会各界的朋友,要自觉地扩大社交面,加强同各方面人士的情感交流、信息交流和智慧交流。

3. 判断能力

期刊编辑出版工作包含一连串的判断过程。需要提高判断能力,加强业务学习,开展市场调查,认真阅读稿件,还要设法排除判断过程中的干扰。

编辑要了解读者,站在读者的利益和需要的角度进行判断。

4. 文字能力

编辑出版工作首先是一种文字工作。编辑的文字能力既体现在自己母语的文字表达上,也体现在一定的外语运用能力上。期刊编辑出版人的文字能力大致包括三个方面。

(1)文字规范能力。编辑要在语言文字应用方面建立自己的职业优势,就必须比作者更熟悉《中华人民共和国通用语言文字法》以及《简化字总表》《第一批异体字整理表》《标点符号用法》等有关的语言规范文件,认真掌握并能熟练运用文字、语法、修辞、逻辑方面的知识,还要了解并能敏锐识别语言文字应用中的常见差错。

(2)文字加工能力。编辑认真审读原稿,体会作者的表达意图,尊重作者的文字风格,通过字斟句酌、精心润色,提高稿件的文字表达效果。

(3)文字写作能力。写作能力是编辑的基本功。凡是写作能力强的编辑,往往审读、加工也能独具慧眼,妙笔生花。

5. 信息感知能力

期刊编辑出版人员要有感受、认知信息的能力,能及时把握信息,具备把握和运用信息资源、了解信息技术知识及熟练操作信息设备的能力。

6. 适应能力

期刊编辑出版人员有承受压力,适应变化的能力。

7. 审美能力

出版物不仅应该具有帮助读者掌握知识、提高思想,也应该给读者以美的享受、帮助读者提高审美情趣和审美判断力,期刊也同样如此。因此,期刊编辑出版人必须有比较高的审美能力,才能使期刊的审美和审美教育功能得到充分的发挥。审美能力,指的是人们认识美、评价美的能力,包括对美的感受力、判断力、想象力、创造力等。期刊编辑出版人员必须具备一定的审美能力,才能使期刊充满美感,令人爱不释手。

第三节　期刊基本运作流程

一本期刊从开始策划,到收集稿件、审稿,再到印刷、上市,需要一系列的流程,社会科学类、自然科学类等学术类期刊出版流程相对简单,大众综合类期刊与市场结合紧密,需要吸纳大量社会信息,出版流程就相对复杂。下文将分别述及。

一、学术类期刊的编辑出版流程

学术类期刊的编辑出版流程,详细分为稿件登记、送审、退修、编辑加工、发稿、校对、出刊后工作几项,以北京地区的某一学术性期刊为例,其流程通常具体如下。

1. 稿件登记

新收稿件(包括纸质和网络投稿)—编务下载或拆封—登记输入稿件管理系统,包括收稿日期(以实际收稿日期计)、稿号(按来稿先后顺序连续编流水号)、稿件题名、作者姓名、作者单位、通信地址、邮政编码、联系电话及E-mail地址等—打印稿件及收稿单,整理送分管的编辑—网络反馈回执(稿件处理情况均应及时输入稿件管理系统)。

2. 送审

责任编辑对每篇来稿进行初审—确定需要外审的稿件,按照对口、交叉和保密的原则送有关专家审阅—送审稿件要求2周内审回,逾期应定时催审—决定是否录用—录用情况输入稿件管理系统—拟采用稿件进入编辑程序,不予采用的稿件退稿并告知作者退稿理由。

3. 退修

编辑根据审稿人等的意见,根据科研设计、论文写作和编辑加工等要求审阅全文—综合提出详尽的修改建议和具体要求,包括学术内容、文字表达、图表格式、方法学、统计学处理、参考文献著录格式、中英文摘要、关键词、量和单位、字数限制,以及修后稿件格式要求等—文稿修回后由编辑复审,有重要修改者则请原审者复审——次退修未达到要求时可再次退修。

4. 编辑加工

检查稿件摘要、关键词、正文、图、表、参考文献等是否齐全—通读全文,理解作者原意,了解中心意思,结合审稿意见,看清全文优点和不足—

检查是否围绕中心议题论述,论点、论据、结论是否前后呼应,文章结构是否合理,逻辑性强不强,文章是否准确、通顺、流畅,数据、单位、术语是否符合规范等—从头至尾编辑加工,包括内容、图表、文字、标点的加工和文献著录格式的整理,从学术内容和表达形式两个方面保证和提高文稿质量,使文稿达到排版要求—送主编审阅。

5. 发稿

按目次、版权页、全部正文和各种大小补白稿依次逐篇排好(留版一般不超过3篇),线条图、铜版图粘贴至文内相应位置,必要时标明尺寸—发排稿纸样与电子稿同时整理好送交排版,电子版应与纸质发排稿一致,E-mail发稿时,采用作者名作为文件名,同时做好本期登记表及发送版面费通知。

6. 校对

排版后的样稿校对一般需要5个校次:责任编辑校对3遍,其他编辑交换校对1遍,初校样同时寄作者核校,要求作者在收到校样后7天内寄回,校样由责任编辑统核红、签字付印。

原则上由责任编辑在一校时定版,指全期安排、每页版面处理,包括封面、版权页、中英文目次、正文(图片)、补白,以及字体、字号、行距等,均须逐面、逐项排定。不超过版面1/4的空白可以不做补白或接排。定版要合乎规范,各部分相互照应。

7. 出刊后的工作

归档:来稿的原件、发排稿、校样(包括一校、二校各1份,作者校样1份)及期刊1册整理归档并保存3年—寄赠期刊:向编委、审稿专家、赠送单位、交换单位、作者(赠送当期杂志2册)等寄送期刊—寄发稿费、审稿费:向第一作者邮汇稿费,审稿费半年结算1次,版面费发票每期集中寄给每位作者。

如仅仅对学术类期刊出版流程进行简单描述,可以表述为:收稿—编辑初审—送专家外审—作者修改—编辑加工—排版—校对—送印刷厂出胶片—校胶片—印刷—出版,但期刊的编辑出版过程是一个工作范围互

相交叉、信息不断反馈、文本不断修改的过程,以流程图形式表示,则如图
3-1所示。

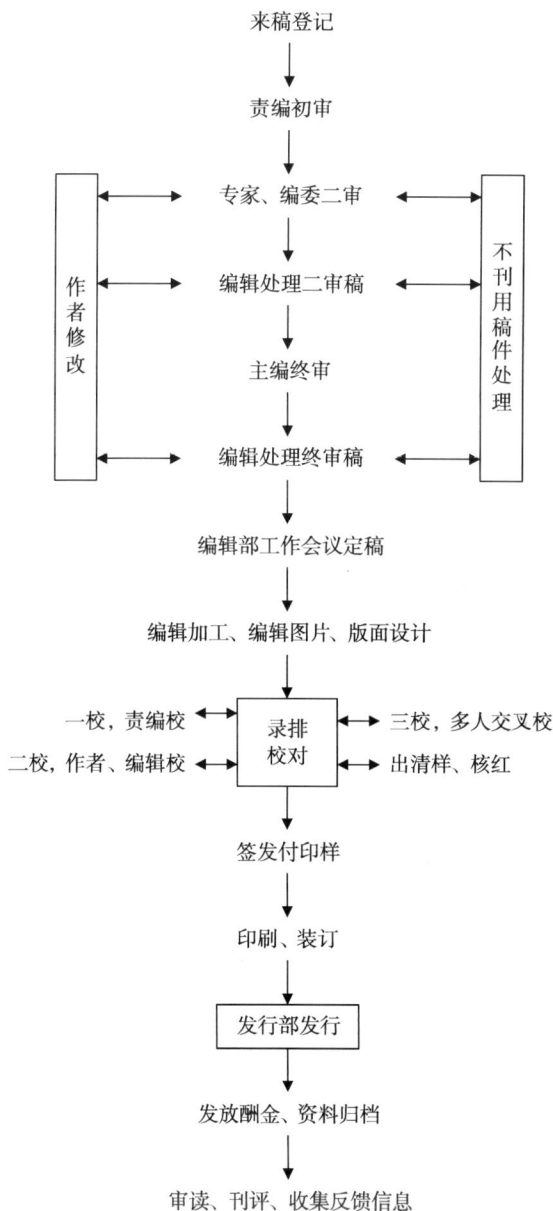

来稿登记

责编初审

专家、编委二审

编辑处理二审稿

作者修改　不刊用稿件处理

主编终审

编辑处理终审稿

编辑部工作会议定稿

编辑加工、编辑图片、版面设计

一校,责编校　录排校对　三校,多人交叉校

二校,作者、编辑校　出清样、核红

签发付印样

印刷、装订

发行部发行

发放酬金、资料归档

审读、刊评、收集反馈信息

图3-1　学术类期刊出版流程图

二、大众综合类期刊的编辑出版流程

在前文中,对比学术类期刊社与大众综合类期刊社组织架构,在部门设置上就已经体现出后者复杂程度远超前者,在编辑出版流程上,大众综合类期刊的编辑出版流程比学术类期刊更为复杂。

大众综合类期刊的编辑出版流程大体可以划分为以下几个步骤。

1. 市场及内容策划

期刊的市场定位(内容、读者、风格定位)、主体性策划、内容策划(栏目设计、专题策划、选题组配)。

2. 出版策划

创刊时或需要改变时应考虑并确定期刊的开本、页码、封面与版式的装帧设计风格、用纸种类和规格、印装要求、发行数量、定价与成本、出刊周期、质量要求、销售渠道、宣传方式、广告经营等,以预算盈利可能性。

3. 组稿与组图

明确时间、数量与质量要求。

4. 稿件加工与审读

三审制——编辑加工、编辑部主任审读、总编辑审读。

5. 发稿

稿件做到齐、清、定,图像、图形稿要达到复制要求。

6. 出版设计

进行整体设计,封面与版式具体设计,确定印刷工艺路线,核算印制成本,选择排版与印装工厂。

7. 制作过程

原稿检核—图文输入—图文编辑—图文输出—初校—改版—二校—改版—三校—改版—核红—正文清样及封面彩样三审—改版—出片—制作印版—打样或晒蓝图—核片与清样—发印。

8. 印刷、装订阶段

印刷—印后整饰—装订—送样刊—审查—大批装订。

9. 成品期刊入库

市场—反馈信息—再次策划……

如果用简单流程表示,可以是从选题会开始,各编辑报选题,然后各自回头做稿子—第一次截稿—美编设计/第二次截稿—最终截稿—一校—美编设计截稿—二校—改二校—外校三校—改三校—主编终审—核红—改核红/一次发厂—改大样—二次发厂—签菲林—印刷—装订—发行—上市……

从表面看,似乎与学术类期刊编辑出版流程差别不大,但大众类期刊内容制作的提前量一般是两到三个月,各个阶段的任务分工不同,每月流程存在任务交叉和反复,但在具体执行过程中,各个部门间工作的流转,各个部门内容工作层级和内容的不同,使得实际执行过程更为复杂。

大众综合类期刊的出版周期通常较短,在较短的时间内需要完成较大体量的内容,工作节奏很快,在具体工作内容展开上,选题会后,预留广告位,文案编辑、图片编辑先期工作,文、图内容确定后,迅速转入美术编辑粗排版,流程编辑、执行主编联络和执行各个批次的修改稿件,定稿后视觉总监指导美术编辑细排,广告位由广告主提供内容,各批次内容汇总后主编定版,是多条线索同时进行,最终才能下厂印刷。

在这种情况下,已经很难用一张图来直接涵盖所有内容了,在此仅以进行内容制作的编辑部为例来分析人员构成和工作流程,如图3-2所示。

在图3-2中,已经将编辑部的人员用最简结构表示,由于编辑部工作人员岗位职责不同、上下级关系不同,用箭头的指向来表示人员间的层级序列和工作关系已经显得繁复。

图3-3为对编辑部工作流程简图。

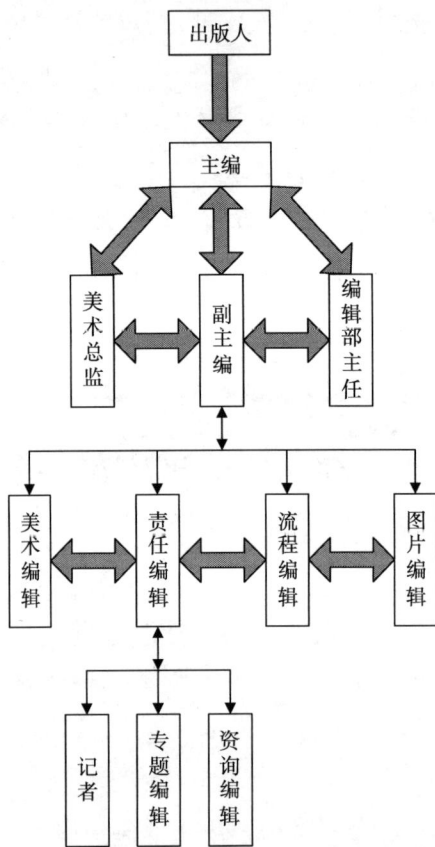

图 3-2　编辑部人员构成图

```
┌──────────┐      ┌──────────┐   ┌──────────────┐      ┌──────────────┐
│ 编辑会议  │      │          │   │ 文编与作者约稿 │ ◄──► │              │
│  例会    │ ───► │ 确定选题  │   ├──────────────┤      │  流程编辑     │
│  选题会  │      │          │   │ 图片编辑      │ ◄──► │  出选题策划单  │
└──────────┘      └──────────┘   │ 联系摄影师     │      └──────────────┘
                                 └──────────────┘
```

```
┌──────────────────┐         ┌──────────────────┐
│ 一次交稿，文图等    │ ◄────── │ 作者、摄影师等交稿  │
│ 相关资料全部备齐    │         │ （流程编辑监督）    │
└──────────────────┘         └──────────────────┘
```

```
┌──────────────────┐         ┌──────────────────┐
│ 流程编辑将稿件上交主编，│ ───► │ 文编修改后退作者修改 │
│ 主编修改          │         └──────────────────┘
└──────────────────┘
```

```
┌──────────────────────┐
│ 二次修改（或重复以上步骤）│
└──────────────────────┘
```

```
┌──────────┐   ┌──────────────────┐   ┌──────────────┐
│ 美术总监  │   │                  │   │              │
│ 将稿件分配 │◄──│ 流程编辑发稿至美术总监 │◄──│ 主编终审、定稿  │
│ 给各美编  │   │                  │   │              │
└──────────┘   └──────────────────┘   └──────────────┘
```

```
┌──────┐   ┌──────────┐   ┌──────┐   ┌──────────┐   ┌──────┐
│ 排版  │   │ 出一次     │   │      │   │ 出二次     │   │      │
│ 设计  │──►│ 黑白清样   │──►│ 校对  │──►│ 黑白清样   │──►│ 二校  │
└──────┘   └──────────┘   └──────┘   └──────────┘   └──────┘
```

```
┌──────────┐   ┌──────────┐   ┌──────────┐
│ 美术总监终审，│◄──│ 确定落版单  │◄──│ 主编终审清样 │
│ 出版序     │   └──────────┘   └──────────┘
└──────────┘
```

```
┌──────────────┐   ┌──────────────────┐
│ 整理文件、刻盘  │──►│ 将所有文件交印前公司 │
└──────────────┘   └──────────────────┘
```

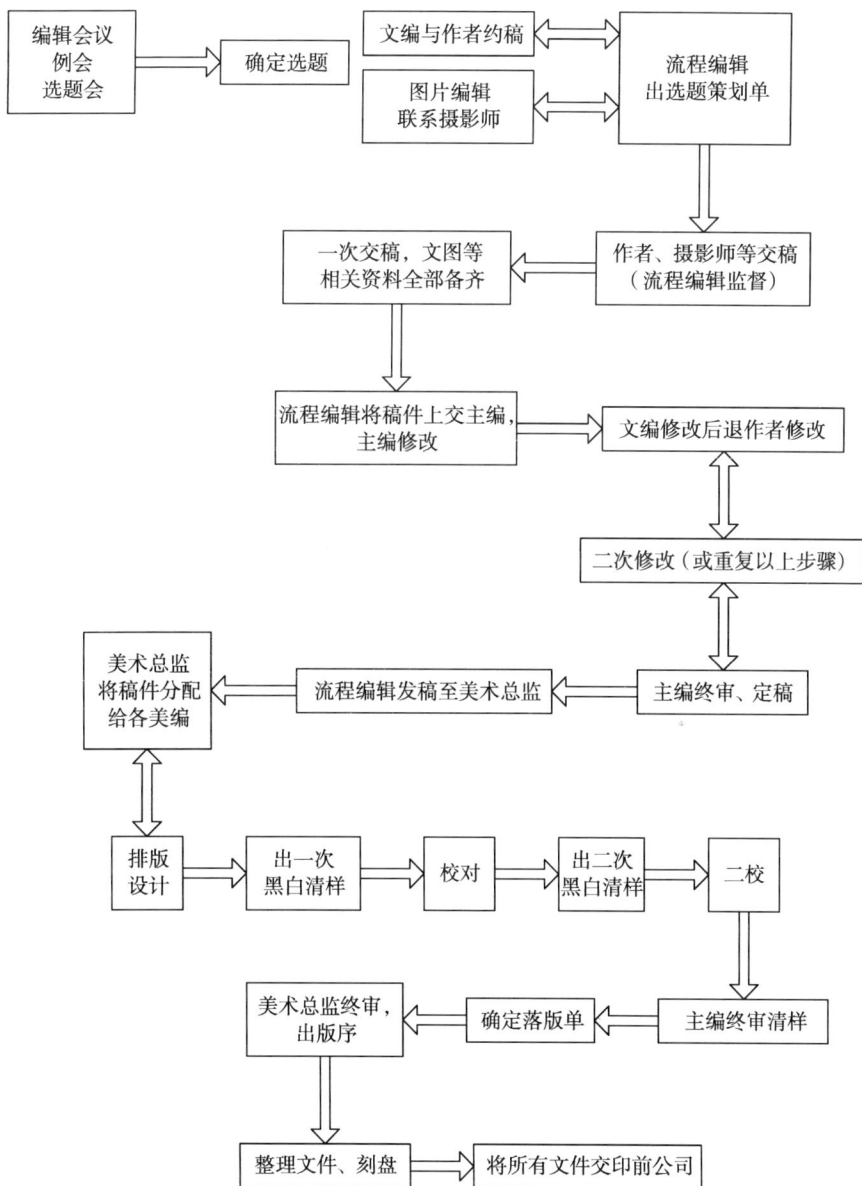

图 3-3　编辑部工作流程简图

在编辑部工作流程简图中可以看到,在期刊内容编辑加工过程中的内容流向本质上是从采编记者到文案编辑,经各层次编辑的多次审核,最终定稿流向制作部门,但在实际工作中,各层级人员需要处理的工作内容存在大量的交叉和往复,必须通力协作才能完成。

期刊市场知识篇

本篇承接上篇期刊基础知识篇,分为期刊市场与读者定位策划、期刊经营策划两章,介绍了与期刊市场选择、读者选择、读者信息获取,以及期刊文本发行收入、广告收入、品牌活动等基本的期刊市场知识,为读者提供期刊经营的整体认知,便于读者更好地理解期刊策划。

第四章　期刊市场与读者定位策划

　　本章主要分析在期刊策划中期刊的市场定位与读者定位及选择,分析期刊策划工作中与市场相关的部分。

　　"策划"是现代社会经常出现的词汇,是在各种活动或工作实施前预先对活动进行整体规划和设计,从而保证整个活动或工作能够按照预先设想顺利进行。进行媒体策划,是通过对媒体内容和形式等方面预先规划设计,使媒体能够最大限度满足受众和占有市场。媒体目前应用相当广泛的是影视策划,一些大型活动、广告公司也把"策划"列入了独立的人员设置,在出版社已经开始设置"策划编辑"这样一个兼具市场研究、开发与编辑能力并重的专属岗位,开始融入策划思维。

　　期刊策划属于期刊出版工作,涵盖期刊形象定位、市场开发、读者选择等多方面的内容,期刊策划偏重于理念想法,是对期刊出版工作具体实施方法的预期;期刊策划侧重于掌握市场方向,是对期刊的一种规划性设想,是出版过程中对期刊各种内在因素和外在环境的综合反映和决策选择。

　　本章使用"期刊策划"来指代期刊出版过程中,期刊编辑人员在对期刊媒介环境和社会环境判断研究基础上,所做出的期刊具体运作方法。期刊策划工作包括期刊市场调查、读者分析、编辑思路、营销方法等,其中,市场调查、读者分析是期刊策划工作的基础。

第一节　期刊市场定位

在经济社会中,价值规律起着根本性作用,如果商品不能够通过市场交换实现其价值,那么商品生产者不能获得商品交换价值,其再生产将很难进行。期刊作为文化消费品,同样具有商品的特性,需要在市场上通过交换实现价值。期刊出版能够顺利完成,在编辑加工、印刷复制等工作之外,必须通过市场交换完成售卖,实现期刊经济价值。期刊的发行量大小通常反映了期刊自身市场的大小,期刊必须对自身市场进行定位,以确保期刊的内容能够满足读者,进而实现价值。

而期刊经济价值的必须满足相应的市场空缺,进行期刊策划首先需要进行期刊市场定位。

一、中国人口基本数据

期刊作为连续出版物,每期印量相对固定,但每期销售量会出现浮动,在固定订阅之外,通过各种途径零售的期刊可能会出现脱销和滞销情况,很多期刊在年末向读者进行年度合订本推销,从本质上来说也是对积压过刊的变相销售方式。期刊在保证固定订阅市场之外,必须注重零售市场的争取和巩固。不管是固定订阅市场还是零售市场,都需要基本的读者数量,可以参考十年一度的中国人口普查的一些数据来对期刊市场进行初步设计。

根据第五次全国人口普查公报,截至 2000 年 11 月 1 日,全国总人口为 129533 万人。其中:大陆 31 个省、区、直辖市(不包括福建省的金门、马祖等岛屿)和现役军人的人口共 126583 万人,香港特别行政区人口为 678 万人;澳门特别行政区人口为 44 万人,台湾和福建省的金门、马祖等岛屿人口为 2228 万人。而国家统计局测算数据表明,2005 年 1 月 6 日,中国人口总数达到 13 亿(不包括香港特别行政区、澳门特别行政区和中国台湾地区),约占世界总人口的 21%,庞大的人口数量一直是中国国情最显著的特点之一。国家统计局于 2011 年 4 月发布第六次全国人口普查主要数据公报,数据显示,全国总人口为1339724852人。与2000年第五次全国人口普查相比,十年增加7390万人,增长5.84%,年平均增长0.57%,比1990年到2000年的年平均增长率1.07%下降0.5个百分点。数据表明,这十年来我国人口增长处于低生育水平阶段。

一般认为,人口数量是消费的基础,人口数量对中国经济社会发展产生多方面影响,在给经济社会的发展提供了丰富的劳动力资源的同时,也给经济发展、社会进步、资源利用、环境保护等诸多方面带来沉重压力。

对于期刊而言,进行市场定位首先应该考虑市场的容量,从地域、年龄层、文化程度等多角度都可以划分出相对应的市场,如城市市场、农村市场便是基于地域角度的划分,并且更为明确的详细地域划分可以将期刊市场定位到省、地区级城市范围;老年市场、青少年市场,是基于年龄层的划分,以"年龄层+区域"划分则可以更为明确。而结合读者的文化程度,在文化发展上,具体到期刊领域,2004年,中国普及九年义务制义务教育的人口覆盖率达到93.6%,6岁及以上人口平均受教育年限达到8.01年(其中男性8.5年,女性7.51年),各种受教育程度人口占总人口的比重分别为:大学以上占5.42%、高中占12.59%、初中占36.93%、小学占30.44%,受高层次教育的人数大幅度增加,受小学教育人口比重逐步下降。但人口科学文化素质的总体水平还不高,主要表现在:一是人口粗文盲率大大高于发达国家2%以下的水平;二是大学粗入学率大大低于发达国家;三是平均受教育年限不仅低于发达国家的人均受教育水平,而且低于世界平均水平(11年)。并且,城乡人口受教育程度存在明显差异。2004年,城镇人均受教育年限为9.43年,乡村为7年;城镇文盲率为4.91%,乡村为10.71%。从人口性别结构看,2004年末男性人口66976万人,占51.5%,女性人口63012万人,占48.5%,总人口男女性别比为106%左右。从人口年龄结构看,在2004年末全国总人口129988万人中,0~14岁人口为27947万人,占总人口的21.50%,15~64岁人口为92184万人,占70.92%;65岁及以上人口为9857万人,占7.58%。从城乡分布来看,2004年末全国城镇人口达到54283万人,占总人口的41.76%,乡村人口为75705万人,占58.24%。

从上述的数据中可以看出,虽然整体上人口基数庞大,但在具体人群划分上,则面临着各种人群数量逐次减少的情况,因此期刊非常重视自身市场设计。期刊自身处于期刊市场的整体环境下,把期刊作为产品,产品畅销的前提是对预期消费市场有明确了解,具体在期刊市场行动上,就是期刊市场定位问题——所编辑(创办)的期刊是给哪些读者阅读,如何使读者转化为购买者。每种期刊所能具体对应的市场都是相对有限的,期刊完成售卖离不开具体的市场,需要期刊以明确的市场设计,从人口总数量中选择特定人群的消费作为目标市场。

二、期刊市场设计分析

对期刊市场设计可以参照老年期刊市场的例子。2000年,我国65岁以上老年人口占总人口比重达7%以上,根据国际标准,中国已经进入老龄化社会。据预测,到2020年,我国65岁老年人口将达1.64亿,占总人口比重达16.1%,80岁以上老人达2200万。中国老龄化呈现速度快、规模大、"未富先老"等特点,对未来社会抚养比、储蓄率、消费结构及社会保障等产生重大影响。国外和国内的各项调查都显示中国已经进入了老龄化社会。

但在期刊市场上,相比于其他年龄层读者,只有少数面向老年读者的期刊,如《老人天地》《退休生活·人物版》《老同志之友》《夕阳红》《老年健康》《老年学习生活》《老年日报合订本》《中老年健身科学》《老年世界(汉)》《老人世界》《山西老年》《老年教育·老年大学》《老年教育·长者家园》《银潮》《老人春秋》《当代老年》《老年人》《秋光·老年综合类》《秋光·长寿生活》《金秋》《晚霞》《晚晴》等,但这些期刊中很少有能被大众广泛认知的品牌期刊。

因此,在这样一个市场现状下,便会面临是否要创办一本专门面向老年读者的期刊,该期刊能否盈利以及利润情况的问题,如不创办新期刊,是否在上述期刊中选择一种出来,加以扶持使之大力发展,成为品牌期刊。

从理论上来讲,市场空缺必须填补,各领域必须出现品牌期刊,并且填补市场空缺的品牌期刊也应该能带来巨大收益。但在老年期刊实际运作中却没有出现这样的情况,因此有必要对老年期刊进行详细的市场定位设计。

期刊消费是文化消费的一种,从文化程度上来看待中国老年人会发现,中国虽然已经进入了老龄化社会,但中国教育从历史上来讲未被普及,旧教育制度不是为大多数人服务的,而在中华人民共和国建立后的教育制度也是逐步完善的,20世纪50年代后开始实行扫除文盲工作,主要目的是扫除青壮年文盲,但扫盲班的非系统教育实际效果有限,现代社会65岁以上老人的文化程度整体不高,读书看报刊不是老年人的主流文化消费方式,他们更多选择电视或者广播,近年流行的广场舞也是老年人文化消费意愿的体现之一。

除从对文化程度的制约进行全面考虑之外,再关注老年人的经济能力,中国社会保障体系还未完全建立,历史上形成的"养儿防老"观念还在起着作用,中国农村老人赡养主要由下一代负责,城市老人一部分是有退休或者离休收入,但老年人在购买倾向上习惯性侧重于儿孙,一般不会考虑给自己留下太多金钱以供消费,从整体上看,中国老人经济收入欠佳,同时中国社会主义初级阶段性质也决定了目前"衣食住行"的基本消费还是中国人消费的主体,文化消费只能在基本消费满足之后产生。文化消费替代性强,不同媒体能够互相替代,在存在比期刊更省钱的媒体情况下,老年读者自然会选择更为廉价的媒体方式。只有在经费充裕的情况下,老年读者才有能力选择期刊进行阅读。

相互替代在不同媒体之间发生,在期刊内部也同样发生。多数期刊追求市场普适性,希望满足各阶层读者的阅读兴趣,如新闻时政类期刊及生活文摘类期刊也同样能够被有知识的老年人阅读,专门的老年读者期刊向读者提供的信息也有类似内容,因此一份专门面对老年读者的刊物在内容选择上很难针对老年读者出发,在同质内容充斥的情况下,如果不能达到最优编辑效果,老年读者不会认为有必要单独购买老年期刊。

从广告主角度考虑,专门为老年人服务的商品在数量上就无法和为其他年龄层消费者的相比,并且限于老年人的购买能力,针对老年人的消费品更多出现在以中年读者为主要阅读群体的期刊上,主要以保健品为主。参照"脑白金"广告,从"孝敬咱爸妈,要送就送脑白金"到"今年过年不收礼,收礼只收脑白金"的广告诉求情感角度的变化,也直接显示老年人在购买力和购买意向上无法直接刺激商品的生产和流通。因此,和老年读者相关的消费品广告,广告主也更愿意在电视或者广播这些感官冲击力更强的媒体上投放,在老年期刊上进行投放效果可能不如以中年读者为主体的期刊,因此,广告主也不愿意选择老年期刊投放广告。

从期刊购买方式上来看,现阶段我国期刊主要发行方式是通过邮政系统征订,邮政系统更愿意进行单位对单位的大宗投送,而对具体分散住户的对点投送无疑增加了投入,老年读者通常已经脱离工作单位,在期刊邮政订阅和投送上都会产生不便,邮政费用也增加了老年人的订阅成本,客观上制约着老年期刊的发展。

因此,通过老年期刊市场设计的分析,对有无必要创办品牌期刊为老年读者服务的问题进行回答,就会让投资者裹足不前。

三、农村期刊市场设计

农村期刊市场也可以同样类比,中国有13亿人口,绝大多数在农村。按照中国人口普查的数据,超过9亿为农村人口。这样庞大的数量也直接蕴含着极大的市场,但实际中存在的农村期刊市场则是非常有限的。

我国行政区设置是按照省、自治区、直辖市下辖市、县、乡镇、村的体系划分的,在行政区划中,可以简单按照城市、城镇、乡镇、农村基本的城乡二元结构进行统一区分,城市作为一个区域内的中心,周围由农村所包围,城市作为经济中心和工业品制造中心,农村作为原材料提供者,由于不同劳动所带来的附加值的不同,很容易造成城乡之间的发展不平衡,城市和农村在经济收入、物质消费等方面都存在极大差异,在文化消费上也存在很大不同,这样的情况被学者称为"城乡二元对立"。为了弥补这种情况,国家出台了大量政策和具体措施来扶植农村发展。我国农村现阶段出现了很大的发展,农民收入有所增长,农民的生活水平也有了很大的提高。但在物质水平的提高之外,也需要精神层面的提高。

据国家统计局《中国统计年鉴》中的统计数字,2003年全国有报纸2119种,杂志9074种,共11193种,其中农村类报纸杂志约480种,占5.45%;2004年全国有报纸2200多种,杂志9000余种,共11200多种,其中农村类报纸杂志约450种,占4.02%。根据2006年全国报刊简明目录中的数字统计,农村类报刊只有316种,农村报刊在全国报刊中的比例仍呈下降趋势。

近年来,农村图书报刊市场萎缩、农村科学文化知识普及面狭窄、农村传播事业滞后,大量农村出版物不适应建设社会主义新农村的需要,以致城乡之间信息传播不对称,严重阻碍着农民脱贫致富和建设社会主义新农村的步伐。虽然前几年国家推广了面向西部欠发达地区的电视广播"村村通工程",开展了农村现代远程教育工程,各级组织部门也编写和录制发行了一些农村实用出版物,但是,还远远满足不了农民渴望获得知识、学习文化、掌握技术的强烈需求。再结合图书、期刊的整体农村出版物市场情况来看,农村内容出版物品种和数量在整个出版物市场中只占很少的一部分,并且农村出版物在质量上也还存在问题,现有的300多种农村报刊中,从整体上来看偏向于农业技术和农产品加工、农业养殖等具体技术操作层面,能够对农民进行精神文明熏陶的期刊基本上是市场空白,农村期刊整体上缺少对农民精神内容的提升,不利于新农村建设。

而针对农村市场开发造成更大难度的是现代农民概念也有了更宽泛的内容,出现了以往不曾出现的新情况。如农村外出务工人员不断增加,农村"空巢"现象严重,农村留守人员在年龄上的两极分化现象严重,严格意义上的农村概念和实际发生了巨大变化;农村也出现了经济和文化能力分层,不是整齐划一的"农村";同时农村进城务工人员生活上脱离农村,精神上无法融入城市,在城市成为边缘人群。这些情况在农村设施不断完善,城乡差距出现了缩小的趋势的外部环境下审视,在实质上是城市、小城镇、农村之间的差别不断加深,很难明确具体农村期刊的目标读者,并且对可能的目标读者长期购买上存在疑惑,综合起来,同老年期刊市场一样,农村期刊市场上也缺乏品牌期刊。

这样,期刊市场选择的重要性就显而易见,貌似庞大的读者群都存在开发上的巨大难度。

如上所述,老年期刊市场、农村期刊市场开发存在困难,所以,要进行期刊策划,准确的期刊市场定位必须在调研的基础上产生。

但存在困难并不等于无法进行特定市场的期刊设计,如期刊《大学生就业》,作为为大学生就业提供服务的一份期刊,大学生,尤其是大四毕业生在理论上来讲应该是该期刊的主体读者和订阅者,但对于大学生群体来讲,目前网络发达,各种信息的传播流动速度快,期刊的信息传播速度相对滞后,期刊已经不是获取信息的主要手段,甚至一些大学生并没有阅读报刊的习惯。而《大学生就业》追求效益最大化必须将期刊读者群体扩大,因此《大学生就业》在大学生市场之外,也必须挖掘其他市场。

从实际运作上来看,《大学生就业》在大学生之外,在大学教师群体中选择学工系统进行宣传,开发读者,并且也试图把发行网络延伸向社会,在社会上进行宣传,吸引大学生父母购买。增加了期刊读者,也就增加了期刊效益。这个过程,我们将其看作一个"濡化"少数边缘发展为多数市场的佐证。

因此,在期刊的市场定位上,选择具体的期刊市场,比其他出版物类型的市场更为细致,更需要对读者的详细研究和对市场的敏锐把握。整体而言,在期刊的市场定位选择上,在看到期刊市场的可能性之外,对该市场的市场准入程度的可行性必须进行细致的评估和研究,在可能性和可行性都满足的情况下才是精确确定了期刊市场。

第二节　期刊读者定位

期刊读者定位和期刊市场定位既有区别又有联系,将期刊市场和读者混为一谈的做法偏于粗略。期刊市场定位以期刊的读者选择为基础，期刊市场是将期刊读者群作为"市场"进行理解，偏重于期刊销售的实现，偏重于期刊经济价值的实现。期刊读者定位虽然以期刊读者进行界定，从社会人群中进行读者选择，偏重于期刊的阅读人群，和期刊市场定位设计存在联系，但期刊读者选择设计比期刊市场定位设计更为宽泛，更注重对期刊精神价值的实现。

一、期刊读者群的基本划分

期刊读者，首先是指期刊的购买群，在社会人群中，主要是哪部分在进行期刊的购买和阅读；其次要包含以各种途径对期刊进行阅读的人群，包括期刊的购买读者和借阅读者。虽然从直接的期刊经济价值实现来看，期刊的购买读者要比借阅读者更为有意义，但期刊作为文化产品，不能单纯以经济价值的实现来判断期刊全部价值的实现。期刊传阅率的高低也是期刊质量的一个明显认证指标，期刊传阅率越高，这本期刊得到读者认知就越广泛。期刊在传阅过程中，传阅读者对期刊的认同在更大程度上也实现了期刊的精神价值。同时，期刊传阅者的数量一般远远大于期刊购买者数量，能在更大程度上完成期刊文化职能。

期刊借阅读者也是处于发展变化中的，当期刊借阅变得困难而自身经济能力提高且购买便利的情况下，借阅读者也会转变为购买读者。同时，长期借阅形成的期刊忠诚度，也是期刊不可估量的财富。

因此，有必要对期刊读者定位进行专门分析和研究。

期刊读者在本质上是属于城市，我国城市数量增加和城市经济能力增强必然使得期刊读者数量能够持续增加。这些都能对期刊读者定位造成影响。

对期刊读者进行分析和研究，首先需要确定期刊读者的类型。按照不同标准，期刊读者类型有多种划分方式，最通用的方式是按照读者年龄、职业、地域等因素进行划分。

（一）按年龄划分

按照年龄阶段的不同,可以把期刊读者划分为儿童读者、少年读者、青年读者、老年读者等。这些不同年龄读者有不同的心理特点,他们的阅读需要、阅读兴趣也不相同。反映在期刊出版中,就需要考虑具体期刊在编辑、出版中的编辑思路设计,如儿童期刊通常需要五彩缤纷,以图片抓住儿童的阅读兴趣;老年期刊通常需要适度采用比较大的字号,满足老年人相对退化的视力现实;青年期刊的内容需要和时尚接近,版式需要更多的美感等,这些已经反映在期刊出版上的现象,都是根据读者选择设计做出的。

（二）按职业划分

按照职业不同,可以把期刊读者划分为干部读者、教师读者、工人读者、农民读者、科研人员和其他专业人员读者等。虽然目前经济发展带来的很多新兴的职业难以进行细致划分,但如"白领""金领"等一些已经逐渐被社会认可的职业人群划分也能够引入期刊读者设计中。这些由具体职业带来的阅读特殊要求需要期刊加以满足,而期刊出版中大量改刊等期刊经营举措,也都是期刊为满足读者阅读需要变化而进行的改革,当前新兴期刊的出现也和读者的职业有着密切的关系。

（三）按地域划分

按照所在地域的不同,可以把期刊读者划分为城市读者和农村读者、沿海读者和内地读者、国内读者和国外读者等。这样划分对于期刊来讲,能够使期刊在内容编辑和经营运作上更好贴近读者,满足读者。如目前大量出现的生活、时尚、娱乐类期刊,都是和我国经济发展带来的城市化进程加快,城市人口膨胀分不开的,庞大的城市人群造就了城市市场,作为地域性的经济、政治、文化中心,城市通常工商业和科学文化事业发达,交通方便,信息灵通,居民受教育程度和经济收入一般较高,能够承受高价位的期刊,而期刊在满足城市居民需要的同时,也在进行着高质量的内容编辑,而农村期刊很难高价位运营。不同地域文化刺激形成的期刊阅读需要和购买能力方面也存在。

二、文化层次意义的读者划分

进行期刊读者定位,在对期刊读者进行基本类型划分之外,还必须确定期刊读者的层次,这类似于图书市场中的读者细分。确定读者层次能够更好地研究期刊读者需求,进行期刊定位以满足读者。

划分读者层次,除要考虑读者的文化水平、文化素养以外,还要考虑读者的思想状况、生活态度、生活经验等多种因素。通常将读者层次分为以下四种。

(一)专家学者型读者

专家学者型读者包括科研机关的研究人员,分散在政法、文教、金融、财贸、工程技术、医药卫生等行业的高级专业人员。专家学者型读者在期刊读者角色之外,也在更多地扮演期刊内容作者的角色。他们阅读期刊主要是专业工作和科研活动需要,如了解科学文化的发展动态和研究成果,收集有关数据和文献资料等,阅读需要有明确方向。这部分人在社会总人口中虽然占少数,但对期刊需求量大且要求也高,阅读需要比较稳定。虽然是少数人群,但在我国期刊市场上,1400多种高校学报和大量的行业性学术期刊的购买和阅读主要由这些读者完成,代表国家期刊科技水平的期刊也主要是由这部分人群进行消费和阅读。

(二)高层次读者

高层次读者是相对而言的一种层次划分,这部分读者一般指具有相对较高文化程度的学生、干部、教师、科技人员、管理人员,这部分读者有长期培养和熏陶形成的阅读习惯,有较高的阅读、鉴赏和文化批评能力。高层次读者的阅读需要、阅读兴趣也比较稳定。同时,期刊出版中城市期刊、生活娱乐期刊等新兴期刊,在价格上居于高价位,也都是在满足这些高层次读者的阅读需求。为这些读者服务的期刊往往在高价位、小范围、小印量等外在因素之外,高水准的编辑质量更为重要。

（三）中等层次读者

中等层次的期刊读者包括具有中等文化程度的工人、农民和机关、企业的职工等。相对于专家学者型读者和高层次读者，中等层次的读者除阅读实用性强的业务技术期刊之外，还主要阅读科学文化普及、文摘读物和文艺作品。满足中等层次读者阅读的期刊通常以相对较低的价位和普通印刷装订方式为主，在内容上也多以心灵抚慰、家长里短等贴近普通人生活的内容为主，《读者》《女友》《家庭》《知音》等我国期刊界的大印量期刊的主要读者都是中等层次读者，期刊在整体设计上也满足上述要求。

中等层次的读者阅读期刊有一定的随机性。

（四）低层次读者

低层次读者的相对性与前三种层次读者相比更为明显，在经济及文化地位都较低的情况下，这部分读者的期刊阅读是以通常不被研究者重视的《今古奇观》《故事会》为代表的以文字为主的低档印刷、低价位期刊，这部分读者主要是实际文化水平低、以阅读作为娱乐、消遣目的的人群，如城市中的农民工，或者小学、初中左右的文化水平人群等。低层次读者在期刊的购买和阅读上，缺乏目的性和计划性，阅读兴趣易受外界影响。

三、读者结构意义上的读者划分

对期刊读者进行定位，还需要考虑读者结构，对读者结构进行划分，以不同类型和不同层次读者的社会分布，来组成一定社会的读者结构。

研究读者结构，主要是以阅读需要、阅读能力为依据。

（一）潜在读者与现实读者

有一定文化水平、有阅读需要和购买动机的人，都是期刊的潜在读者。不仅有阅读需要和购买动机，而且在这种需要和动机的驱动下，有购买、阅读行为的人，便成为期刊的现实读者。

（二）基本读者与随机读者

有些读者有明确的阅读目的和阅读要求，主动寻找他们需要购买和阅读的期刊,这类读者是期刊的基本读者。还有许多读者没有明确的目的和购买、阅读对象,他们的购买、阅读行为往往是由于偶然因素的触发和影响。如追随周围的人,或追随某一时期的文化潮流而购买、阅读。他们的购买、阅读行为缺乏自觉性、计划性和稳定性。

(三)计划读者与市场读者

研究潜在读者与现实读者、基本读者与随机读者之后,大体上可以确定期刊的计划读者,确定期刊读者群的大致状况,如读者的类型、层次、数量和社会分布等。计划读者仍然是可能的,而非现实的。

期刊的效益如何,最终取决于计划读者能否转变为市场读者,潜在读者能否转变为现实读者,随机读者能否转变为基本读者。严格地说,只有在完成了购买行为的读者,才是真正的现实读者。读者经过市场交换获得期刊的使用价值,期刊社通过市场交换实现期刊的出版目的和价值。只有这样,期刊社和读者才能建立起现实的联系。

以上三种方式对读者进行的划分有助于进行期刊定位,期刊在选题、内容策划上针对某类读者的需要,这是进行出版决策的重要依据之一。

还必须指出的是,这种划分也是粗略的,现实中许多读者是具有多元性的,所以综合应用三种划分方式,才能准确地对读者进行定位,期刊社也依据这一定位,制订长远的选题计划和具体的编辑加工。

读者定位完成后,还必须明确的是期刊读者不同层次的需求。

读者需求从追求刺激、消遣、获取知识信息到追求审美、思想等不同层次,是一个不断升华的过程,这些需求合起来构成人们的文化需求。期刊要根据这些需求的不同情况,结合精神文明建设和出版纪律的要求,分别采取不同内容给予满足。期刊依据读者定位得出的特定读者群,再参照读者阅读心理进行选题和内容策划,使期刊既具有社会效益,又具有经济效益。

期刊定位并针对不同的读者对象策划选题,能够减少盲目性,也是科学决策活动的重要依据。

结合上文中对老年读者群和农村期刊市场进行的否定性的市场设计，对《大学生就业》的市场设计开发，也都在客观上涉及了期刊的读者群问题，期刊的理论研究者和从业人员都重视对读者群的划分，但理论研究者和从业人员对读者群把握所能深入的程度上存在不同看法，理论研究者认为读者群能够从社会大众中精确划分出来，能够针对不同读者群进行专门的内容提供和趣味满足，进而紧密联系读者，使得期刊读者尽可能成为期刊购买者，以增加期刊经济效益。而实际从业人员在肯定读者定位的重要性之后，却认为期刊读者群无法精确把握，不像期刊研究者所认定的是具有固定特征的人群，甚至认为读者的不可知性和不确定性更为明显。从业人员认为读者群是发展变化的动态群体，不断分化组合的群体，读者年龄的增长和经济能力的变化，社会文化等各个方面的影响都能迅速地引起目标读者群的不可确定的变化。这些观念差异对期刊读者定位提出更高要求，对期刊策划也是如此。

第三节　期刊市场、读者信息获取

正常的市场由于供求关系的不平衡性可以简单地分为买方市场和卖方市场，在形成卖方市场时，商品供不应求，由于市场空缺的存在，消费者没有太多余地来要求商品质量的进一步提高；在形成买方市场时，消费者购买时挑选的余地大大增加，这样就会出现生产者不遗余力地提高商品的质量以求商品的价值能够实现。在买方市场的情况下，卖方必须要对买方有全面的把握或者是对买方的购买需求有清楚的了解才能保证生产的产品能够被买方认可，这样买方的信息对卖方就非常重要。

在社会的总信息量已经成为"海量信息"的情况下，从社会的总信息中有效筛选出有用信息已经成为信息利用的关键，因此专门的信息服务机构应运而生。专门的信息服务机构采用比较科学的方法来对信息进行收集、整理、分析，并综合得出卖方需要的分析报告，卖方根据市场分析报告来调整自己的生产行为，从而生产出能够被买方认可的产品，以实现商品的价值。

市场调查在市场经济条件下能够迅速反映市场供求信息的趋势,反映消费者购买意向,能够向商品的生产者传递有效的生产信息,这已经在普通消费品市场上得到了广泛的应用。

出版物作为一种特殊的消费品,也遵循一般消费品的特征,期刊同样也是如此。对期刊的读者进行市场调查,能够迅速反映市场供求信息,灵敏反映读者阅读兴趣,为具体期刊的市场营销行为和具体期刊的编辑思想和编辑手段产生直接的影响,以便更好地适应读者的需要,紧抓读者的阅读兴趣,刺激读者购买行为的连续发生。

一、市场信息

市场信息是期刊市场的最基本信息,包括期刊的种类数量、定价、期刊区域市场、期刊前景等。这些信息向期刊业者表明了我国期刊业发展的状况,如某些期刊门类是否饱和或能够进入,或者某类期刊的预期利润等。在期刊出版中,这些市场信息能够指引具体工作的进行。根据原国家新闻出版广电总局 2016 年的统计数据,全国期刊出版 10084 种,平均期印数 13905 万册,总印数 26.97 亿册,总印张 151.95 亿印张,定价总金额 232.42 亿元。与 2015 年相比,种数增长 0.70%,平均期印数下降 4.94%,总印数下降 6.29%,总印张下降 9.43%,定价总金额下降 4.34%。具体到各类期刊的出版数量、所占比重及与上年相比增减百分比如下:

(1)综合类期刊 365 种,平均期印数 851 万册,总印数 18230 万册,总印张 968323 千印张;占期刊总品种 3.62%,总印数 6.76%,总印张 6.37%。与上年相比,种数下降 0.27%,平均期印数下降 6.72%,总印数下降 7.43%,总印张下降 7.67%。

(2)哲学、社会科学类期刊 2664 种,平均期印数 6861 万册,总印数 126966 万册,总印张 6490942 千印张;占期刊总品种 26.42%,总印数 47.08%,总印张 42.72%。与上年相比,种数增长 1.10%,平均期印数下降 2.32%,总印数下降 3.39%,总印张下降 5.54%。

（3）自然科学、技术类期刊5014种，平均期印数2496万册，总印数36920万册，总印张3040433千印张；占期刊总品种49.72%，总印数13.69%，总印张20.01%。与上年相比，种数增长0.62%，平均期印数下降5.74%，总印数下降6.65%，总印张下降9.33%。

（4）文化、教育类期刊1383种，平均期印数2679万册，总印数61745万册，总印张3198073千印张；占期刊总品种13.71%，总印数22.90%，总印张21.05%。与上年相比，种数增长0.44%，平均期印数下降5.33%，总印数下降4.68%，总印张下降9.32%。

（5）文学、艺术类期刊658种，平均期印数1019万册，总印数25808万册，总印张1497528千印张；占期刊总品种6.53%，总印数9.57%，总印张9.86%。与上年相比，种数增长0.77%，平均期印数下降16.15%，总印数下降20.31%，总印张下降24.29%。

2016年全国共出版少年儿童期刊212种，平均期印数1796万册，总印数50692万册，总印张1753680千印张；占期刊总品种2.10%，总印数18.80%，总印张11.54%。与上年相比，种数增长1.44%，平均期印数下降4.97%，总印数下降6.41%，总印张下降12.94%。

2016年全国共出版画刊（不含面向少年儿童的画刊）55种，平均期印数63万册，总印数886万册，总印张80078千印张；占期刊总品种0.55%，总印数0.33%，总印张0.53%。与上年相比，种数增长3.77%，平均期印数增长3.88%，总印数下降5.46%，总印张下降13.30%。

2016年全国共出版动漫期刊40种，平均期印数255万册，总印数8218万册，总印张508818千印张；占期刊总品种0.40%，总印数3.05%，总印张3.35%。与上年相比，种数增长11.11%，平均期印数下降25.44%，总印数下降32.18%，总印张下降38.01%。

2016年与2015年数据相比，如果进行更长时间范围内的对比，如与2006年数据对比，2006年全国共出版期刊9468种，平均期印数16435万册，总印数28.52亿册，总印张136.94亿印张，定价总金额152.23亿元，折合用纸量32.18万吨（含高校学报、公报、政报、年鉴1742种，平均期印数374

万册,总印数3979万册,总印张236755千印张)。在具体门类对比中各项数据则更为明显,更长时间范围内的数据比对也更能体现出期刊业整体涨落情况。

在期刊业发展的同时,期刊业结构布局中心城市期刊市场区域饱和、结构趋同、同质化竞争的问题越来越突出。2006年9468种期刊有2800多种集中于北京,还有不少其他地方的期刊实际上在北京、上海这样的中心城市编辑出版,特别是市场化程度比较高的时尚消费类期刊基本都集中在经济相对发达的中心城市。而在2016年,全国共出版期刊10084种,其中,综合类期刊共365种,占期刊总品种的3.62%;哲学社会科学类期刊2664种,占26.42%;自然科学、技术类期刊5014种,占49.72%;文化、教育类期刊1383种,占13.71%;文学、艺术类期刊658种,占6.53%。在期刊数量十年间的此消彼长之外,更应该看各类型期刊内部的消长情况,如在2016年所批准创办47种学术期刊,占全部新创办期刊的70%,《红色文化学刊》《丝路瞭望(中文、俄文、哈萨克文)》《中国应用法学》《区域与全球发展》等一批关注社会主义核心价值观建设、一带一路建设、智库建设等国家重大战略需求的期刊得以创办。这些情况都属于市场信息,在现代社会投资开始涌向期刊的情况下,不掌握这些市场信息,很难取得预期效益。并且在外资进入以及期刊审批越来越严格的情况下,对市场信息的掌握显得尤其重要。

在出版界,作者信息是出版信息中相当重要的部分,对作者信息点的利用上,可以对照报纸的专栏。而对于期刊来说,知名的作者也能扩大当期期刊的销售,并使读者产生后续期待,部分期刊社采取的知名作者的专栏连载,是普遍的做法,在我国期刊界,由知名作者组织的专栏往往成为读者欢迎的栏目。

但在作者信息挖掘上,除知名专家学者之外,也必须注重作者的培养。

二、读者信息

对于期刊来说,读者信息是比市场信息更为重要的信息,读者信息是指有关期刊读者的信息,它一般涵盖读者的性别、年龄、文化程度、收入水平、购买渠道等多方面的因素,对读者信息进行有效的汇总和分析,能够让期刊更好地贴近读者。本书在前文中期刊市场设计部分的论述,也是建立在对读者信息的了解的基础上。如在下文中,期刊《青年文摘》的广告代理公司在进行宣传时,在期刊简介之外所罗列的期刊读者数据。

我国期刊界在读者信息掌握上,已经进行了很多尝试。如《青年文摘》对自身读者的把握:

《青年文摘》……创刊于 1981 年 1 月,是目前中国发行量最大的青年杂志。自 2000 年起改为半月刊,上半月刊(红版)封面为红底白色刊名,期发行 100 万~110 万册,提前一个月的 15 日出版;下半月(绿版)封面为白底绿色刊名,期发行 90 万~100 万册,当月的 1 日出版。

主要内容:紧扣时代脉搏,关注当代青年生存和发展两大主题,弘扬先进文化,重视思想内涵,服务青年健康成长。

风格特色:内容观点健康,思想厚重,表达方式新颖,青春色彩浓郁。

读者年龄比例:17~25 岁占 72%:16 岁以下占 15%:25 岁以上占 13%。

读者性别比例:女性占 57.7%:男性占 42.3%。

读者受教育程度:高等占 45%:中等占 44%:初等占 11%。

读者状况:本刊在社会及读者中具有优秀的品牌形象,刊出的每篇文章都经过精编细选,具有很高的阅读、欣赏和收藏价值。2004 年由人民大学新闻学院在全国对本刊所做出的专项调查数据显示,平均每本传阅率为 7 人。

之所以出现期刊对读者信息进行详细掌握的情况,是因为在期刊的经营中,文本售卖需要读者对其内容认可,广告吸引需要广告主对期刊读者数量和质量的认可。并且对于期刊自身,也存在"想读者之所想,急读者之所急"的理念。因此,对读者信息全面准确地掌握,在此基础上出版符合读者阅读需求和欣赏水平的期刊,在完成大量销售,取得文本收入之外,也是期刊吸引广告主的不二法门。期刊读者信息成为期刊社必须掌握的数据。如《家庭》杂志在对读者信息掌握后的应用上,这些信息成为期刊向广告主进行说服的佐证(见图4-1)。

目前在我国,读者信息主要是通过读者调查获得,但我国对读者信息的掌握还处在浅层次上。在出版界中的《国民阅读调查》,从整体的方面勾画了我国读者阅读的基本情况,但在国外出版界所进行的调查,他们所采集的读者信息更为详细和具体。

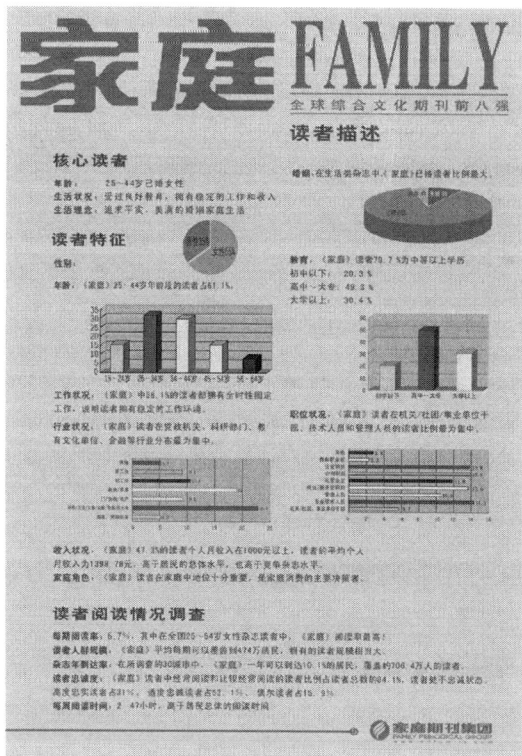

图4-1 《家庭》期刊的读者阅读情况调查图

国外出版界在分析读者信息时,曾经专门做过"他们为什么不买书?"这样一个分析,从书业中的许多人没有考虑每一个图书购买者困难的习惯入手,将调查的方向转向研究那些不买书的人。先后从价格的折扣(一本精装书的价格比不上俱乐部的一杯饮料,一本平装书的价格甚至不如电影院入场券的价钱)、购书环境展示图书时带来的直接购买诱惑、购书环境中其他读者购买产生的心理暗示、品牌图书的品牌力量、购书环境中图书的排放位置、社会消费观念和消费教育对儿童和青少年的影响、在购书环境中读者与员工的接触交流等因素都能促进图书的销售。

出版机构对读者的把握已经不像我们印象中的仅仅是对读者的身份、年龄、社会地位、收入状况等的浅层次的把握,更多是把调查深入到读者的阅读习惯与阅读兴趣,从深层次的角度来把握读者,在此基础上来提供适合读者的出版物。在美国的期刊出版研究中,在衡量杂志的指标方面,有多少订阅读者和多少在报刊亭购买的读者,也是期刊读者信息掌握的一个重要方面,这样做的原因是期刊编辑和出版商认为读者与期刊的相互作用会让期刊更有影响力,将读者具有较好的阅读体验上升为保持阅读杂志的习惯,由此吸引广告商。

美国杂志出版商协会(MPA)和美国杂志编辑协会(ASME)在美国西北大学媒体管理中心的帮助下开展了一项调查:考察"什么原因让读者爱上杂志",这次调查针对全美100强杂志进行,共收回了4347份问卷。通过这些问卷,研究人员建立了39条决定读者选择杂志的"促进因素"和"妨碍因素"。其中,"我认为自己为此花费的时间和金钱是有价值的""杂志让我很失望"和"杂志让我变得更聪明",是决定读者选择杂志的三大因素。被调查者的年龄、性别和种族不同,其读者对杂志的选择也相应地有很大差异。比如男性读者比较关注杂志"对我来说很重要",而女性读者非常关注"看杂志让人感觉很愉快"。非洲裔美国人希望看那些能"因此而被感动"和能"带来视觉上的享受"的杂志。这项调查中的另一个重要现象是,读者对自己所钟爱的杂志上所刊登的广告评价很高,比如"我非常喜欢杂志上的某些广告""很喜欢杂志上的广告"。业内人士分析,这项研究打破了数据能说明一切的神话。相对于业内长期以来一直相信的假设，这次调查显示，读者阅读体验并不受杂志价格的影响，不因为杂志是在报刊亭购买的还是读者自己订阅的而有所不同，也不会因为读者看的杂志是否是自己掏钱买的而有差别。

三、期刊读者调查

市场信息、读者信息的获取，最为简单直接的方式是进行读者调查。

期刊是竞争性非常强的媒体，不同类别的期刊、同类别的期刊时刻都在竞争，离开竞争的期刊无法长久生存。2006 年全国公开发行的期刊数量是 9468 种，总发行量是 28.52 亿册，平均到每个人，不足 3 本，期刊都希望发行量上升到最大，但期刊市场竞争激烈，为了能够在竞争中生存和发展，期刊市场调查就尤为重要。

在期刊市场调查中，一方面是对阅读情况进行调查，以了解期刊在内容上的改进方向，读者阅读状况包括期刊读者的年龄分布、收入分布、地域分布、期刊购买在消费中的比例、在阅读上的时间花费等；另一方面是对读者的社会状况和经济地位进行调查，以取得广告主的认可。

读者是期刊直接消费者，读者购买使得期刊出版过程得以顺利完成，使信息得以利用。对期刊读者进行调查，能够及时向期刊社反馈最新市场信息和购买意向，让期刊编辑部门能够根据读者阅读意向来制订新的编辑计划。

期刊以读者调查问卷形式进行读者阅读情况和购买意向的调查，如《读者》的分刊：《读者》（乡土人文版）和《读者欣赏》等，这些新刊的出现，在编辑理念上来说是在学习美国《读者文摘》多种语言的不同版本，在经营上来说是在扩大期刊自身发行范围和影响深度。这些行为的产生都离不开对市场的把握。期刊读者调查经常在期刊的创刊和改刊前期发生，创刊前期的市场调查是为期刊内容等方面做细致划分，对期刊市场进行准确定位。创刊后调查是为期刊的内容进行适合市场和读者阅读趣味的调整。期刊改刊较少发生，发生改刊与新办期刊差别不大，改刊一般都是在读者调查的基础上产生的,通常情况下期刊改刊前要经过长时间的调研,在改刊过程中也要进行多次调查,以便把握改刊方向。

期刊市场调查在对期刊的编辑方针和期刊的经营上带来好处的同时,更多的是一种对期刊的广告主进行劝服的手段。现代媒体已经都具备了"二次售卖"的能力,一方面是用媒体自身提供的内容吸引读者,另一方面是把吸引来的读者转让给广告主,让广告主购买版面进行广告宣传。

这样就能解释现代期刊的读者调查表上经常出现的对读者的职业以及收入的详细调查,调查表上读者关于期刊内容的意见由编辑部门进行处理,而关于读者收入和职业状况就成为期刊营销部门对广告主进行广告投放的直接诱因。

第五章　期刊经营策划

期刊市场定位、读者定位等因素，在期刊策划中属于期刊自身以外因素，期刊策划还包括期刊的经营。期刊经营包含期刊以何种方式盈利，涉及期刊的定价策略、期刊发行收入、期刊广告收入及期刊品牌建设等相关内容。

期刊作为商品，商品价值实现是一个完整过程，从对买方市场读者群的规划策划，到依赖自身编辑制作能力的产品制作都是不可缺少的部分，而离开了期刊从印刷厂到读者手中的流通过程，期刊的社会价值和经济价值同样不能实现。因此期刊营销策划也不能被忽视。

第一节　期刊价格策划

期刊经营策划首先体现在期刊价格上，我国目前期刊市场上，价格从2.5元到50元乃至更高不等，期刊价格集中分布于5元、10元、20元，这些价格分别是大销量文摘类期刊、行业期刊、时尚类期刊的定价。价格对发行市场的影响，一直是传媒营销管理研究的一个重点。价格变动在媒体市场营销过程中影响力的大小是与特定因素相联系的，并在其制约下发挥作用。对于期刊同样如此。

一、期刊成本

期刊价格首先取决于期刊成本。最高价格取决于目标市场需求,最低价格则取决于这种产品的成本费用,价格通常都应该高于成本。以内容销售为主的期刊,如等印张较少,图片较少并且纸张低档的文摘类期刊,成本通常较低,低廉定价就能取得收益。但高档消费类期刊通常采用铜版纸全彩印刷等印制方式,成本偏高,通常价格和成本就相当接近,在高档期刊加大加厚的周年纪念刊上,往往成本会超过定价。

期刊的经营策划还涉及期刊的媒体成本问题。媒体成本是在媒体策划上必须预先考虑的问题,期刊同样也不例外。期刊上的媒体成本具体为制作阶段资料收集、制作整理、加工、成品发布等并且还存在发布后利润资金的回笼运转问题。期刊成本可以简单地划分为物资成本和人力成本。

(一)期刊物资成本

物资成本的计算相对简单,对于期刊来讲,印前编辑阶段、印刷过程中胶片印版费用、纸张和油墨的费用以及物流费用,都属丁物资成本,一些耗材折旧费用也可以统计到物资费用中来,这些物资因素中,任何一项费用的增加都会带来总成本增加,如国家为治理水污染关停小型造纸厂,直接带来了纸价上涨,引起印制成本上升,最终形成了全国出版印刷业整体价格上调,也带动了期刊界一次整体的价格提升。

从这个角度出发可以解释一些期刊现象,在期刊市场上为了扩充期刊的内容,季刊改双月刊、双月刊改月刊、月刊改半月刊,以及页码扩大,增加印张,都是为了在竞争中首先以内容扩充来取胜,向读者提供更多的内容来吸引购买。同时,扩版扩容也是在同步扩充广告版面,是在不增加其他成本的前提下,增加版面以增加内容和广告投放的办法。

(二)期刊人力成本

人力成本是期刊成本中最为复杂的问题。

期刊的人力成本首先是期刊作者的稿酬,作者向期刊提供内容,期刊理论上应及时、足额向作者支付稿酬。

1999年国家版权局出台的基本稿酬标准,每千字30~100元,至今仍为全国发行的报刊的"行业指导价",我国稿酬偏低是不争的事实,就国内期刊的稿费来看,少儿期刊目前平均100元/千字,成人故事刊在100~200元/千字,时尚期刊能达到300~500元/千字。事实上,很多期刊是根据作品水平分稿费档次,比如60元、80元、100元、150元、200元几个档,但往往每期中大部分都在80元这个档。知名作家的稿费、特约写稿会高,但不是行业普遍现象。此外,稿费周期长,杂志大多是二审、三审制,提前三个月组稿,从投稿、确定用稿到审稿等,最后期刊上市后一个月左右拿到稿费,这个周期很长。一些文摘类期刊会用翻译稿,提供原稿,大约也在120元/千字。转载稿费多的有80元/千字,少的有50元/篇,整体而言,稿费对作者的生存和持续内容生产非常重要,但出版界稿费制度整体滞后。

期刊工作人员的薪资最终也是要体现在期刊人力成本中,人力成本在一定程度上来说属于媒介经营管理部分。在媒介内部,是部门间各种资源配置最优化;在部门之外,是媒介整体对于外界环境的(信息、政策等)的灵活反应。对于期刊来讲,不仅涉及职能部门的运作,也涉及各个部门的协调。因此在本书期刊运作部分中,专门体现了期刊社的部分构成及人员配备,但这些部门运作、人员薪酬等运营商的人力成本,都需要期刊盈利或者其他渠道资金来完成。期刊应该在稿费以外的其他人力成本支出上进行有效管理。如最负盛名的《读者》,虽然其发行范围遍及全国乃至开拓海外华文市场,但编辑部人员精干,并在全国各地设立分印点,在减轻印制压力之外也减轻了印刷成品在物流运输和发行上的难度,降低了铺设全国发行网络的成本。《读者》在内容上采用文摘性文章作为期刊主题,并且由读者向编辑推荐稿件,这些都节省了成本,这些措施的实行都使人力成本得到了最优化控制。

（三）期刊赠品成本

从期刊"赠品"角度也可以反映期刊的成本。在期刊征订中，为吸引读者，打折销售和捆绑性销售已经出现，并在邮发渠道上频繁使用。但在期刊零售上，吸引读者购买使用期刊赠品营销也是常见现象。

期刊赠品对于期刊而言，首先成本增加，期刊本身印制和发行等产生费用，再加上赠品支出，会增加期刊成本，压缩期刊利润空间。但赠品却成为期刊长期以来重要的营销方法，有着特殊的原因。

早期期刊赠品多数为年末赠送新年年历等低成本印刷品，但随着时代发展，高档期刊出现之后，赠品也开始了多样化趋势，一方面低价位期刊的年历、书签等赠品还继续存在，也开始了订阅即赠等优惠手段。高档期刊的赠品往往以大幅面彩色图片和与读者兴趣紧密相关的赠刊、别册等形式出现，一些高档期刊在赠品上开始了更多的实践，如《时尚健康·男性》2005 年 12 月号的年度赠品是一本"2006 时尚男性健康手册"，以印刷精美的笔记本作为赠品。其他高档期刊的岁末赠品也从烟盒、光盘到拖鞋、钱包等不一而足。期刊创刊号在市场推广初期也往往以赠品形式来辅助销售。

期刊赠送高价值赠品主要出于两方面考虑：一是期刊本身推广，另一种是赠品产品推广。产品推广以新品为常见，产品通过期刊推广，直接面向核心消费群体，是成功定向销售，期刊提供版面，赠品的成本主要由厂家来承担。期刊送出丰厚的赠品，能够有效实现期刊渠道共享和增值服务，期刊吸引到了更多读者和关注，厂家也获得好处，将读者的群体转化为产品忠实的群体，是期刊商业化运作一个阶段的标志，是多赢的结果。

但在赠品为期刊带来优势之外，也存在不利影响。低价值印刷品赠品增加的成本有限，高价值赠品也往往由厂家提供，但期刊营销中的赠品策略容易走到极端，在期刊选择用赠品来作为打开销销路的策略时，很容易误导期刊购买者关注期刊赠品而非期刊本身。如 Vogue 的首发刊印数达到 30 万册，这比当期的《ELLE 世界时装之苑》和《时尚伊人》的印数加起来还多，也的确出现了很多报刊亭卖到断货的情况，当期杂志赠送一个与

vogue同名的金色女包和一本《流行完全手册》的小册子,是很多人购买杂志的原因。当期的《ELLE世界时装之苑》和《时尚伊人》也在进行赠品促销,时尚类期刊送赠品已经是一件约定俗成的事情。在正常时尚类期刊营销中,每种期刊市场份额是一定的,如果某本期刊出现当月销量猛增的情况,很大可能就是所附加的赠品被固定读者之外的增加读者认为值得为赠品而购买。用赠品在实质上打价格战已成为时尚杂志惯常营销手段,从胸针、手链、化妆包、帽子围巾、眼霜甚至拖鞋,都可以通过包装附加在当期时尚期刊上。在报刊零售摊点,一旦出现期刊赠品,也是摊主竭力显示的现场促销手段,甚至也出现了读者买下期刊拿到赠品,对期刊根本不予阅读的情况,杂志反倒成了赠品的附属品。

虽然从期刊成本角度来看,赠品主要由厂家承担,期刊只是起到了辅助渠道的作用,并没有带来直接的成本上升。但赠送大量赠品的期刊也面临着尴尬,能够送得起高价值赠品的期刊几乎全部都是高档期刊,尤其是时尚、休闲类期刊,这样的营销方式中随刊赠品由厂家承担,期刊还能拿到一定的广告费用,为期刊社留下足够的利润,但在这些期刊中,广告商品价格几乎都是以千元、万元计的奢侈品,能够进行这些奢侈品购买的读者却要为几十元的赠品来主动购买期刊,从这个角度来看,则相当于是在这些期刊上出现了大的无效广告投放,长期使用这样的营销操作,广告主会做出新的考虑。并且赠品间的恶性竞争也会损害期刊形象,得不偿失。期刊"轻内容、重赠品"的现象,从短期看可能会增加一定的销量,也给读者带来一定好处,但从长远看,将带来更多的负面影响。

2006年9月5日,《时尚》《瑞丽》《世界时装之苑》《服饰与美容》四大时尚期刊社在北京发起,近50家期刊积极响应,共同向我国期刊业界发出倡议:从2006年11月起,在零售时不以任何钱物形式附送赠品,不以任何理由率先挑起任何形式的赠品战、价格战等。由于该协议不是强制性的,低调几个月后,杂志的随刊赠品又开始出现,尤其是在岁末年初的商机时段。

对于期刊的成本,必须进行多角度的全面考虑。

二、期刊市场需求

期刊价格和期刊市场需求之间有着密切关系,在期刊市场需求大的情况下,期刊有价格上升空间,而如果期刊没有太多市场需求,期刊价格如果上扬,就会加剧期刊发行量的萎缩。市场需求大的期刊可以采取高定价,而市场需求小的期刊在定价上必须谨慎。

期刊市场需求可以从三个基本方面考虑。

(一)读者收入

读者收入直接关系到读者消费能力,由于期刊消费属于文化消费,必然是在基本生活消费满足之后才能进行,因此读者收入直接关系到读者能够负担的文化消费的数量和质量。较高收入的读者才能消费高定价期刊。因此高端传媒产品,尤其是以娱乐、时尚、旅游、保健为主要内容的期刊属于此类通常定价都在20元上下,面向大众市场的期刊,其定价普遍不高。

(二)价格影响需求

在正常情况下,价格提高,市场需求就会减少;价格降低,市场需求就会增加。但也有例外情况,如果期刊品牌具有显示读者身份地位的作用时,期刊价格提高,其发行量也不会受到太大影响,甚至反而可能上升。当从整体来说,期刊价格上涨对期刊购买不产生影响的只有几种情况:市场上没有替代品或者没有竞争期刊,读者重视期刊品质高于价格因素,读者使用习惯转换成本较高,也不积极去寻找较便宜的替代品或读者认为期刊质量有所提高,价格较高是可以接受的。

(三)竞争媒体对需求的影响

期刊定价时还必须考虑竞争产品之间的互补性或替代性。具有互补性的两种期刊,一旦某一期刊价格上涨导致销量下降,则另一期刊销量也会随之下降。互为替代的两种期刊,在其中一种价格上涨时销量下降,另一期刊的需求量则上升的可能性很大。

在对影响期刊价格的基本因素进行分析后,进行期刊营销策划,就应该明确期刊价格。期刊不可能孤立地制定价格规划,而必须按照目标市场环境及其市场定位要求来进行。如果是面向购买力较强的目标市场营销,期刊价格规划空间就会相对大一些,反之,则会相对较小。

三、期刊价格规划

期刊价格规划的影响因素应该包括定价目标、产品成本、传媒市场需求、竞争者结构、行业管理政策等。

(一)期刊价格规划目标

期刊价格规划目标主要有以下四种。

1. 维持期刊的影响力规模

如果期刊处于成熟期或者衰退期,市场上产品趋向于饱和,竞争成本增高,有时候会威胁到期刊影响力规模。在这种情况下,维持规模比利润增长重要得多,期刊必须制定较低价格,并针对目标市场中的价格敏感者集中营销。出现的征订折扣、捆绑征订等都是针对这类群体来保持对目标市场使用关系的维持,然后通过广告市场的交叉补贴实现利润增长。

2. 保证当期期刊的利润最大化

期刊的利润通常来源于发行收入和期刊广告。

发行收入是期刊最基本的收入,也是期刊最稳定的收入。就期刊的发行收入而言,发行量相对稳定,其发行收入就会相对稳定,但纸张物料、印刷、运输费用等的上涨会压缩期刊的利润空间。

广告收入是期刊的一个重要收入,广告主选择期刊刊登广告,需要支付广告费,期刊刊登广告,让渡的部分的版面空间,但广告利润远远大于广告印制成本,甚至能够让期刊以低于印制成本的价格发行。

通常期刊发行收入和广告收入都相对固定,利润也较为稳定,但社会经济变化会对媒体的广告吸纳能力产生影响,不同的广告商品的利润空间不同,不同行业的广告主的广告支付意愿也不同,这些作用于期刊,直接期刊广告与期刊版面占比关系,如房地产广告投放减少,产业升级带来的转型等,都会直接影响广告投放,这种情况下期刊必须利用价格、折扣等手段,降低发行亏损比率,提高总体收益水平,实现当期利润最大化。

3. 维持期刊市场占有率最大化

期刊如果采取低定价策略扩大发行量,降低潜在挑战者进入市场的机会,来使市场占有率最大化,这种情况适用于目标读者对价格敏感度较高,和期刊制作与市场扩散的单位成本会随着市场经验的积累而下降的情况,以及低价位对现有和潜在竞争者具有强烈的威慑作用的期刊。

4. 实现期刊价值最大化

价值最大化是指寻找和满足最佳消费者最高层次的需求,以使产品形成最大价值的过程。当期刊以价值最大化为市场目标时,必须考虑期刊质量和服务领先于竞争对手,并在整个制作和市场营销过程中始终贯彻这一操作原则。这就要求用高价格来弥补高价值提供和研发的高费用,使期刊伴随高价值的提供获得高额收益。

期刊价格除由期刊成本、期刊市场需求和期刊价格规划目标决定外,期刊市场竞争结构和期刊管理政策也对期刊营销策划产生影响。

在完全竞争市场上,期刊价格完全由整个市场的供求关系决定,媒体只是价格的接受者,而不是价格的决定者。价格规划也只是对市场规定的回应,没有多少可以变动的空间。在垄断竞争市场上,由于各个传媒产品之间存在一定的差异性,或多或少具备一定的市场势力,所以可以获取较大的价格规划空间。同时,由于市场又存在一定竞争性,传媒产品之间的差异性只是相对而言,相互之间的替代性又使期刊定价不能过高,否则会失去市场。行业管理政策期刊价格受到政府的干预以及政策法规的制约,不会出现期刊价格过高或者过低的情况,甚至在期刊以赠品形式进行价格竞争时,期刊行业管理者也往往会采取措施制止。

第二节　期刊发行方式策划

各种期刊的生存和发展都有赖于期刊经营,期刊最基本的经营是从期刊发行中获得发行收入。读者在期刊消费中,需要付出不同数额的金钱进行交换。期刊最基本的收益就来自于这些发行收益。进行期刊策划,需要预估期刊的发行量,由发行量来决定印量。同时,期刊读者分布全国各地,期刊从印刷厂出库到到达读者手中,需要物流运输,因此,期刊发行量的多寡会直接影响到物流运输成本的多少,必须考虑期刊发行带来的影响。

我国期刊数量过万种,但1400种以上是党政类期刊,主要依靠行政命令进行征订;6000多种的科学技术类期刊,内容上虽然在行业内拥有较高学术地位和科技含量,但很难进行进一步市场开拓,虽然存在数字开发的新模式,但从本质上科学技术类期刊不会走向大众市场。从期刊定价来看,我国期刊定价范围分布从低定价的《故事会》到高定价的时尚期刊,甚至还有一些视觉、设计艺术期刊(超过40元),目前,还有《银行家》和《总裁》这种定价更高的期刊。对普通读者最为有意义的是面向大众的消费类、大众类、综合类期刊。在进行期刊发行策划时候,需要综合考虑各种因素。

一、期刊发行收入

(一)低价位大发行量期刊

《读者》作为在中国乃至在世界有相当知名度的期刊,从1981年创刊到2007年,《读者》已经拥有了超过20年的历史。《读者》在中国17个城市设立了17个分印点,保证《读者》能在同一天上市。2006年4月份,发行量达到1000万册。《读者》目前是中国发行量最大的期刊,从世界范围来看,综合发行量排第四位。同时按照一本期刊6人到10人的传阅率,《读者》总体读者数量更为可观。《读者》主要刊登其他报刊、书籍已发表的精彩文章,涉及文学、艺术、评论、故事及联系生活的科普小品、心理咨询,其刊登的文章以思想性、文化性及浓郁的人情味见长。因此能够在最大的范围内吸引读者阅读和购买。

《读者》杂志有九个主要栏目,2004年、2005年对九个主要栏目对比中,在2004年有140篇文章入选前十名,在"人生"栏目有60篇入选,在2005年的"人生"栏目中有65篇入选,就说明这是最受欢迎的栏目。《读者》杂志一期的文章,总共47篇,通过读者对每一篇文章的评论,得出不同的结果,最受欢迎的文章可以得到4000多票、5000多票,最差的文章只获得了14票。这样对如何了解读者对这个刊物的需求,对编辑来讲是一目了然的。自创刊以来,《读者》以其丰富的内容、严谨的编辑方针、对读者负责的作风,得到了读者和市场的双重肯定。但回到《读者》由于低价位和高品质带来的庞大的读者数量,1000余万的购买者数量,不低于6000万的阅读者数量,是一个极为庞大的读者群。

《读者》仅仅4个印张64个页码,内文用纸较新闻纸略微高档,封面及插页为胶版纸彩印,就整体纸张和印刷成本而言,3元再扣除发行上的必须费用和零售摊点的折扣,利润相当有限。在《读者》改半月刊、增加彩页、内文双色印刷、提高纸张质量、给邮局让利、工作人员增加等状况下,在成本上增加较大,《读者》2009年以前价格长期稳定在3元,比《知音》和《家庭》订阅价低0.5元,是64页期刊里最便宜的。每本《读者》发行利润非常低,但庞大的发行数量也为《读者》带来了较为丰厚的利润。2009—2014年定价4元,2015年第1期起定价6元,整体低价位。

同样情况也出现在以《家庭》《知音》《女友》等一批低定价期刊上。这类期刊的显著特点是定价低廉,每期定价在3元到3.5元不等,在内容上以社会底层人士经历、励志故事等为主,在内容上和社会上数量最大的读者直接相关联,能够持续吸引读者阅读和购买。这些期刊每期三四百万册的销售量从本质上来说都是基于其内容和价位与目标读者的紧密联系,庞大销售量带来的文本发行收入是期刊经营中最基本的价值实现。这类期刊的定价策略是一致的。

(二)高定价小发行量期刊

在现代期刊中,发行数量大的低定价期刊和发行数量小的学术类期刊都能够以文本发行来实现期刊基本收益。在现代期刊中,还存在这样一些期刊,在内容上偏重于综合类期刊,涉及时政、时尚等和现代都市人生活紧密相关的内容,在定价上偏重于高定价,但还在读者可承受范围之内。如时尚类期刊,定价通常都是在20元左右。这种期刊在内容受到读者欢迎的同时,在发行数量上通常不是非常大,如时尚类期刊月销售量只有几万本。

但这种高定价小发行量期刊通常都是铜版纸全彩色印刷,内容上以图片为主,文字内容相对贫乏,虽然表现大量图片需要较多版面,导致期刊厚重,无形中增加了期刊的成本,但相应的高质量、高表现力的内容也使得这类期刊在目标读者群中有很高的忠诚度,能够在定价偏高的情况下实现销售,虽然发行量不大,但这类期刊的发行收入也能保证期刊运营。

(三)科技学术类期刊

在现代期刊中,还存在6000多种科技类期刊,其中包含1400种高校学报。从内容上来看,科技学术类期刊内容很少和社会大众发生直接联系,发行范围很小,只是在学术圈内的小众读物,单纯地以经济效益实现来考虑,学术类期刊,尤其是学报,几乎没有市场生命力。学术类期刊虽然不产生直接的出版效益,但是对于社会文化和科技水平的提高则发挥着重要的作用,科技学术类期刊对社会生产力提高、精神文明建设提升所起的作用是最为重大的。从期刊经营上来看,这样的期刊很明显不是以扩大发行量,赚取高额收益为目的,甚至很多这样的期刊是以"交流"的形式来完成最基本的发行量,这类期刊的定价也不遵循市场经济规律,衍生了"版面费"等特殊经营方式,也成为目前期刊管理中的难题。

二、期刊发行量合理控制

对上述三种不同类型期刊发行情况及由此带来的盈利情况进行简单分析后,涉及对期刊发行量进行合理控制的问题。

期刊出版利润主要来自于发行收入和广告利润,低价位高发行量期刊、科学技术类期刊、高价位小发行量期刊在盈利本质上都遵循这一基本原则。虽然存在发行量不同,但期刊发行量并不是越大越好。虽然从理论上来讲期刊发行量越大,也就意味着越高的发行收入,也能吸引到更多的广告客户。但期刊发行量需要进行合理控制。

(一)低价位高发行量期刊

低价位高发行量期刊已经在市场上有了较高地位和较强竞争能力,高发行量也说明了这些期刊的读者支持度。但如果不对发行量进行控制,其庞大数量所产生的印刷成本和发行成本费用将和利润的增长之间呈现不同比关系,在这种情况下,印制成本和发行成本将上升,压缩期刊正常利润,同时,高发行量对应的庞大读者群也会使大多数广告主产生疑惑,认为该期刊没有明确市场指向性,广告效果不佳,从而撤出广告,这样,以广告收入来弥补发行亏损的做法将难以为继,这样期刊就会在经营上出现危机。

(二)高价位低发行量期刊

在媒体中,高价位期刊通常为高成本制作的时尚期刊等生活、娱乐类内容期刊,或者是直接针对少量的高端人群的期刊。

虽然客观上高价位期刊发行量增大,能够吸引更多广告来增加利润。但高价位期刊经营中需要营造高价位期刊的"稀缺性",如《中国书画》定价68元,《高尔夫》定价40元,《中国企业家》定价20元(半月刊定价20元,相当于月刊定价40元),这种高价位期刊如果降低定价,发行量会有所上升,但这种期刊本身就是小众读物,能对这些小众期刊进行阅读和购买的人群通常具有较高经济收入水平,期刊定价降低反而会让他们彰显不出自己的经济地位。因此这种高价位低发行量期刊需要在发行量上维持一个临界点的水平,造成这种高价位期刊的资源稀缺性,从而保障期刊盈利。

(三)科技类期刊

作为学术出版的重要载体,科技类期刊承载了大量学术出版的任务。

由于内容范围不是大众趣味,科技类期刊发行量通常也比较小,尤其是高校学报。但科技类期刊发行量也必须进行合理控制。由于科技类期刊读者本身数量就不多,以科技类期刊读者数量,加上科研院所、高校等相关机构,科技类期刊本身市场就不大。虽然客观上来看,提升国家科技文化水平需要科技类期刊,但从期刊经营角度而言,科技类期刊发行量提升在资源的浪费之外,也会对科技类期刊的公信力造成伤害。

综上所述,期刊经营在期刊发行收入方面,必须找准销售利润与发行量之间的最佳结合点,使得期刊发行收入能够平稳。

三、期刊发行方式选择

在出版业中,"发行"指为满足公众的合理需求,通过出售、出租等方式向公众提供一定数量的作品复制件。发行完成出版物的物流、信息流、商流的交换,是文化传播中的重要环节,尤其在当今社会,发行工作承担着出版物价值实现的任务,更显得重要。

按照我国法律法规的要求,出版物发行的主体包括出版物总发行企业、出版物批发企业、出版物零售出租企业、出版物连锁经营企业。出版物发行的一般过程,包括进货、储运、销售、退货、宣传等。

出版物发行的方式(即商品交易环节)有总发行(指出版物总发行单位统一包销)、批发(出版物的所有者向经营者批量销售出版物)、零售(指出版物的经营者直接向消费者销售出版物),还存在图书俱乐部、连锁书店等特殊形式。

在当代各种信息载体中,期刊以其出版形式多样,周期可长可短,出版方式灵活,刊载内容丰富多彩而独具特色。然而,如何把期刊发行到读者手里,是期刊出版商面临的最困难的挑战。

对于期刊而言,发行量就是生命线。发行量的提高能够扩大期刊的影响力和读者群,相应地给期刊带来更多的经济效益,使其广告收入大幅度增加,为促进期刊的自身完善和进一步发展提供经济支持。

国内期刊市场目前种类繁多,市场极大繁荣的同时,竞争异常激烈,几乎每一个兴趣点、每一种信息需求都会有一种期刊。期刊的竞争不仅存在于业内，同时也要和电视、报纸、广播、电影、网络等媒介进行竞争。面对如此境况，各期刊社纷纷使出浑身解数以求得发展。各种期刊发展的基础和直接表现，就是期刊的发行量。期刊依靠庞大的发行量的文本收入来维持自身的运作，期刊也依靠庞大发行量所能吸引到的广告主来为期刊增加广告收入。因此，现代越来越重视期刊发行工作。

在我国现阶段，中央级期刊，省、自治区、直辖市级期刊，省会、区首府所在地市级期刊，经济特区和计划单列城市的市级期刊可向全国发行。

对于期刊的发行，在满足上述关于出版物发行的总的规律之外，还存在自身的特点。目前我国期刊发行的形式是邮局发行、出版单位自办发行、新华书店及民营渠道发行。其中主要形式是邮局发行，目前许多杂志社采用几种渠道相结合的立体发行形式。

1. 邮政渠道

我国报刊长期试行"邮发合一"的方针，期刊在邮局发行，邮局健全的邮政传递、分发网络、服务网点多，延伸到城乡各个角落，长期以来，邮局一直是期刊发行的主渠道，邮政渠道是我国期刊所使用的最为广泛、时间也最为长久的渠道，是指邮政系统以自身的网络和传递方式，将期刊由各个期刊社，通过邮政系统的配送方式，完成期刊由期刊生产单位向读者传递的过程，邮政系统每年11月前后印发下一年度的报刊征订目录，由各种读者选择并在邮政部门登记和缴费，邮政系统将所收缴费用与期刊社按照协议分配，并完成下一年度的期刊邮递业务。自1953年实行"邮发合一"（报纸杂志发行划归邮局的简称）以来，我国报刊的发行业务一直由国家邮政局承担，现在仍然代理60％左右的报刊发行工作，遍布全国发行网络的邮局是大陆中国报刊发行的主要渠道。

我国的报刊邮发甚至发展出了邮发代号这样的情况。邮发代号是国家邮政部门编定的代表某一种邮发报刊的专用号码，有助于简化发行业务处理和进行科学管理。邮发代号由两部分号码组成，中间用"-"连接，前一部分代表出版地所属的省（直辖市、自治区），报纸用单号，杂志用双号;后一部分号码代表报刊的发行号码,报纸、杂志均由各省(市、区)局分别从1号起顺编。

国内统一刊号是指国内出版的所有报刊统一编定的号码。以中国国别代码"CN"为识别的标志,由报刊登记号和分类号两部分组成,中间用斜线"/"隔开。前者为国内统一刊号主体,后者为补充部分,结构形式为:CN报刊登记号/分类号。登记号由6位数组成,前2位为地区号,后4位为报刊序号,其间用"-"连接,即报刊登记号=地区号+序号,报刊序号的范围一律从0001至9999,其中0001-0999为报纸序号,1000-4999为期刊序号。如《人民日报》为CN11-0065,《今古传奇》为CN42-1050。在期刊的国内统一刊号上如果出现ISSN的国际标准期刊号,ISSN×××-××××,其中"ISSN"代表"国际标准中心",后面为(书)报刊登记号和分类号。

但"邮发合一"的产销分离,发行费用居高不下,期刊没有自主权,并且邮发的方式不能实现期刊的即时有效的送达,造成读者阅读上的不便,邮政系统在运输过程的损耗等转由读者自己承担,都在很大程度上造成了读者的不满,我国的杂志数量已由1953年的295种增加到2006年的9468种,绝大多数仍挤在邮发渠道里,庞大的邮发数量使得邮政系统很难提供高效的服务;而邮局一贯重预订,轻零售,许多著名杂志在市场上都买不到,新创刊的杂志,读者更不知道,这种垄断发行的旧体制,已不能满足广大读者日益增长的求知欲的需要。邮发费用的高涨也在迫使越来越多的期刊社转变发行策略,选择其他发行渠道。

2. 期刊社自办发行

自办发行是期刊社在邮发之外的一种重要的发行模式。一些发行量较大或发行量很小的期刊社,为了降低成本,甩开邮局,自行组建发行公司或成立发行部门,自己寄订单给用户,订户汇款给编辑部来邮寄期刊,具有灵活、多样、机动等特点,其发展由小到大,自办发行成为期刊发行的重要渠道之一。

自办发行,期刊社可以直接控制和掌握市场的各种信息和营销动态,有很强的自主性和灵活性,不受制于人,也减少了流通环节,可以降低营销成本,提高竞争能力。期刊社采取自办发行的形式实现了产销一体化,编辑、印刷、出版、发行一条龙经营。但期刊社一般规模有限,财力、物力、人力在完善的发行网络的组织上都存在困难,批发和零售业务要广泛依靠二渠道,款项回收上也存在问题。大部分的市场份额依赖直接订户。

3. 期刊发行代理商(公司)

期刊发行代理商(公司)也是现代期刊界中一种常见的期刊发行方式。随着杂志出版发行工作的发展,出现了一批期刊发行代理商,专门代理期刊的订阅发行工作,主要服务对象为图书馆等集体订户。期刊代理商是杂志社和订购单位之间的中介机构,一方面它作为刊社的代理人,每年完成收订工作后,将各种期刊订单和订费交给刊社;另一方面,它又是订购单位的代理人,提供订户单一的订刊渠道,汇总一次向订户收取订费和开具发票,以及提供期刊编辑部不能办理的其他服务,主要包括:客户可以选择各种订购方式,半年订或一年订;办理所有杂志每年的续订通知;提供新刊报价单和样刊等。由于有了期刊代理商这个中间人,期刊编辑部无须同成千上万个订户打交道,办理复杂的订购手续。同时图书馆也不用同无数杂志社进行联系,实际上是原来由图书馆做的大量烦琐工作,都由期刊代理商做了。因此,三方良好的合作关系使得这种代理制度越来越完善,而且有非常好的发展前景。采用这种代理商发行模式的期刊社目前数目逐步增多,并且也出现了一批知名的期刊发行代理商。

办理期刊订购业务是期刊代理商的主业,每一商家都在简化订购手续,提高工作效率,客户可以选择自己喜欢运用的电子订单、在线订阅、手工订单等方式进行订购。期刊代理商提供发货和查缺的快速服务。在具体发行上,代理商将订单汇总后交编辑部,由编辑部通过邮局直接寄给用户,或者期刊先由杂志社发给期刊代理商,经过验收,代理商的物流部门将各户的刊物集中打包,通过邮寄或其他物流方式再送交图书馆,客户自行验收。如果出现期刊漏缺等情况,客户整理出缺期清单,寄给期刊代理商向编辑部催缺,或者由期刊代理商每次发货时附装包清单及缺期清单,一月内可向发行商直接催补。期刊社采取委托代理商的期刊发行方式,发行公司反馈读者信息迅速,能让期刊社及时调整内容,并能给半年或全年的订户以一定程度的优惠,并且这样的发行公司的管理和物流配送水平明显优于邮政系统,对期刊的准时送达有保证,并且允诺送达准确率,以及损毁的赔偿方式,这相对于邮政系统是一个明显的经营上的进步。

这样的方式与邮政渠道的服务相比,显然有着很大的吸引力。

期刊代理发行商在我国,除北京、天津、上海等几地外,数量很少,且规模也较小,在近万种期刊发行的信息时代,仅有2000种至3000种期刊供用户选订。因此,应加大宣传和广告力度,吸引更多的期刊出版者和订户。

目前期刊代理商已经建立自己的发行网站,利用电子数据库进行期刊出版信息的检索与咨询,开展网上征订,扩大合作关系。

4. 特约书店发行

期刊也有依靠新华书店和一些图书发行公司及产销一体化的出版集团来发行的。新华书店有丰富的发行经验和较多的网点,新华书店和图书、音像制品发行系统,包括各地的报社组建的自办发行系统,通过这些发行网络的利用,也是目前的部分期刊发行运行的渠道。部分期刊在发行上还利用不同地区的图书集散点书店代理在当地的发行,这种特约书店发行的形式在很多期刊上都可以找到特约书店的联系方式上可以证明。

5. 特殊题材期刊发行

部分的期刊社采取的是特色发行,把自己的期刊与期刊内容紧密关联的单位合作,由这些单位代销。例如,《妈咪宝贝》与各妇产医院和妇幼用品商店合作,零售杂志。还有部分期刊是通常被称作酒店期刊、旅行期刊的,这种期刊以高档酒店、飞机为场所,期刊的内容是关于饮食、旅行、保健等,整体费用由期刊内的广告主承担,读者可以自行取阅、带走。这种发行方式不具有普遍意义,但是部分期刊的未来趋势,在南方沿海一些城市,免费报纸已经出现。

6. 其他发行方式

在上述各种期刊发行方式中,邮政系统、自办发行、期刊发行代理商、特约书店发行虽然都是期刊的发行方式,具体的期刊可以根据自身的特点进行选择,但这些方式是可以兼容的,期刊社可以采取立体发行的方式,多渠道进行期刊的发行工作。

期刊的立体发行是期刊在自办发行和邮发相结合的渠道之外,期刊社往往先成立发行部,然后在省市征集代理商,利用二渠道发行,二渠道主要分为批发商和零售商两种。出版商、中间商、零售商、消费者之间建立起有效互动的期刊营销服务体系,建立一种捆绑式、互利双赢、长期合作的关系。这种方式可以使期刊和读者直接见面,以提高读者对期刊的认知能力,加强读者对期刊的感性认识,这样对扩大发行量有较大帮助。

以《时尚》杂志为例,该杂志一开始通过邮局发行,可是当需要夹带一些礼物或广告时,邮局要加收钱,这无疑大幅度提高了发行费用。于是从1997年起,《时尚》就不再通过邮局发行。《时尚》逐步依靠强大的经济实力建立起了一个立体的发行模式:以自办发行为主,确立了省级代理制度,每一省有一个总发行商;在杂志社内部建立了一个大型的读者订阅中心,直接面对读者订阅,以便快捷地获得读者信息反馈。在北京、广州、上海三个城市,《时尚》都成立了自己的发行公司,将发行与市场推广结合起来。在深圳,《时尚》针对公费团队订阅群体,通过邮局发行。

我国加入WTO后,国家允许外国资本进入我国报刊业的批发零售业务领域,国外的成熟模式成为期刊发行的新的模仿点。国外的期刊发行模式有委托寄销制、销售代理制、批发经销代理制、混合销售制、调拨配货制、自办发行制等。发行机制有产销一体化、经销商经营、联进分销与产销联营等。

期刊的发行渠道、发行模式和发行运作机制有多种,所以期刊社应根据自己的情况加以选择和利用。期刊自身是以订阅为主还是以零售为主,也是期刊发行要考虑的一个很重要的因素。市场零售也是期刊发行的一个重要途径。目前期刊零售现象已日趋改善,一方面,邮局本身加强了报刊发行业务,纷纷扩充门市及零售点;另一方面,民营渠道集合体发行系统也渐渐自成体系,使书报摊的货源大幅增加,同时在车站、机场、酒店、超市等人流聚集处都设有报刊零售站。此外,书店、超市等也开始贩售杂志,凡此均使杂志与读者见面的机会增加不少,但是零售期刊份额不多。

在新的时代技术下,各个期刊社开办的网站除展示期刊内容,与读者良性互动之外,网上的期刊订阅服务虽然从整体上来讲还是属于期刊自办发行的范畴,但也提供了新背景下新的期刊的发行方式。

第三节 期刊广告策划

广告对于媒体受众,是受众了解商品基本信息的最常用手段,广告相对于媒体,是为媒体直接带来基本收益来源,媒体把版面或者时间售卖给广告主,由广告主将媒体版面和时间置换为广告,直接宣传商品。广告是媒体受众了解商品基本信息的最重要的渠道。媒体广告沟通了商品购买者和商品之间的联系,是消费者和生产者之间的桥梁。读者在对期刊进行阅读时,也在同时对期刊广告进行浏览。广告主认可期刊的广告传播质量,向期刊购买版面,期刊由此获得收益。

广告主和广告公司在现代期刊广告中是最为积极的活动主体。广告主是现代广告中向媒体提供金钱以购买媒体版面或时间来对广告产品进行广告宣传的组织或个人。广告代理公司是现代广告中的常见的经营形式,广告代理公司不直接拥有媒体,但广告代理公司预先向媒体进行版面和时间收购,并转而向商品生产商销售这些媒体版面和时间价格差,广告代理公司在这个转手销售过程中进行专门广告设计、制作、发布。这个过程中节省了媒体和商品生产商的互相寻找时间,也解决了广告技术难题,加速了广告投放,最终促进了商品的流通。

同时需要注意的是,期刊刊登广告,必须遵守国家法律法规的相关规定。期刊广告发布和广告刊载内容都必须严格按照有关规定执行。

一、期刊广告的意义

从广告定义可知广告在对消费者进行商品信息告知上发挥了巨大的作用,广告主正是认可广告作用才会在媒体上刊发广告,并愿意为此付出巨额广告经费,也正是由于广告经费注入,才能保证媒体能够有更多资金来投入和改善自身运营。因此,广告必然要选择媒体进行投放,期刊作为媒体,自然也就存在期刊广告。

(一)传递广告信息

期刊借助广告产生的巨大而稳定的收入,弥补了发行盈利不足的缺陷。具体来说,广告经营对期刊产生积极和消极两个方面的影响。

积极影响在于广告经营收入增强了期刊经济实力,使期刊有更多资金投入到提高刊物质量,改进刊物形象工作中。雄厚经济实力本身就向外界传递了一个强大的期刊形象;期刊广告设计的匠心独具、印刷精美,不仅增加了刊物提供给读者的信息,同时也美化了版面,给读者以美的享受和熏陶。

但就期刊广告对期刊消极影响而言,读者进行期刊购买的目的是进行期刊内容阅读,期刊广告不可能不占用期刊的内容版面,并且这个趋势还存在扩大化倾向;期刊广告内容能否适应期刊精神内涵,期刊广告制作能否得到读者认可,也都存在问题,因此在期刊广告不可避免成为期刊伴生品甚至成为期刊一部分之后,也必须对期刊广告进行研究。

(二)增加盈利,弥补期刊发行收入的不足

世界上一些主要国家的期刊广告收入与发行收入的比例为:美国69:31;德国62:38;捷克59:41;意大利55:45;墨西哥42:58;英国38:62;西班牙37:63;瑞典37:63;法国35:65;比利时35:65;芬兰30:70;澳大利亚27:73;爱尔兰27:73。从这些比例数字可以看出,在大多数国家,期刊广告收入通常要高于内容文本销售收入,即使期刊广告收入不占优势,但期刊的广告收入也是期刊总体收入中举足轻重的部分。我国一般情况下期刊广告收益是比较丰厚的,甚至很多期刊将广告收益作为期刊主要收入来源,在本章中所叙述的多数期刊是这样的。

但也存在部分大发行量期刊,以期刊的销量来作为期刊主要收益的,期刊广告带来的收益不在期刊收入中占主要部分的情况,这种期刊以《故事会》为代表,发行量非常庞大,但定价极为低廉,刊登广告多以"小投资带来高回报"的快速致富机械为主,很少能吸引到高档商品广告。这种情况与《故事会》主体读者群相关——低学历、文化程度低,一般在城市从事边缘性工作,把对《故事会》的阅读作为精神消费的一个重要方面——读者群没有太多财力来购买和消费产品,对其进行有效广告投放存在巨大困难。

除对这种读者群难以确定广告商品使用使广告主产生犹豫外,期刊社也存在经营上的考虑。《故事会》作为月发行量在400万份以上的低定价期刊,印刷成本在期刊成本中已经占据了很大部分,相对于内文用纸的粗糙,封面附属的封二、封三、封底的广告版位是以胶版纸彩色印刷,增加广告,必然需要增加胶版纸的用量,由此带来纸张成本增加,在保持定价不变的情况下增加广告页码,印刷和装订上的成本增加会挤压期刊正常利润,而整体低廉的定价不可能提高,为保证期刊的利润空间,《故事会》这种大众期刊选择控制广告版面数量。广告主和期刊社的综合选择,构成该期刊目前的广告现状。

(三)期刊定位的直接传递

在期刊广告中还存在期刊是否刊登汽车广告的情况。汽车广告是判断一份期刊价位以及读者社会地位和文化品位的试金石,刊登汽车广告的期刊一般为成熟的城市期刊。产生这种判断,是因为汽车在目前中国还属于比较高档的消费品,虽然在市场上汽车销售中所宣传的有普及型低配置、小排量汽车,但汽车市场的主体是高、中档的基本型、豪华型、大排量汽车。汽车价位在整体上远远高于社会上其他商品,并且在中国市场现状中,汽车从本质上来说还是奢侈品,广大消费者对汽车这样的消费品有着强烈的消费欲望,但不一定有足够的消费能量。因此在汽车广告中就必须增加大量的心理暗示的广告设计。

汽车广告的主体是中、高档汽车。这样的汽车价格在10万元、20万元乃至更高范围梯次展开,读者能够购买中高档汽车,是经济能力的体现。选择合适的期刊刊登汽车广告,是广告主的研判能力的体现。广告主认为,只有阅读高档期刊的读者,才有可能进行高档汽车的购买,因此,在一般情况下,刊登中、高档汽车广告的期刊都为高档期刊,或者为财经或新闻时政类品牌期刊,如《三联生活周刊》《中国新闻周刊》等。

在其他社会商品中也存在类似情况,商品的期刊广告来传递出期刊定位,如各种高级手表和数码产品等。

二、期刊与广告的匹配

(一)期刊对广告的选择

期刊一般的盈利模式是读者为阅读期刊而通过邮购、零售等各种途径购买期刊本身,期刊社拿到的是期刊"一次售卖"的销售收入。而期刊庞大的读者对于广告主来说都是潜在的商品购买者,他们通过在期刊上刊登广告,来向期刊读者传递广告产品信息,期待读者转化成广告产品的消费者。为此广告主需要向期刊购买版面刊登广告。期刊的版面在刊登广告时在期刊的编辑和印刷过程中相当于在编辑印刷图文,但广告主支付给期刊的广告版面费远大于同等印张的图片印制费。这种期刊社把期刊读者"二次售卖"给广告主过程中的广告收入是期刊收入的重要来源之一。

期刊刊登广告能给期刊带来直接的经济收益,期刊广告在期刊中占有的版面呈上升的趋势,很少有完全不刊登广告的期刊。广告从期刊封二、封三、封底的传统位置,发展到期刊内部各个版面都可以刊登广告,甚至部分期刊封面也带有广告色彩,这是在商品经济时代媒体特色在期刊的反映。当前期刊市场,畅销期刊均在刊登各种形式的广告。

1. 期刊类型与广告品种

从期刊对广告选择上来看,首先要考虑广告品种和期刊类型搭配。由于期刊分类不同,而广告产品也不具备普适性,因此,一方面不是同一种广告产品能在所有期刊上来做广告,另一方面不是每一本期刊都能刊登所有产品的广告。专业性期刊的广告一般限制在本专业,普适性的广告一般不选择在专业期刊上做;低档(价位低)期刊上的广告内容有限,广告主的投放比较少;高档期刊的广告内容丰富,广告的选择上存在广告内容和期刊内容的一定的吻合程度。

对于期刊来讲,是根据办刊宗旨和读者对象来决定能够投放的广告种类,根据期刊发行量和印刷用纸来确定广告价位,在考虑读者阅读意愿的情况下调整广告版面数量和版面位置,并且也要在保证广告收入前提下,为广告主提供最佳版面位置。

2. 期刊广告数量与读者接受心理选择

读者接受心理也在制约期刊刊登广告的数量,期刊经营以获得最大化利润为目标,因此完成期刊内容一次售卖、对广告主二次售卖之外,期刊还在探索其他盈利途径,多次开发期刊资源。而对期刊读者来讲,购买期刊本质目的是浏览内容,而非浏览和接受广告,在出现广告的情况下,读者希望广告尽可能少,期刊内容尽可能多。同时,期刊广告与期刊共生,读者对期刊反复阅读也使得期刊广告需要耐读。因此期刊广告从内容制作到版面位置都必须考虑到读者因素。

在广告数量选择上,期刊编辑部门希望能够尽可能地增加期刊广告的数量,在达到读者的阅读限度之前,期刊刊登广告数量越多,期刊的收益就越大;读者则是希望尽可能多地把版面留给正常的期刊内容,读者认为自己是花钱买阅读的,期刊中的广告存在已经伤害了读者的期刊内容阅读。因此,期刊编辑者和读者之间在期刊的广告数量上必然存在矛盾。通常广告数量和读者心理平衡的结果是广告的数量在期刊总页码中占有20%左右。

期刊广告数量在广告总版面与期刊版面之间的数量对比之外,还存在期刊广告在期刊前、中间、后部分的数量对比，必须合理分配期刊广告在不同期刊部分之间的数量，避免广告集中出现的情况，也要避免期刊广告无序出现的情况。

3. 广告版面位置选择

广告版面在期刊中的位置也必须纳入考虑范围。不同版面位置吸引的读者注意力不一样，好的版面位置更能够直接吸引读者。

在期刊版面中，注意力从大到小的依次排列是封面和封底、封二、封三、扉页、正中内页、底扉、内页。研究表明，对于期刊，普通读者一般情况下仅翻阅大约80％的版面，只有60％的读者会翻阅90％的版面，这样按照读者阅读期刊时候从前到后的阅读次序，从版面位置上来讲，广告信息位置越靠前，广告效果越好，放在前10页的广告效果要比放在期刊页码总数的前三分之一要好。

并且现代期刊大多数的翻页是由右向左，按照读者眼睛注意力的先后次序，放在期刊奇数页码的广告信息比放在偶数页码的广告信息的效果要好。

4. 广告商品种类选择

期刊选择广告时，必须重视广告产品的特性。期刊作为广告媒介，一方面联系着广告客户，另一方面联系着消费者，刊登广告要针对产品的消费群体，特别是有购买意向和购买能力的群体。因此也出现这种情况，一些期刊，如《书摘》，其主要内容刊登一定时期内的图书，尤其是文学、艺术类图书，但《书摘》本身刊登的广告数量非常有限，并且多为出版社的形象广告，或者是系列书、丛书广告等图书相关产品广告，几乎没有其他类型广告，这种做法也是广告主针对《书摘》读者群得出的结论。该读者群是通过《书摘》来获取最新文学艺术类出版信息，但《书摘》这种文化气息浓厚期刊，完全不适合刊登非文化产品广告。

三、广告主对期刊的选择

虽然已经存在大量广告代理公司，但期刊广告操作中更多还是广告主和期刊直接联系,较大的期刊社通常都设立专门广告部,而广告主一方,也都普遍存在产品推广部,广告主与期刊的互相选择上存在比其他媒体更为苛刻的对应关系。

对于广告主来讲,吸引其投放广告的是期刊所拥有的巨大读者市场;对于读者来说,刺激其购买的是期刊的丰富内容和最新资讯。对于期刊,广告经营固然重要,但内容编辑更为重要,期刊因内容取舍失去读者,也必然会随之失去广告主。因此期刊通过增加页码来解决广告与内容之间的矛盾,在不削减内容前提下,增加广告页码,整体上使期刊的厚度增加,但是增加的广告收益在够满足纸张、印制费用的成本增加之外,能够稳定期刊价格和增加期刊利润,对读者和广告主而言是一个双赢的结果。

广告主对期刊的选择更接近于一个双向的选择,广告主必须寻找商品消费群与读者群尽可能重合的期刊来进行广告投放,而期刊也会从期刊定位和文化品位等角度出来对广告进行筛选和把关,避免出现因不实广告信息或者虚假广告等因素造成广告对期刊形象的损害。广告主和期刊的这个双向选择的情况在期刊上比其他媒体表现得更为突出。

期刊能够反复阅读,这点对期刊广告也提出了要求。期刊读者在对期刊广告进行浏览时把期刊广告作为图片,在印刷的精良质量以外,也会注意到广告内容能否与期刊自身相吻合。因此在广告主对期刊选择上,就必须考虑以下两方面因素,一方面是期刊广告广告产品的预期消费市场要与期刊读者群吻合,另一方面是期刊广告广告制作上要与期刊内容吻合。而这点其他媒体广告上很少被顾及。

四、期刊广告形式

期刊不同的位置能够收取不同的广告费用,可资利用的位置封面、封面折页(外拉)、第一跨页、第二跨页、第三跨页、封二、封三、封底、前扉一、前扉二、前扉三、版权旁页、目录对页、后扉页、内页整版、内跨页、内页1/2(横)、内页1/2(竖)、内页1/3(横)、内页1/3(竖)、内页1/4(横)、内页1/4(竖)、内页硬插页(157克铜版纸)等,这些不同的位置都可以用来作为广告刊登位置。广告已经成为现代媒体不可或缺的一个重要组成部分。

随着印刷技术和装订技术的进步,香味广告、音乐广告也逐渐成为新的广告形式选择。

（一）实物广告

在《三联生活周刊》,曾出现小包装茶叶粘贴在广告页码上的广告行为。在女士时尚杂志中,小包装的化妆品试用装也屡见不鲜,在餐饮期刊中甚至出现了小包装的调味酱包赠品,这在本质上也属于实物广告。

（二）折页广告

折页广告是期刊广告中,由于期刊开本限定了版面大小,对广告版面大小造成限制,部分需要大幅面表现的广告采取在期刊中以折页的方式,将单一的期刊开本决定的版面扩充开,折页广告可以在期刊的内文和期刊的封面、封底等处使用,在实际使用中可以将广告版面扩充为开本版面大小的二倍、三倍甚至更多,大的版面使得期刊广告的效果更加突出。

（三）联页

联页广告本质上是折页广告的一种,是在直接以连续的一个偶数页码(起)和奇数页码(止)相连的页码上做广告,这样相当于直接是期刊的开本版面大小扩大一倍,增加了同样大小的广告版面。

（四）跨页

跨页广告是以连续相对集中的页码为版面的期刊广告,这样的广告形式相当于将同质的广告内容进行连续强调,并在整体上保持较大的广告版面。

（五）夹页

夹页广告是期刊以比设计开本小的纸张夹带在期刊中作为广告版面,这样的广告投放较为集中,并且通常不占用正常的期刊页码。

（六）联券

联券广告是期刊广告中,以相对集中的页码对同一广告商品进行连续刊登的情况。联券广告通常分为三个以上的广告,单一组成可以是整个期刊页码,也可以是三分之一或者四分之一期刊页码,每个单一组成着重表现广告商品某一方面的特质,但单一部分的叠加和组合能够全面介绍广告商品。多次跨页码地翻阅也使得联券广告具备了同样版面的整页广告所没有的反复传播效果。

当然还存在其他不同类型的期刊广告形式。

第四节　期刊其他经营形式策划

期刊在文本发行、广告经营和品牌经营之外,还存在一些特殊经营形式。如在期刊文本发行中提到的"版面费"情况。但这些期刊经费方式之外,在期刊经营中,还存在行文中加入软文广告、赠阅期刊的情况,甚至出现了一些类似期刊的广告宣传册的情况。

一、期刊软文

期刊在刊登占用页码的广告之外,在内容上也存在大量"软广告"的形式。

将占用期刊广告页码,在期刊广告页目录上能够直接体现,对消费者进行直接商品宣传以求销售的广告称为"硬广告";不占用期刊广告页码,但对读者进行特定信息传播的内容称为期刊"软广告""软宣"。

期刊的直接广告和软文广告之间的表现形式上存在差别,但就其对期刊读者所起的作用来看,期刊软广告在某种程度上而言影响力比期刊的直接广告要大。期刊的软广告本质上来说是依附于期刊精神属性的基础上的,用"软广告"这个词汇来表达软文广告对读者进行的精神传递和说服。期刊软广告更多是和经济利益集合在一起的,如很多期刊举办"排行榜",这种排行榜中有一部分就存在宣传成分。

此外,在现代期刊上可以看到大量采访性文章、采访记,很多文章都带有软广告性质,如在医学医药类期刊上经常出现的关于名医的采访,报道内容中,在医德报道、医术报道,及对所在医院或者先进医疗设备的宣传之间的界限就极为模糊。

期刊软广告更多是把要宣传的内容用报道的形式编辑整理,以"包装"后的形态出现,这些软广告在内容上是和期刊正文内容完全混杂在一起的,但在实质上,更多的是对所报道人物或者事件的宣传。

二、免费期刊

在期刊中,还存在免费期刊,或称赠阅杂志,主要包括航机读物、旅店读物、娱乐读物(娱乐节目表中夹杂剧情介绍和广告)和DM期刊。

以DM期刊为代表的赠阅期刊同付费期刊在经营上有很大不同,付费期刊则是在阅读内容中夹杂广告,赠阅期刊相当于是在广告之中夹杂阅读内容。

DM期刊发行量一般不大,发行范围也比较有限,但针对性非常强,主要是面向特定人群或者是在特殊区域。DM期刊针对特定商圈为商家对特定受众进行区域性的宣传单/册、试用装/品等的入户投递。一般商家都在相对固定的商圈,如1公里、3公里、5公里范围内投递;DM期刊投递密度高,因为在一定商圈中几乎都是其商家的潜在消费者,所以往往在此区域只要能够投递的,商家都进行投放,密度很高;DM期刊投递对象广泛,因为在一定的商圈中很难再把受众细分,一般在此商圈内所有的社区居民都是其投递对象;DM期刊投递时间短,由于与竞争对手竞争,对促销信息保密等原因,一般留给投递的时间比较短,广告效果反馈迅速,由于商家的宣传单/册多数带有促销信息,并且商家离住家很近,所以广告传播速度快,反馈快。广告带来的销售额明显提升,由于商家在相对固定的区域投放多次,社区居民一般对商家有了一定的了解和认知,所以在促销信息的刺激下,容易产生购买冲动并容易形成习惯性购买,带来的销售额明显。

航机期刊、专门的酒店期刊也可以视为免费期刊的一个门类,如在机场、飞机上和高档酒店等场所提供赠阅的航机期刊、专门的酒店期刊。

　　航机期刊是主要放在飞机上免费阅读,由航空公司主办的期刊。航机期刊有其自身的特殊性,就是每期出版的刊物不在市面上公开发售,仅作为机上读物供乘客翻阅。航机期刊在一些与航空公司相匹配的酒店大厅、候机室高档场所也有供应,作为免费阅读的公众读物,可另行购买。但是总整体上来说,航机期刊是免费期刊。但整体而言,航机杂志通常内容空洞,版位被大量广告、软广告所占据。当然,从免费阅读的角度来看,读者对航机期刊进行的阅读付费是以隐性的方式进行的,读者通常认为没有必要对免费期刊要求过多,一般飞机乘客不认可其办刊质量,但由于飞机飞行时间是有限的,国内航线在1个小时到4个小时之间,国际航班的飞行时间会更长一些。这样相对短的阅读时间使得航机期刊的阅读不是一种严格意义上的期刊阅读,更像是在进行一种泛性的期刊浏览,由于航机期刊的广告数量通常都在50%以上,这种泛性的浏览也更像是对一本广告宣传品的扫读。

　　航机期刊所对应的群体是一个小范围的,身份较为特殊的群体。经常乘坐飞机的旅客通常为商务人士,他们是航机期刊的主体读者,他们通常拥有较高学历,较高收入,也拥有较高社会地位,知识文化水平也相对较高,综合这些因素,这类读者对期刊阅读的要求也很高。

　　航机期刊成为免费期刊,其运作模式首先是各航空公司出资创办,将本航空公司创办的航机期刊作为本公司形象宣传和途径,也将航机期刊作为吸引其他广告主广告投放的重要领域,航空业的高额利润决定了航机期刊创办的资金和资源支持,广告投放也使得航机期刊利润更大,这两个方面的原因造成航机期刊可以做到免费向读者提供阅读。并且,在各种交通工具中,飞机的费用最为昂贵,这样昂贵的机票费用中包含饮料等服务,这些服务本质上都来源于机票的高价位。广告主其他广告的投放所带来的收益,也能够使得航机期刊将"免费"进行下去。

　　对航机期刊内容和广告进行对比,中国国际航空公司的航机期刊《中国之翼》基本上分为以下版块:旅游(Travel)、文化(Culture)、生活(Life)、时尚(Fashion)。其中,旅游和文化版块占全杂志内容的比重较大,均以较长篇幅的文章形式出现,而生活和时尚所占比重较小,多以资讯、广告的形式出现。海南航空集团承办的《新华航空》杂志是将杂志的内容定位在财经人物的报道及近期备受关注的人物与事件的点评,除此之外,也加入一些时尚的资讯,如国际时装发布会、世界小姐评选赛事、电影节颁奖现场、最新高端奢侈品推介等,但不加入任何地方旅游文化特色的内容,有别于一般传统概念上的航机杂志。

在广告的投放上,航机期刊登载的广告多为地方楼盘、汽车、高级奢侈品(服装、珠宝、书写工具等)、酒店餐饮服务等内容,有时以软文的形式出现。同时,因为航机杂志的特殊性,一般也会适时刊载属于本地区的广告、资讯、乘机服务表等。如《空中生活》,其广告先后涉及高档手机、旅行线路、高档酒店服务、高档化妆品、珠宝、笔记本电脑等,这些广告产品的消费水平偏高,但相对于经常乘坐飞机的乘客,这样的消费水平则是和他们的经济收入相适应的,在航机期刊上几乎看不到低档消费品的广告。

航机期刊由于发行投放渠道的局限性较强,发行渠道也是特殊而专一的。因不对外发售,属于内部期刊,从整体上而言航机期刊会根据不同航空公司配备在不同航线上,以及与航线相关联的机场、酒店等场所,定期由刊社直接提供给以上地点。

2007年,随着和谐号动车组开通,在动车组车厢中也免费放置了专门的期刊。类似的还有酒店期刊等类型,每期除了美食和旅游线路之外,都在提前预告近期的各种音乐会、茶座、沙龙、展览等非本土人士所需要的各种信息。这样的赠阅期刊的收入来源完全是广告主支付的广告费用,期刊的编辑、印制、发行等完全和通常的期刊相反,在开始投放市场的时段还需要向展示场地者提供优惠条件,不存在期刊本身的销售收入。

第五节　期刊品牌策划

随着市场经济的不断发展和新闻出版改革的不断深入,新闻出版业,特别是期刊业的市场化程度日益提高,越来越受到市场经济规律的影响和制约,加强品牌建设的重要性越来越受到人们的重视。对期刊业来说,品牌是质量和品位的象征,品牌不仅给期刊业带来丰厚的经济效益,还可以带来巨大的社会效益和持续不断的发展动力,对期刊可持续发展具有深远意义。期刊品进行品牌建设和品牌策划也是现代期刊必须考虑的举措。

进行品牌策划,一方面是以商业化的形式进行,另一方面也可以通过举办各种类型的活动,带动期刊知名度在社会各阶层、人群扩散和传播,同时相比于商业上的期刊群建设等期刊品牌建设,期刊活动带有更大程度的公益性质和宣传性质,而这点有别于期刊品牌经营中浓厚、直接的经济获利性质,存在更大的策划空间。

期刊界中广泛存在期刊周年庆征文活动,医药保健类期刊进行的医患沟通活动,期刊组织对某些选题的跟踪开发等,都属于期刊活动。

一、期刊商业性质浓厚的庆典活动

期刊的庆典活动往往带有一定的商业行为,如期刊的周年庆活动。2005年9月21日,《时尚》杂志社为庆祝创社12周年,在北京总部举行生日庆典后,又特别来到香港,邀请各方好友庆祝其12周年生日,受到数百名品牌客户及演艺明星热情道贺。在庆典活动中,时尚集团宣称:

> 《时尚》杂志社创办于1993年,本着"国际视野、本土意识"的理念,12年中发展成为中国实力最强的期刊集团,旗下14本高端期刊的广告经营额在内地9000多种期刊的广告经营总额中占到超过15%的惊人比例,在高档期刊的市场份额中更是高达40%。《时尚》杂志社是唯一一家拥有自己独立发行渠道的高端期刊集团,其12年精心打造的发行网络覆盖了全国近200个大中型城市,读者覆盖面高达1.5亿人,以超强的时尚辐射力影响着中国大批正在崛起的精英人群。《时尚》入选"中国最具价值品牌500强",品牌价值高达6亿元,是进入该榜单的唯一一个

期刊品牌。

《时尚》集团亮相香港，展示了中国期刊品牌领袖在国际期刊本土化发展道路中做出的突出贡献。《时尚》系列期刊利用外刊资源，将国外丰富的时尚潮流、文化视点和生活方式引入中国，同时又完全自主控制、独立编辑，打造出强烈的自身风格。选择在香港举办周年庆祝酒会，这样的活动本身就是吸引媒体的行为，而这样的行为方式也是《时尚》的读者所追捧的。选择这种期刊活动，能够在期刊读者中巩固期刊地位，也能在社会上扩大期刊品牌影响。

二、期刊的社会服务性活动

期刊活动中也存在部分社会性服务活动，如《中国大学生就业》所展开的活动进行分析。

《中国大学生就业》作为教育部全国高校学生信息咨询与就业指导中心创办的期刊，以调查问卷方式，通过《中国大学生就业》杂志和教育部直属70余所高校，向在校大学生（以应届毕业生为主）发放20万份调查问卷，并通过合作网站在线发布调查问卷，大学生网上投票，直接参与评选结果。而评选内容是中国大学生心目中最希望为之工作的企业是哪些，大学生们最看中企业的哪些方面，企业如何提高自身对人才的吸引力，大学生们主要通过哪些渠道获得就业信息等。活动中调查结果将会上报给教育部，并通过《中国大学生就业》杂志、其他新闻媒体、网站等发布，将为国家教育部、各地教育（人事）厅（局）、各高校大学生就业指导工作提供重要的参考数据。

这样的期刊活动，结合《中国大学生就业》自身内容，使得期刊能够更好地服务读者，同时，10万至20万大学生的真实资料，也可以为跟踪研究提供极富价值的资料。

期刊进行这样的活动不等于期刊不能从这样的活动中盈利，如在《中国大学生就业》进行的调查中，对于各项调查结果中统计结果列于前50位的企业,《中国大学生就业》杂志将邀请其参加调查结果新闻发布会。活动中得到排名的企业对这样的信息发布会有浓厚的兴趣,并且,在活动延伸方面,根据调查活动的统计结果,《中国大学生就业》将配合全国高校学生信息咨询与就业指导中心及相关机构,出刊《高校毕业生重点招聘企业黄页》,其中,将容纳大学生就业首选企业的招聘信息,组织大学生就业首选企业开展校园巡回演讲或专项招聘活动;组织优秀大学生到这些企业参观、实习;由《中国大学生就业》杂志组织优秀记者及特约作者对每家上榜企业的人事经理进行采访,并适时结集出版等方式,都能够在活动采集到的信息的基础上,进行营利性质的开发。

三、期刊的形象展示活动

期刊《城市中国》在内容上将城市规划和期刊媒体结合,将城市规划等深层问题以视觉和文字的形式予以浅层表述,用民间叙事的方式讲述官方话语,《城市中国》以新闻、故事、评论、法规、引文、对话、辞典、图纸、漫画、图解等不同的文本类型,渲染多样化的城市语境,融合工具说明书式的图解、侦探小说式的推理、商业广告式的台词和娱乐八卦式的流行元素,将深层问题可读化。自2005年初创刊以来,《城市中国》受到国内外业界的广泛关注,先后出现在"大声展""深圳双年展"等重要展览中,2006年受邀参加荷兰的China Contemporary联展中的"建筑城市展"和"视觉文化展";同时作为全球70家媒体之一受邀参加2007年德国卡塞尔文献展"杂志中的杂志"的编辑工作。从这份期刊自身的内容来讲,虽然存在将深层次问题浅层次表述的操作,但新面世的定价高的高档期刊迅速在市场上扩大知名度,举办多种多样的期刊活动无疑是费效比最高的一种。通过期刊活动,能够迅速将期刊的知名度进行活动范围内的传递,并且借助于人际传播和新闻媒体的跟进,能够迅速扩大期刊的影响。

目前,很多期刊社已经注意到了期刊活动重要性的问题,开始在期刊社内部确定期刊社会活动组策划方面的人员,如《财经界》期刊,就曾经刊登启事招聘。

为了促进《财经界》杂志的全面发展，更好地为读者服务，根据工作需要，杂志社决定招聘社会活动组织策划方面的工作人员，全面负责《财经界》社会活动的公关策划和组织活动……

期刊形象活动是期刊品牌开发的延伸，如《读者》组织的"读者林"活动，《读者》在期刊上开展环保宣传，吸引读者注意力后，组织筛选读者，在黄河边等地方栽种树木，统一命名为"读者林"。这样的期刊活动需要期刊自身的品牌号召力，能够吸引读者积极参与，并且这样公益性质的行为经过媒体报道能够在社会上起到很好的宣传作用。《读者》本身也在期刊上刊登读者林活动的图文，可以对读者产生凝聚作用。

四、期刊的品牌开发活动

期刊活动在期刊品牌的延伸开发上还有这样的情况。品牌期刊可以开展更深层次的活动，如世界范围内知名的"《财富》论坛"这种期刊活动，能够参加《财富》论坛，必须是世界范围内排名相当靠前的公司。从这些公司本身来讲，进行何种形式的经营收益发布活动，公司有自己的自由，但是《财富》论坛以集中的高峰论坛的形式，使得本来单独分散的宣传活动可以在同一个平台上同时推出，社会大众在这样的活动信息中能够加深对这些公司的整体形象认识，具有极强的心理冲击力。

在期刊活动中，都是以知名期刊品牌为依托，并在期刊品牌活动之外，更加关注期刊与社会的结合，在期刊与社会之间建立更加密切的联系。

期刊内容知识篇

本篇为期刊内容知识篇,分别为期刊文本结构策划、期刊选题、期刊专题三章,从期刊内容角度,对涉及期刊内容的相关知识进行了分层次的梳理,从期刊内容最基本的期刊稿件出发,分析期刊的文本内容结构和期刊内容选择,以及期刊内容加工后的文本呈现形态,为读者提供期刊内容的一个较为全面的认知。

第六章　期刊文本结构策划

　　期刊市场定位、读者定位等因素，在期刊策划中属于期刊自身以外的因素，期刊策划的影响因素中还有期刊自身的文本因素。期刊自身的开本、版面空间等形态因素会影响到期刊策划外，期刊的编辑思路、栏目与版块设置所带来的文本因素也会影响期刊策划。本章主要研究的就是期刊的编辑思路、栏目与版块的设置与变化，从中展示期刊策划的具体体现。

第一节　期刊的文本

　　现代期刊丰富多彩，每种期刊都有自己固定名称、刊期等外在要素，每本期刊也都有不同于其他期刊的地方，期刊间的区别并不仅仅是期刊名称，本质不同在于期刊思想、内涵的不同。期刊的思想和内涵既由期刊整体来体现，也由构成期刊文本的一篇篇具体稿件来体现。因此进行期刊策划，在文本策划上，必须选择和期刊契合度最高的文本作为内容。

　　在期刊文本选择上，在稿件的内容方向、基本采写质量之外，还必须注意所选稿件的其他方面。

一、期刊文本的内涵

稿件在写作过程中,作者具有高度的自由,稿件作为单独的作品,自身也具有相当的独立性。但稿件一经被期刊采用,准备采用成文构成期刊内容的文本,就必须进行符合期刊思想内涵的加工,不得出现文本的内涵与期刊相违背的情况。

预选稿件的内涵,或者说其所能够进行编辑加工的角度,必须和期刊形成一个完整和谐的整体,才能够被期刊选用,最后成为刊载文本的一部分,否则这稿件只能是作者的作品,不能在期刊上使用。

期刊在组稿、约稿过程中,就进行明确的稿件思想内涵方面的规定。这在各种期刊的征稿启事中,往往有所体现,如在哲学社会科学期刊的期刊征稿启事,"重大理论问题、重要学术问题"就属于这样的情况。

如果稿件在期刊组稿和约稿过程中没有进行思想内涵上的统一要求,那么在期刊出版过程中的编辑环节就会进行这个方面的加工。

不同的稿件由于其思想内涵上存在不同,自然在期刊上不能以同一形式出现。如2005年是中国电影诞生百年纪念,按照五年一小庆,十年一大庆的习惯,百年大庆必然会出现宏大的纪念场面。电影作为高度发达的艺术形式和娱乐形式,能够吸引大量的观众,但这样的纪念固化为纸媒体表现,书报刊都有所涉及。

可以看选自《电影艺术》2005年第6期的一组文章题目:

百年中国电影编剧简史

无尽的追求:中国电影导演艺术百年回顾

中国电影摄影发展史(1905—1949)

新时期中国电影表演描述

旧中国喜剧电影扫描

中国文献纪录片的演变

中国戏曲电影的黄金时代

旧中国科教电影

中国动画电影鼻祖万氏兄弟和《大闹天宫》

原态透视：早期中国类型电影

……

很明显，这些文章的写作角度偏重于历史回顾和学科学理上的梳理，并且按照电影的门类角度来进行写作，使稿件带有很强的学术性质。这样强烈的学术化色彩稿件在《电影艺术》这种类型的学术刊上非常正常，但如果出现在大众阅读的期刊上，其中的词汇、语言、风格显然会背离大众读者的阅读趣味，超出大众读者的欣赏水平。

而对于一般意义上的影迷，对电影的关注点，是在影星、导演身上，是在具体影片是否精彩或好看上，甚至还会出现"粉丝电影"，普通的电影刊物的读者关注的是与电影有关的信息，通常不会上升到学术的高度来看待电影百年的意义。

二、期刊文本的选择

组成期刊的每篇稿件具有唯一性，单篇的报道文章存在被其他期刊使用的可能性，但不可能在同一期刊上重复出现。除在稿件形式和思想内涵能够符合期刊的要求之外，期刊稿件的采用必须经过编辑的选择。

期刊所刊载的文章是期刊编辑部门从来稿或约稿中经过筛选确定的，但期刊的文章有着不同的表现形式。篇幅的长短、语言的差异、时间的跨度、地域不同等，使得期刊的单篇文章虽然都是独立意义上的存在，其意义可能存在差别，但纳入期刊文章序列，单篇文章组合后，以期刊构成所体现的整体集合，共同来体现期刊的编辑思想。

如在纪念电影百年的活动中，出现了一部大型多媒体音乐剧《电影之歌》，在期刊对其进行介绍时，《新剧本》期刊2006年第1期在"特别关注"栏目里，以"献给中国电影诞生100年的礼物——大型多媒体电影音乐剧《电影之歌》"之名进行了报道，同时辅以《风雨百年，携手同行，中国戏剧与电影》的文章。很显然,这样的稿件在形式上符合期刊采用要求,思想内涵也符合纪念电影百年的主题。

由于期刊性质的不同,能够采用的文章是不同的。《新剧本》作为以话剧为主要内容的期刊,在稿件选择上显然要倾向于舞台形式的表现内容。而对比上文中偏于学术性的《电影艺术》,这样的具体文章也能够选入,但《电影艺术》的内涵显然是要大于《新剧本》,体现在稿件选择上,《新剧本》的稿件可能会被《电影艺术》选择,但适合后者的稿件对于前者而言选择的可能性就很小。

如《电影之歌》作为音乐剧,是以舞台音乐剧的形式来进行"电影"这一题材的艺术表现,和戏剧更为接近,而"电影之歌"是其内容,对这样一出音乐剧的报道文章,显然更适合出现在和戏剧相关的期刊上,如果在学术化和专业化的期刊上出现,则会显得"分量"不足。而相比较《风雨百年,携手同行,中国戏剧与电影》的文章内容深度,则存在走专业化、学术化期刊的可能性。《百年电影中的吸血鬼》《电影中的……》等文章,则更适宜大众性、娱乐性期刊采用。

从期刊内容构成的角度,稿件必须选择适合的期刊,才能成为期刊的一部分,期刊也必须选择适合的稿件,才能成为定位准确的期刊。

如大众综合类期刊《中国美食地理》的两期稿件,见表6-1、图6-1。

表6-1 《中国美食地理》栏目设计

栏目刊号	创刊号	2006.9
卷首语	一个陆续到来的秋天	开一家属于自己的小酒馆
视界	中国人的泛食主义 文/易中天 美食人生真性情 文/李树人 童年的乡村野食 文/李海洲	吃的五要素 文/王蒙 泡一坛菜在家里 文/何小竹 北京的西安小吃 文/杜爱民
风物志	芽菜,烧白,五粮液 莼羹之思	无
封面文章	秋天的滋味:从沙家浜到阳澄湖	无
酒国逸事	无	醉游宜宾五粮液 寻访明朝老窖池

续表

栏目刊号	创刊号	2006.9
专辑	奔吃天下　水边歌谣 胶东美食　鲁味海鲜 新疆"三宝" 吃在青海行走间 西安人的幸福之吃 千岛湖:一城山色半城湖,美味更在山水中 丹霞飘红　美食留香	名城美食 大栅栏:老北京的味道 沈阳:西塔大冷面,炎夏凉胃 回首金城远,兰州小吃香 成都,好吃嘴的天堂 昆明:那些消逝的时光和传承下来的美食 合肥:火爆小吃,庐州三味 户部巷:武汉小吃第一街 杭州:西子湖畔　美食之恋 厦门:老街小巷寻美食 佛山:用什么俘虏你,饕餮之心 香港:在弥登道和庙街的美食里徜徉
自驾车饕餮之旅	白州四日	贵州四日

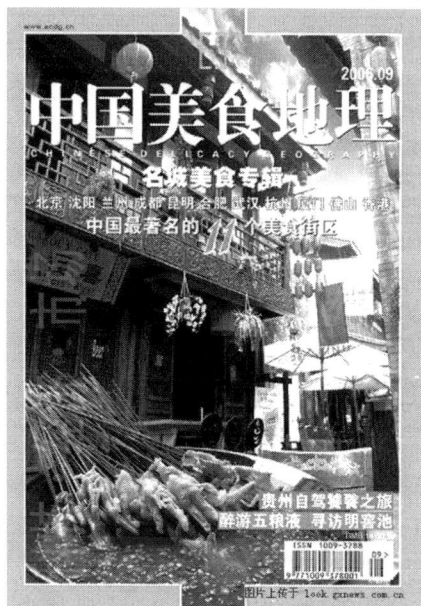

图6-1　《中国美食地理》期刊封面

129

《中国美食地理》以"发现民间美食的原生态,寻找美食之旅的路线图"为办刊宗旨,以美食为中心,旅游为外延,探索林林总总的各类原生美食与当地气候、地理、水土及原住民的性情、风俗等人文元素的内在联系,并提供尽可能详尽实用的美食地图,力求与读者一起,进入深度美食之旅的全新体验。杂志为月刊,16开,9个印张,105克进口铜版纸全彩精印,定价18元。

《中国美食地理》在其所进行的稿件选择中,围绕美食展开,核心是吃的体验,所选择刊登的各种稿件内容都是各地、各季节的饮食,不探究美食做法,只呈现美食故事,符合食客心理。

因此,该刊的文本在所选稿件基本确定后,根据不同稿件对预设栏目进行调整,吸纳和约请名人撰文来对普通读者产生购买刺激,就属于期刊策划的范畴了,如"视界"栏目中,先后刊登易中天撰写的《中国人的泛食主义》和王蒙撰写的《吃的五要素》,这些知名作家显然拥有更强的读者号召力。

表6-1所列举的两期文本,是选择能够体现期刊内涵的文章来反映期刊的思想。这些具体的栏目设计所反映的,是期刊的内涵。期刊文本策划需要以详细的实施方案,来将期刊策划所确定的期刊思想和理念落到实处,将粗略的版块设置和栏目设计构想填充进具体稿件。

反之,若期刊的内容无法体现它的内涵,将面临停刊的危险。如《笨拙》的停刊,创刊于1841年的《笨拙》是在英国和世界期刊界有相当大知名度和影响力的期刊,《笨拙》在英国文化中一直占着一席之地,作为第一本幽默杂志,最初几期的《笨拙》并不很畅销,发行量只在六千份左右,《笨拙》一直关注英国生活各方面,代表着大多数英国人的想法。从一百多年的《笨拙》漫画中,人们可以看见英国政治兴衰史、服饰演变史、机械发明史、戏剧电影史、儿童生活史、妇女地位史,如同百科全书。《笨拙》还一向以政治漫画而著称,第二次世界大战以后,文风儒雅,脱俗,20世纪50年代,销量达到最高峰,12.5万份。而世界范围的文化思潮和政治思潮的变化给《笨拙》带来了巨大的影响,《私眼》《花花公子》等新兴期刊均给《笨拙》带来巨大冲击,传播媒介的大爆炸式的发展使得文化主流发生改变,读者的阅读和欣赏趣味的变化,《笨拙》难以把握。1988年《笨拙》更换第十三任主编为年仅30的大卫·托马斯,他试图让《笨拙》返老还童,加入了雅皮士的行列。具体措施为取消消闲栏目和优雅文字,开始刊登关于遥控电话和高级汽车的笑话,将《笨拙》改得面目全非。但与《私眼》及另一份发行量逾百万的以黄色漫画著称的幽默杂志 Viz 相比,老《笨拙》虽着新装,仍然与时代的格调不符合,虽然《笨拙》还能保持一定的发行量,但亏损无法避免,这次期刊内容和编辑思想改变带来的影响是,新生代的读者不认可,老的读者不认同,最终,在吸引不到年轻读者群和老读者放弃购买之下,《笨拙》停刊。

因此,在期刊文本结构策划中,必须保证期刊的稿件符合期刊宗旨,能够体现期刊的思想内涵,满足读者需求。

第二节　期刊栏目

期刊的编辑思想是预定的,也是希望能够固定的,但期刊在实际的编辑出版过程中会出现偏差。期刊会根据实际条件变化做出修改,期刊编辑思路的调整是一个过程,这种过程在期刊理论研究人员看来应该是一个急速变化的改革,理论人员认为只有改革才能使期刊编辑质量脱胎换骨,因而对小规模,小范围的改动不很重视;而在期刊从业人员的经验来讲,期刊上如果出现变化,也应该是栏目调整的渐进变化,在保留大部分栏目情况下逐步加入新的活跃因素,经过一个相对长期过程后才会完成对期刊大规模调整,而直接进行期刊理论研究者认为的改革,不啻重新创办一本期刊。

这种类比近似于改良和改革的区别,渐进式的改良能够给读者一个适应过程,能够保留大部分读者,如果直接出现大变革,大规模、大范围修改会背离已有市场,在短期内如果不能迅速开拓新的读者群,改革后的期刊就有可能带来不好的后果。期刊的栏目最能反映这点。

一、期刊栏目定义

期刊栏目是期刊内容构成的基本单元,通常是由几篇篇幅相近、风格类似的期刊稿件冠以特定名称的期刊文章组合构成的。

期刊虽然由不同的文章组合而成,但这些文章不是简单、无序的排列,其中存在一定的逻辑关系。不同的文章按照篇幅、风格等不同的内在逻辑,相互聚合后形成期刊栏目,期刊在整体上也是这些栏目的组合。

期刊文章篇幅存在很大差异,单篇文章的篇幅可长至几百字、几千字,甚至上万字,短小精悍的可为几十字。这些篇幅不同的稿件如何在期刊中确定自己的位置,必须进行符合期刊编辑思想的排列组合。因此,文风相近的稿件自然聚合在一起,不同的文风和不同的报道方面等因素,促成了期刊栏目这一对稿件进行简单归纳的期刊构成单元。不同的期刊栏目再依照期刊的编辑思想进行组合和顺序排列,最终确定稿件位置。所以说,期刊栏目发挥了聚合文章、理顺期刊编辑思路的作用。

期刊栏目体现在具体的期刊上,其表现形式也是多种多样的。以篇幅短小的文章为例,如在生活类和娱乐类期刊上,广泛出现的幽默笑话,篇幅一般都很短小,散处于期刊各个位置,发挥篇尾补白作用,笑话幽默的集体出现必须凭借专门的栏目。如《读者》的"漫画与幽默"栏目就是由数量不等的小幽默组成的,这些幽默和漫画共同构成了《读者》期刊的这个经典栏目。

这一点在美国版本的《读者文摘》上也表现得非常突出,其先后有"Humor in Unform""Word Power""You Said It"等不同内容的幽默性栏目,并在期刊不同位置出现。

期刊的栏目一旦形成,就会形成内在的逻辑性。不同的文章需要纳入不同的栏目,而栏目也只能容纳适合自身逻辑的文章。被期刊收录的文章必须明确所定位的栏目,才能保证期刊的编辑思想得到最充分的体现。

二、期刊栏目设置

期刊的栏目设置直接体现着期刊的编辑理念。不同期刊在栏目设置上的差别很大,即使相同性质的期刊,在栏目设置上也存在一定差别。

下面比较《旅行家》《城市旅游》和《时尚旅游》这3种旅游类期刊的栏目设置,并把内容相似的栏目设计进行对比,见表6-2。

表6-2 《旅行家》《城市旅游》《时尚旅游》栏目对比表

序号 刊物	内容	旅行家(2005/1)	时尚旅游(2005/7)	城市旅游(2004)
1	人物	域外览胜(跟猫王 唱游美国)	人物	商务之旅 (含人物)
2	旅行指导	无	精明旅游者	无
3	旅行观念	无	道听途说 真旅行	无
4	景点介绍 旅行路线	城市触点 国内好去处 风情聚焦 发现之旅	必游之地 户外 略	滑雪之旅 阳光之旅 购物之旅 健康之旅
5	驾车游	车行天下	汽车旅游	自驾车之旅
6	旅行参考	国内好去处	完美假期	无
7	旅行服务	赠页:四川省旅游 线路示意图	新旅程 酒店 美食	锐器 (旅行用品、酒店) 城市直达店
8	副刊	附:四川自驾车 旅行手册	随刊:2005旅游 金榜读者票选	副刊:走进冰雪 香格里拉 (吉林市特刊)

序号 刊物	内容	旅行家(2005/1)	时尚旅游(2005/7)	城市旅游(2004)
9	编读沟通	编读对话 业界消息	卷首 信箱 采访笔记 精彩回眸 （图片选登）	卷首语对话

期刊的不同在期刊栏目设置上也能得到直接的体现。在上面的对比表中就能直接从栏目设置上对期刊编辑思想的差异性进行整体上的判断。

这些性质相似的期刊在栏目设置上的差异直接体现出期刊的编辑思想之外，也是为定位后的读者进行精准的内容提供，对读者的阅读兴趣进行直接满足。

期刊编辑思想的直接体现就是期刊栏目，不同栏目吸引到的读者是不同的。从整体上看，期刊栏目对于读者而言应该是泛性的和泛年龄化的，但部分期刊在栏目上的设计针对性非常明显，在读者群上进行了详细划分，以做到有针对性地对具体读者进行服务。如在表6-2中的旅行服务内容，就存在着旅游用品服务与餐饮服务的差异，而旅游用品服务显然对持自驾游等具有现代旅游观念的旅游者有着更为明确的指向性。

期刊的栏目设置在归纳期刊稿件，服务期刊读者之外，对期刊编辑思想的体现也是重要考虑因素，也就是说期刊间的编辑思路、定位、顶层设计等的不同，更具有本质性。

可以再看这样的例子，同为文摘类期刊，根据不完全统计，国内就有《世界博览》《青年文摘》《海外文摘》《新华文摘》《管理科学文摘》《人民文摘》《中华文摘》《中国学术期刊文摘》《读报参考》《良友书摘》《读书文摘》《读者欣赏》《读者》《大众文摘》《海外星云》《报刊精粹》《今日文摘》等多种期刊并存。这些期刊之间的相互区别除了体现在刊名上,更多的则体现在期刊之间的编辑思路不同。

期刊的栏目可以说是实现期刊编辑思想和满足市场需求二者之间的平衡的主要手段。期刊编辑思想的实现需要以期刊栏目的形式对文章进行编辑整理,对所要刊登的文章进行栏目上的分类,使得文章的内在思路能够纳入期刊自身编辑思想的轨道上来,并把文章的思想变成期刊的思想。

三、期刊栏目演变

期刊栏目虽然是期刊的基本编辑思想表现,但期刊栏目不是固定不变的。随着社会环境、市场变化和观念更新,期刊会在栏目上发生变化,以便更好地靠拢社会,紧贴读者。下面以《三联生活周刊》的栏目变化来举例说明,见表6-3。

表6-3 《三联生活周刊》不同期次的栏目设置变化表

序号期号	1998 年第 18 期		1999 年第 3 期		2005 年第 35 期	
1	社会	新闻评论 深度报道 观点 生活方式 人物	社会	新闻评论 深度报道 叩问技术 生活方式 人物 视点	报道 特别报道	热点 调查 生态 城市
2	经济	投资 观点 消费 专访	经济	投资 报道 消费	经济	金融 商业 专访 理财 守望我们 的家园

序号 期号	1998年第18期		1999年第3期		2005年第35期	
3	科技	略	科技	无	科技	技术 科技 关键词 健康
4	体育	无	体育	无	娱乐	电影秀 流言 吃喝玩乐
5	文化	影视娱乐 纽约 明信片 畅销书与 排行榜 流行 话题	文化	艺术 影视娱乐 畅销书与 排行榜 流行 多媒体	文化	海外特稿 话题 建筑 书话
6	环球要刊 速览	略	环球要刊 速览	略	环球要刊 速览	略
7	读者来信	略	读者来信	略	读者来信	略
8	地球村 观察	略	地球村 观察	略	无	略
9	声音	略	声音·数字	略	声音	略
10	新闻人物	略	新闻人物	略	人物	略
11	好消息 坏消息	略	好消息 坏消息	略	好消息 坏消息	略
12	生活圆桌	略	生活圆桌	略	生活圆桌	略
13	无	无	无	无	好东西	略
14	无	无	无	无	消费	略
15	无	无	无	无	漫画	略
16	无	无	无	无	天下	略

通过对三期跨年份的《三联生活周刊》栏目进行比较,能直接感受到同种期刊在栏目上的变化。虽然该期刊也受到世界级主流期刊的影响,但这三期期刊的页码量是在变化的,从64个页码增加到128个页码,也体现了激烈竞争条件下期刊信息含量的增加和编辑质量的提高。考察具体的栏目,生活圆桌栏目突出为"好东西、消费、漫画、天下",则充分体现了鲜明的时代特色。

从比较接近的相邻时间期刊进行栏目比较,各种社会信息对期刊编辑思想的影响也能够在栏目上直接表现,见表6-4。

表6-4　《DEEP中国科学探险》栏目和文章对比表

栏目名称期号	2005年第1期	2005年第7期
主编的话	给大卫神甫"平反"	谁把老虎变成猫
读者沙龙	略	略
名刊速览	略	改名为"媒体精选"
探险传奇	中国第一座油田是如何诞生的	无
探索发现	气象万千——水下圣诞 最年幼的星系,指导我们发现宇宙的边界 转基因水稻安全吗 科学家找到鸟类识途三个法宝 20年后人类建立月球村	神秘的七足陶器 转基因作物,种还是不种
封面故事专栏	他发现了大熊猫——寻找大卫神甫的踪迹	虎落平川　华南虎南非野化实录
地理探险	梦幻二郎山	中国的休眠火山会突然苏醒吗?

栏目名称期号	2005 年第 1 期	2005 年第 7 期
发现世界	寻找亚历山大军团的后裔 穿行在西伯利亚 大解体时代的见闻	战火覆盖的佛教圣地犍陀罗 寻找凡尔纳的世界从心灵海岸到幻想帝国
经典视觉	来自梦想世界的消息 ——古巴影像	工业的肖像
Discovery 专栏	橡胶秘方	无
科学探索	火树银花不夜天之罪 全球光污染透视	无
洋镜头	瑞奇芒德:大航海时代的光荣小镇	无
乡土中国	无	千碉之国:丹巴
生物圈	无	短尾蝠回家:新西兰卡皮提岛重建计划
古代文明	无	青海喇家遗址一处4000 年前的灾难遗址
第一线	略	略

以上表格中选取的是间隔仅为半年的《DEEP 中国科学探险》,但栏目对比后依然能够说明问题,在部分栏目始终不变的同时,名称改动、栏目消失、新增栏目等有关栏目设置变动情况可以清楚地看出来。如"Discovery 专栏",存在着强烈的版权购买和合作气息,这样的版权合作需要大量的资金投入,一旦在资金上存在困难,栏目就会暂时消失。而"乡土中国""生物圈""古代文明"这样的栏目名称也具备着强烈的时代气息,如"乡土"概念是相对现代工业文明泛滥而提出的,是比较新的词汇,在同份期刊早期不会出现。

第三节　期刊版块

一、期刊版块定义

"版块"这个词汇来自于报纸。现代报纸为了应对信息膨胀而扩版扩容,致使报纸厚度不断增加,而读者对厚报进行完全阅读很难实现。厚报为加强报纸的阅读指向性和降低读者在信息上的检索难度,通常把内容相似、接近的文章安排在邻近的版面上,或者把这些相近的文章单独组版,将报纸从版面间的叠加组合变成版组间的叠加组合,这就是报纸版组化。报纸的版组化诞生了"版块"这一概念,其用来专指内容相同的报纸版面分组。在报纸印刷上还有对时效性弱的文化版、娱乐版等先行印刷,新闻版等时效性强的版组最后印刷,叠加后构成报纸整体,然后进行售卖的变通处理方法。至此,报纸版块的概念得以确立,并在各种媒体上得到借用。

这里使用"版块"概念,是用来指期刊中相类似或者内容接近的期刊栏目组合,这样可以把期刊众多栏目归纳到数量相对较少的版块范畴中,在期刊栏目和整体内容之间建立起过渡层级概念的内容归属,使得期刊内容结构关系更为明显直接。

如在表6-2中,文章首先归入栏目,期刊的众多栏目都被归纳在"社会""经济""文化""科技""娱乐"等版块之中,每一版块下都容纳有或多或少的相关栏目。

目前在期刊中使用"版块"这一概念,还没有得到期刊界和期刊研究者的完全认同,一般情况下还是在使用"娱乐版""体育版"这样的词汇来对具体版块进行直接描述,很少单独用版块这个概念来指代期刊中栏目的组合。

二、期刊版块作用

从整体上而言,期刊版块不直接影响期刊的整体结构,甚至读者在很大程度上会忽视版块的存在。期刊版块虽然在重要性上没有栏目设置那样细致入微，但版块在更大意义上可以把期刊编辑思想初步细化，形成指导性方向，然后在这些较详细的指导方向下构建期刊栏目，再由期刊栏目来组织报道文章，并对文稿进行编辑加工。从这个意义上说，版块在期刊中起着承上启下的作用，体现着期刊的编辑思想，引领期刊的栏目文章。

因此，一旦出现由于编辑加工中对文稿的认定不够仔细，反映的直接问题就是文稿在期刊中位置不够准确，而这样的问题，在期刊栏目小的构成单元上体现不明显，但放在期刊版块这样较大单元中就非常突出。成熟的期刊应该有自己比较固定的版块比例，这是期刊质量的外在直接反映。因此期刊版块在理顺期刊编辑思想、方便读者检索阅读之外，还起到了对期刊编辑加工进行校正的作用。

我们可以看这样一个例子：由民政部主办的期刊《中国社会导刊》，是一份主要面向民政系统发行的月刊，其主要由三大版块构成。我们首先从版块的数量关系上进行分析，《中国社会导刊》整体上分为社会聚焦、时事记事、文化纵横三大版块，从所占篇幅上考察，各版块间的数量对比如下：

表6-5 《中国社会导刊》版块数量统计表

序号期刊	社会聚焦		时事记事		文化纵横		其他目录等	
	页码（页）	百分比（%）	页码（页）	百分比（%）	页码（页）	百分比（%）	页码（页）	百分比（%）
1	27	42.18	21	32.81	13	20.31	3	4.68
2	32	50	12	18.75	16	25	6	9.375
3	30	46.87	17	26.56	14	21.87	3	4.68
4	27	42.18	17	26.56	17	26.56	4	6.25
5	30	46.87	12	18.75	19	29.68	3	4.68

续表

序号 期刊	社会聚焦		时事记事		文化纵横		其他目录等	
	页码（页）	百分比（%）	页码（页）	百分比（%）	页码（页）	百分比（%）	页码（页）	百分比（%）
6	24.67	38.54	18.33	28.64	18	28.12	3	4.68
7	29	45.31	18	28.12	14	21.87	3	4.68
8	30	46.87	19	29.68	11	17.18	4	6.25
9	23.33	36.45	20.67	32.29	16	25	4	6.25
10	28.5	44.53	10.5	16.40	22	34.37	3	4.68
11	32	50	14	21.87	14	21.87	4	6.25
12	34.5	53.90	11.5	17.96	10	15.62	8	12.5

注：本表数据来源于《中国社会导刊》2001年度统计。

"社会聚焦"版块由"特别策划""社会记闻""冰点透视"三个小版块构成，每个小版块再由一到两篇文章组成。作为期刊的重点，"社会聚焦"版块应该占据比较大的期刊篇幅，这个方面已经实现，但在版块的稳定性上，可以通过图6-2~图6-4来分析。横轴是期刊的月份，纵轴是期刊的页码量。

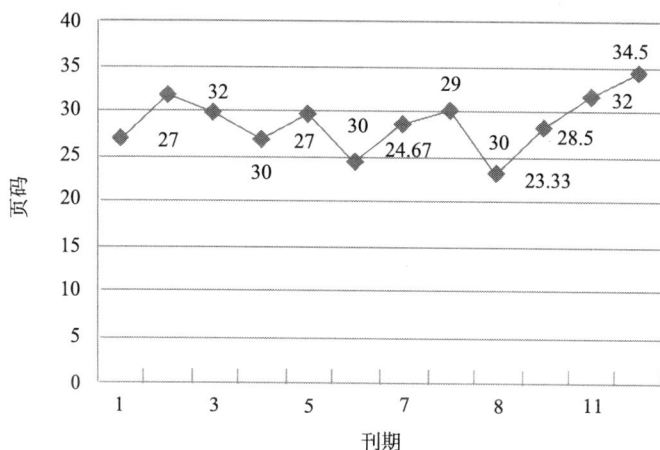

图6-2 《社会聚焦》页码量变化曲线图

从图6-2中可以看出,"社会聚焦"版块的构成栏目从整体上看数量比较稳定,但各个分期的总页码量不固定。"特别策划""社会记闻""冰点透视"这三个小版块在整体上都是稳定的版块,已经有了自己的风格。由于三个小版块下设栏目的构成文章篇幅不固定,因此该版块从整体上就无法在页码量上加以固定,只能在大体的范围内上下浮动。

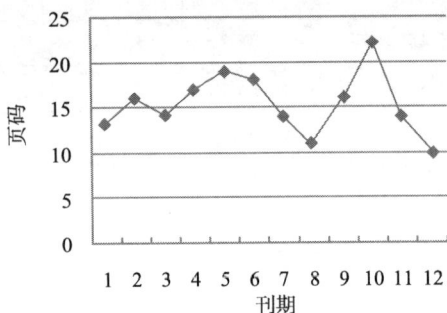

图6-3 《文化纵横》页码量变化曲线图

《文化纵横》的组成部分比较多,但同《社会聚焦》相比较,各个分版块的量相对都不是很大,并且部分小版块不稳定,不能固定出现,因此《文化纵横》的页码量浮动值也比较大。

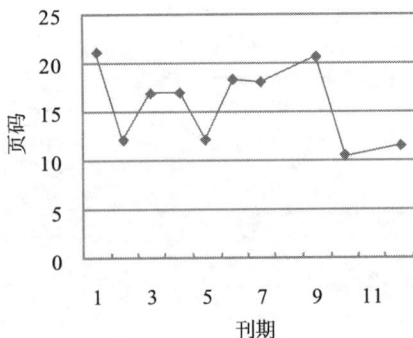

图6-4 《时事记事》页码量变化曲线图

《时事记事》版块的各刊期之间页码量并不是很固定,并且上下浮动范围是三大版块中最大的。期刊版块应该有相对固定的组成比例,相对于《导刊》来说,由于《特别策划》是主打栏目,因此每期《特别策划》的篇幅长短直接决定了其他版块、栏目的篇幅,这是造成《时事记事》版块数量不固定的原因之一。但《时事记事》版块又有自己的缺陷,该版块由5个分栏目组成,并且除《现场目击》栏目外,其他栏目相互之间的区别不是很大,在需要压缩页码的情况下,《时事记事》版块受到的冲击自然最大,这在页码量上就反映出来。

从上述《中国社会导刊》的数据分析情况可以看出,期刊版块虽然不直接为期刊编辑加工服务,但期刊版块规划成功与否,的确能对期刊的编辑质量起到关键作用。

第四节　其他期刊内容构成

同时,期刊在内容结构上还存在有超越通常版块、栏目的构成方式。

在正常的栏目版块这样固定性的内容构成单元之外,一些专题化、深入化的报道内容,还会引起期刊内容构成上的变动性。这些侧重于某一专题的专门性深入报道文章,篇幅往往占据期刊的大量版面,对期刊正常的栏目和版块造成了挤压,同时这些文章自身围绕的主题在符合期刊编辑思想之外,和期刊其他内容的关联性也不强,因此这些文章整体上具备了一定的独立性。这样的专题性报道内容通常被称为期刊的"专题",有时也可称作期刊的"特别策划"见图6-5。

图6-5 《兵工科技》专题刊

　　在期刊的内容构成上也经常出现这样的情况,由于某个具体内容的相关报道过于繁杂,所报道的内容比专题更为庞大,相较于正常的专题对其他期刊内容的挤压,这样的报道规模会严重影响和删减一期期刊其他固定内容的篇幅。这种占据期刊大量版面,对所报道内容进行多角度广泛而深入分析报道的情况,可以称之为"期刊专辑"。

　　如图6-6《南方人物周刊》两期与汶川地震相关的报道。

图6-6 《南方人物周刊》汶川地震相关专辑封面

　　期刊在出现专辑形式的情况下,通常是期刊专辑内容与期刊其他内容共存于同一期期刊之中,这时期刊的其他内容会受到严重挤压。这种情况下,部分期刊会选择以"特辑"的形式进行相关报道,这样的期刊处理形式,也可称作"期刊特辑"。期刊特辑多用于期刊的纪念专题或者是重大事件,在娱乐类和军事类期刊中使用特辑的情况比较多。

　　此外,也出现了期刊"增刊"这一特殊形式,以独立于期刊正常文本之外的单独印刷,并随同正刊一起发售,既保证期刊正常内容,又能增加整体内容特色。如图6-7,时尚集团的《时尚健康(男士版)》中的赠刊。

图6-7 《时尚健康(男士版)》赠刊封面

　　需要注意的是,栏目、版块、专题、专辑、特辑这些期刊内容形态构成的词汇,其概念不是互相排斥的,彼此间各个概念之间的关系是逐层包含的,并统一于期刊之中,共同构成了期刊的内容。

第七章　期刊选题策划

选题是媒体的内容选择。在现代媒体中，选题的重要性更为突出，媒体选择何种内容进行报道，直接体现媒体对受众的把握和对市场的满足，也体现了媒体编辑加工能力。期刊选择何种内容作为报道重点，是在对同时段内各种新闻或者其他内容进行筛选的结果，期刊选题在体现期刊编辑思想和运作能力之外，也是对读者阅读兴趣，和市场的把握。

选题简言之就是媒体内容的选择。在出版界，图书选题研究较为深入，其选题有两种含义：一指出版社关于出书题目构想；二指设计选题、制订选题计划的工作，也叫选题工作。一般一本书一个选题，有时一套书一个总题，下面再分出具体题目，按照一定编辑构思把各种选题有序汇集起来，便成为选题计划。出版社根据选题计划开展组稿、发稿和出书等业务活动。

确定选题是整个选题工作最基本的一部分，不是具体的实施方案。选题策划就是对选题进一步深化，所包括内容也不局限于编辑方面，而是涉及整个具体出版过程。选题意义在于它是整个出版活动的起点，是创造社会效益和经济效益的起点，出版物制作与发行成功与否，和选题与选题策划有着很深的关系。选题策划是指设计和构想选题，选题是出版活动第一项准备工作，选题策划则是具体实施内容，决定了精神产品生产的方向，这项工作是所有策划工作中最有创意性的一项工作。选题由六个基本部分组成：题目、作者、出版意图、读者对象、基本内容、写作要求。

第一节　期刊选题

期刊选题工作一方面遵循内容选题的通用准则,另一方面,期刊选题又有着自身的特殊性。选题的观念在期刊出版工作中的渗透和执行,即为期刊选题。期刊选题与期刊策划紧密相连,选题就是期刊出版过程中内容的选择,也期刊策划的执行。期刊选题一方面符合出版物选题的整体规律,另一方面相对于期刊特点,连续性、周期性、信息高效性等特点也使得期刊选题在选题角度、选题途径和选题具体操作上都表现出新的特点。

一、期刊选题相关内容

(一)期刊选题原因

在期刊界,期刊选题更多是将期刊选题和期刊选题策划联系在一起,这是由于期刊的出版周期往往是周、双周、半月、月,这种时间段与以"年"为单位的图书出版周期相比,较短的出版周期决定了期刊在选题上不能像图书一样进行深入挖掘,在题目、作者、读者对象等方面进行全面选择。但期刊是连续出版物,读者对象相对固定,期刊编辑思想的一贯性等也决定了期刊出版意图相对固定,因此在期刊选题上,更多着力于选题题目、内容和作者选择上,写作要求也由于期刊篇幅容量受限。

虽然期刊选题主要集中在选题的内容、题目和作者方面,但在这三者中,选题题目可以在期刊文本内容加工中进行修改,并且作者对期刊读者购买影响因素远远小于图书作者,因此期刊选题中,选题内容成为最重要的因素,期刊选题的重点也就成为对报道内容的选择,期刊选题围绕内容展开,在内容确定的情况下,进行选择内容与期刊的契合,由此来决定期刊选题的全面开展。

期刊选题集中体现在选题内容方面,也受"内容为王"的因素影响。

现代社会,信息资讯性极大增强,可以产生价值,个体受众受制于个人精力和财力限制,必然会进行海量信息的个性化选择。对于读者而言,按照媒体接触难易度和媒体所能提供内容,通过媒体选择来获取特定媒体信息是最为简便做法。不同种媒体接触难易度可以固定,媒体内容则在不停发生变化,因此,不同媒体间竞争之外,同类媒体的竞争直接体现为媒体内容的取舍。这点反映在期刊上更为突出。我国庞大的数量使得期刊竞争更为激烈。作为有效吸引读者的手段,期刊向读者提供何种内容以及所提供内容的再现方式等是期刊竞争的重要方面方面,这种竞争和期刊选题直接相关。因此,期刊选题成为期刊出版中日益重视的内容。

（二）期刊选题意义

1. 选题是期刊内涵体现的需要

期刊选题,是期刊内涵体现的需要。期刊内涵在期刊中以刊名、栏目等体现以外,最本质的体现还是在期刊内容上,内容直接体现期刊编辑思想等内涵。期刊选题决定了期刊向读者提供何种内容,这些内容对读者阅读趣味的满足是期刊长期吸引读者最为重要的手段。

2. 选题是期刊竞争的需要

期刊选题,是期刊竞争的需要。在期刊竞争中,期刊内容竞争情况最为突出,跟风现象频发,经常出现多种期刊同时集中报道某一内容的情况。出现这种情况,说明了该内容的确是读者的兴趣关注点,得到了诸多期刊关注,但读者对具体内容不能够通过简单地重复挖掘来满足,期刊必须预先设计好选题角度,在进行内容深入挖掘的同时也找准内容切入角度,做到同质内容的不同挖掘角度,否则停留在简单同质内容重复的层次上,各种期刊的相互取代性增强,就无法在内容上吸引读者和完成售卖,容易造成固定读者流失,期刊就无法展开更高层次竞争,也无法实现其价值。期刊竞争和期刊选题密切相关。

二、期刊选题的特点

期刊选题是内容选择，更是内容上的深层次挖掘。由于期刊的媒体特性，期刊选题在对某一事件或现象记录或叙述之外，还必须探究这一事件的原因、结果甚至未来趋向。期刊选题在整体上除了具备通常新闻报道的五要素，保证期刊选题内容完整之外，还应具有以下四种特性。

（一）选择事实独特

对于读者来说，事件性质越独特、超出人们的经验范围，读者的兴趣就越是浓厚。"眼球"经济已经成为注意力经济的代称。期刊选题内容也必须注重选择事实的独特性，最好是可能改变某些地域、人群处境，留下事物发展新纪录的事件或问题。

（二）内容关注范围广

能够成为期刊选题，其内容所关注的对象，应该对社会具有广泛的震撼力，或者容易提醒人们关注共同利益，容易激起共同兴趣。只有具备广泛的关注范围，期刊读者才会认可期刊的潜在影响，过分关注于小范围内容，或者仅仅局限在小群体受众的阅读兴趣，期刊选题内容就难以长期得到读者认同。

（三）具备潜在影响力

期刊选题的事件内容应该具备对政治、经济、社会、文化等大的社会概念的发展进程的影响，激发读者在这些方面产生思考，这种内容的期刊选题能够承担期刊的文化、社会责任；反之，如果选题只是局限在琐碎方面，不能给读者以启迪，会被读者认为该期刊权威性不足，很难引起读者的深度认同。

（四）重复宣示期刊思想

期刊选题是对期刊思想和理念的重复不断地宣示和强化。每种期刊都有着自身办刊的理念和思路，部分期刊将这样的理念和思路以凝练的语言在期刊的封面或者其他固定位置上予以显现，但大多数期刊的办刊理念和思想一方面很难以固定简短的话语凝练,另一方面也不能保证在期刊上能够选择固定的位置对这些话语加以强调。因此,期刊办刊理念和思想的体现,除了通过具体的期刊文章之外,期刊选题也是集中体现期刊理念和思想之处。

三、期刊选题与期刊栏目、专题

对期刊选题进行原因和特点阐述之外,期刊选题与期刊栏目的关系也是期刊出版中需要解决的问题。

期刊可以进行报道文章、栏目、版块等层次划分,这种划分是从期刊内容构成角度对期刊进行拆分,而期刊选题是从内容出发进行的内容选择和确定,期刊选题和期刊栏目等存在着内容与形式的逻辑联系。

期刊选题是期刊对内容报道的确定,这个选择确定过程不是孤立和脱离期刊的,是期刊编辑在面对社会信息时,从期刊编辑思想角度出发来对信息进行筛选,从中选择出适合期刊报道的信息并进行挖掘。而期刊栏目是期刊编辑思想的体现,选题是内容,栏目是形式,从这个角度来说,期刊选题与期刊栏目是内容与形式的关系,期刊选题应该符合期刊栏目要求。

但期刊栏目本身也存在着一定的变更性,如分版期刊在不同语言版本和不同时间版本期刊上,栏目总是存在着变化性,并且期刊同一栏目的内容量也在变化,期刊栏目由报道文章构成,文章篇幅长短等都会影响到期刊栏目的外显形式。期刊选题和期刊栏目虽然是内容与形式的关系,在期刊编辑思想体现的共同目标上统一的,但期刊栏目本身是有一定的外在形式而显现。期刊栏目的外显形式为期刊栏目名称、页码量等形式存在。

期刊选题则有可能对期刊栏目进行冲击,期刊选题属于内容选择,存在着多种选题途径,一些选题能够预先设计,以相对固定的形式进行报道,但突发性事件的选题必然会突破期刊栏目的束缚,突发性事件的灾害程度、与本国关联性等都具有不确定性,这些不确定性无法用精确稿件字数和具体的页码篇幅等准确预估,突发性事件需要插播,不但会扰乱正常的电波类媒体,作为期刊选题也会对期刊栏目造成冲击。这种冲击会表现在新的选题内容在形成稿件时的文字体量大小、图片选用数量、页码数量、排版方式等,这些在形成具体的期刊版面,是否还在期刊栏目的承受范围之内,还是已经超出了期刊栏目本身的容纳版面,是否还会影响其他期刊栏目等,牵一发而动全身,因此期刊选题和栏目也会存在冲突。

第二节　期刊选题角度

期刊选题首先是在内容方面的选择,也必须注意加工角度选择的问题。

一、期刊选题在内容上的考虑因素

期刊选题首先是在内容上满足读者阅读兴趣,选择在期刊刊期内发生的新闻事件、社会事件,或者是研究新进展等方面满足读者阅读兴趣的内容。如在新闻时政类期刊上,选题热点是近期时政、财经、社会热点,以及产生这些热点的社会背景分析。而在学术期刊选题集中在能够反映本学科学术进展和吸引读者的内容,如果这些内容能够和社会新闻热点结合,便能在更大范围内吸引读者,但要根据具体期刊有所选择,比如学术期刊上如果过于靠近社会新闻热点,则会被认为丧失学术品位。

二、选择后的加工角度

期刊选题确定内容后就要进行加工,加工角度选择也同样属于期刊选题的范畴,适宜期刊的选题内容如果没有适合的加工角度,也一样不能成为好选题。如在近年颇为流行"遗产"话题,一方面是各个地方抢夺各种"遗产"头衔,为此投入大量人力财力;另一方面是"遗产"保护不力,商业开发损害了"遗产"特质。期刊如果以这种内容作为选题的初步资料,就无法寻找到适当线索进行深入挖掘,但选择加工角度适宜,就能避免单一纯粹"遗产"保护追捧或者"遗产"开发贬斥，存在着做好选题的可能性。以长城为例，一方面是早在1987就被列为世界文化遗产，得到了大量资金支持，2006年国务院制定《长城保护条例》，文化部颁布《世界文化遗产保护管理办法》，配合原有的文物保护法和实施条例，长城保护进入法制轨道，另一方面是八达岭长城可能毁在好汉脚下，西部省份长城风化严重。这两个方面都能够作为期刊选题，但这两个方面也都是读者熟悉的话题，单一方面选题会失之于偏颇。2007年1月出版的《华夏地理》以"谁毁了我们的长城 万里追踪为遗产把脉"的专题，分别以"长城保护任重道远""两个威廉的长城""谁毁了我们的长城""亲近长城"四篇组合文章，完整全面地进行了报道。这样就在整体上选择好了专题加工角度。

类似选题还有涉及民族、宗教等涉及出版重大选题内容的，这些虽然在内容能够满足读者的阅读兴趣，但角度的选择和加工必须有高明的技巧和精准的把握。如果没有好的角度，在加工上就存在着很大的难度。

美国时代集团为支持的《时代周刊·亚洲版》大中华区的时代周刊习惯不定期地进行所谓"亚洲英雄"（ASIA HERO）的评选，所具体评选的人物和我们主流媒体的认定标准就存在很大不同，为我们主流媒体所认可的"英雄"不一定能被期刊选中，期刊选中的"英雄"虽然和我们的认定有重合，但分歧更大。如图7-1所示。

图7-1 《时代周刊》封面

《时代周刊》还经常进行TIME100的评选，如图7-2所示。

图7-2 《时代周刊》TIME100评选封面

2003年《时代周刊》创刊80周年纪念，选择了"改变世界的80天"的选题，从1923年开始截止到2003年，选择了80个有代表性的日子发生的事件，每个事件以文字配合照片形式对事件进行简要的叙述，在版面允许的情况下会对当时事件的长远影响进行补述，并且如果《时代周刊》当时对事件进行过报道，会插叙当时报道中的关键文字。

这样的做法以期刊自身的回顾与历史回顾相结合，能够给读者以期刊记录历史的感觉。

表7-1能够直观的表现《时代周刊》的选题标准。缺失的事件《时代周刊》用了封面上"第二次海湾战争"的炸弹在巴格达街头爆炸的照片和相关报道"历史不按照规则发展"做了补充。在所选择的80件事件中，与其说是影响世界，改变世界的80件大事，更大程度上是改变美国的80个事件，很显然，在《时代周刊》的视角看来，美国就是世界，世界就是美国。

就期刊选题的角度而言，《时代》的选题就是从自身最本质的美国读者、西方读者的阅读趣味出发，在80年间发生的重大事件按照美国人和西方读者的阅读兴趣进行选择和加工，最终形成选题。

表7-1 《时代周刊》80周年纪念刊内容分析

序号	日期	内容	国别
1	1923.11.8	慕尼黑啤酒馆政变	德国
2	1923.10.29	凯末尔改革	土耳其
3	1924.6.21	列宁逝世	苏联
4	1926.9.25	每周40小时工作制	美国
5	1927.5.21	第一次飞渡大西洋	美国
6	1927.10.6	有声电影	美国
7	1928.9.3	发明青霉素	英国
8	1928.11.18	迪士尼公司创造米老鼠	美国
9	1929.10.29	华尔街股市崩盘	美国
10	1930.3.12	甘地"非暴力不合作"运动	印度
11	1933.4.4	罗斯福新政	美国
12	1934.7.1	略	美国
13	1935.6.10	略	美国
14	1936.8.9	黑人运动员奥运会四金三记录	美国
15	1938.3.3	沙特阿拉伯发现石油	沙特
16	1938.11.9	德国排犹事件	德国
17	1938.4.15	漫画超人诞生	美国
18	1939.9.1	德国军队占领波兰	德国
19	1940.5.10	丘吉尔担任首相	英国
20	1941.12.7	日本偷袭珍珠港	美国
21	1944.6.6	诺曼底登陆开辟第二战场	法国
22	1945.8.6	原子弹投入广岛	日本
23	1947.4.15	黑人运动员参加棒球比赛	美国
24	1947.8.15	尼赫鲁宣布独立,印巴分治	印度
25	1947.10.14	飞机飞行超越音速	美国
26	1948.1.5	波普艺术产生	美国
27	1948.5.14	以色列复国	以色列
28	1949.10.1	中华人民共和国成立	中国

序号	日期	内容	国别
29	1950.2.9	麦卡锡主义在美国开始盛行	美国
30	1951.10.15	情歌"我爱鲁茜"在美国流行	美国
31	1952.10.20	非洲独立运动	非洲
32	1953.2.28	DNA双螺旋结构破译	英国
33	1954.7.5	猫王确立自身音乐	美国
34	1955.12.1	黑人妇女拒绝公交车分区	美国
35	1957.10.4	第一颗人造卫星上天	苏联
36	1959.7.17	发现最早的人类祖先	东非
37	1960.5.9	口服避孕药发明	美国
38	1962.9.27	发现DDT残留积累对人毒害	美国
39	1962.10.11	圣彼得大教堂落成	美国
40	1962.10.27	古巴导弹危机	梵蒂冈
41	1963.8.28	"我有一个梦想"演说	美国
42	1963.11.22	肯尼迪遇刺	美国
43	1964.2.9	甲壳虫乐队	英国
44	1966.6.30	略	美国
45	1966.8.5	略	中国
46	1967.12.3	人工心脏	美国
47	1968.1.31	越战撤军开始	越南
48	1968.4.4	马丁·路德·金遇刺	美国
49	1968.6.5	参议员肯尼迪遇刺	美国
50	1969.6.28	同性恋权益保护兴起	美国
51	1969.7.20	阿波罗登月成功	美国
52	1971.11.15	电脑技术进步	美国
53	1973.1.22	环保材料	美国
54	1972.1.17	水门事件	美国
55	1975.4.30	美军完全撤离越南	越南
56	1976.4.11	苹果电脑诞生	美国
57	1977.5.25	星球大战影片上映	美国

序号	日期	内容	国别
58	1978.7.25	试管婴儿诞生	英国
59	1979.2.1	霍梅尼返回伊朗	伊朗
60	1979.5.3	撒切尔夫人当选首相	英国
61	1979.12.12	苏联入侵阿富汗	阿富汗
62	1980.9.20	略	美国
63	1983.3.8	里根发表"前苏联邪恶帝国"演说	美国
64	1985.3.11	戈尔巴乔夫上台执政	苏联
65	1987.12.29	略	美国
66	1989.11.24	本·拉登返回阿富汗	阿富汗
67	1989.11.9	推倒柏林墙	德国
68	1990.2.11	曼德拉获释	南非
69	1991.8.6	互联网运转	美国
70	1993.2.26	世贸大厦小规模爆炸	美国
71	1995.4.9	俄克拉马爆炸案件	美国
72	1995.8.9	Netscape 上市	美国
73	1995.10.3	辛普森杀妻案结案	美国
74	1997.8.31	黛安娜王妃车祸殒命	法国
75	1998.3.27	略	美国
76	1999.11.29	世贸组织	美国
77	2000.12.20	美国大选计票决定当选	美国
78	2001.9.11	9·11事件	美国
79	2002.1.29	布什"邪恶轴心"演说	美国

第三节　期刊选题途径

　　期刊在明确选题后,还需要解决选题途径,也就是内容的发现和寻找。期刊选题虽然存在着内容挖掘深度和线索寻找难度的问题,但大部分选题是同时出现在所有媒体面前的,一般可以从以下途径来寻找期刊选题。

一、期刊常规选题途径

(一)选择具有重大影响的突发事件

具有重大影响的突发事件对于媒体是难得的内容,新闻影响巨大,具体发展中的每一个变化都牵动人心,战争、自然和社会灾难、政变等新闻事件都具有这样的特征。这样的新闻事件在现代社会通常是在报纸、网络、电视上进行最快速的报道,对于期刊,同样是一个很好的选题途径。新闻性期刊一般都是以周作为刊期,一周的时间间隔,使得这些具有重大影响的突发事件能够得到一定程度沉淀,一些在事发当时不够明显的线索在事件发生一定时间后能够显现,这样的时间沉淀利于期刊完成对事件全面、深入地报道,揭示事件的来龙去脉,对事件结果、发生原因等都能够给予清晰的全景式报道。

(二)选择历史性事件

历史性事件具有时代标志性。如南非实行种族融合、两德统一、香港回归等事件,都具有历史性意义,对这些历史性事件进行报道,媒体一般都实行了全景式报道。这种事件对于期刊选题,在满足期刊读者的阅读兴趣之外,也是期刊自身深度报道的实现。

(三)选择例行重大会议或活动

例行重大会议或活动,都有着一定惯例,有着强烈的程序性和可预知性,我国国内年度"两会"、国际上"西方八国首脑会议"等都具备这种特征。此外,一些重大庆典,如香港回归十周年纪念、电影百年纪念、重要历史人物诞辰纪念等也都能够成为期刊选题。

进行这种期刊选题,也面临和其他媒体进行同质内容竞争的问题,对于期刊,这种选题属于例行性选题,有充裕时间让期刊对内容进行深入挖掘和细致的分析加工,期刊一般采取提前在这些重大会议、活动、庆典之前或当期的刊期,推出全面和深入报道。

（四）选择社会焦点

社会焦点问题是所有媒体都会关注和选择的选题,包括各种非常规事件、焦点事件。

期刊在进行社会焦点的选题时,必须避免同质化竞争,需要在内容挖掘的深度和角度上加以注意。在某种程度上,其他媒体先期报道为期刊进行这种选题提供了一定方向,在即时性媒体的线索指引或者缺失下,期刊选题能从较深刻的角度来进行。

二、期刊特殊选题途径

在上述的四种包括期刊在内的各种媒体都能够进行的选题途径之外,期刊选题还具备着较为独特的选题途径。

（一）选择具有潜在价值的选题

具有潜在价值的选题是指那些和当前社会热点相对的内容,这种内容往往不具备娱乐性和突发性,也不具备重大影响,但这种内容如果能够进行深入思考,选择好发掘角度,就能够从冰点转向热点。期刊进行这种选题,具有天然的媒体适用性。

我们以 2007 年部分期刊选题为例。虽然 2007 年具备香港回归十周年、奥运会倒计时一周年、建军八十周年等多种庆典性重大事件,都非常适合媒体选题挖掘,但 2007 年还存在着一些具有潜在价值的选题,如中国高考制度恢复三十周年纪念。本来一项考试制度恢复无法和国家重大事件、庆典等相提并论,但期刊进行高考制度恢复三十周年的纪念回顾时,不简单的将其定义为高考制度恢复三十周年纪念,在选题操作上,列举和采访部分当年高考经历者讲述三十年人生道路的变化,从"转折"的角度由当年高考制度恢复对普通人一生产生的深远作用切入,升华到高考制度恢复对国家所产生的深远影响,将原本可能是冰点的冷内容上升为一个轰轰烈烈的纪念活动。

这样具备潜在价值的选题的挖掘和选择，是期刊选题能力的最佳体现，尤其是"小"选题的升华，以小见大，以小搏大的选题，是最能体现期刊理念和思想的选题。

（二）选择综述性选题

综述性选题是期刊综合反映一系列相关事实，形成综述、系列报道、述评性报道的内容选择。大部分突发政治性事件、军事冲突等，都可以在期刊上以综述性选题形式出现，这种期刊选题，能够全面的从历史、原因、发展、现状、趋势、影响等各个方面进行详尽表述。

综述性选题对于期刊而言，也存在难度，这主要是由于期刊种类不同和版面限制，不是每一种期刊都适合进行综述性选题，也不是每种期刊都适合进行这样大篇幅的集中选题报道。

如在2007年我军第五次换装，新式军装从面料、伪装的高科技性以及穿着舒适性等方面是不言而喻的。进行这种内容挖掘，军事类期刊适合进行历次换装比较和本次军装展示选题，或者进行新式军装所体现的科技强军等角度挖掘，新闻时政类期刊可以进行新式军装与世界范围内军装接轨等角度的选题，时尚类期刊可以试图进行新式军装的模特分场景展示等带有擦边球性质的专题，而纺织技术类期刊能够挖掘的只有军装面料的沿革。

在上述不同种类期刊中，只有新闻时政类期刊能够进行综述性选题，能够在选题上进行各个不同方向延伸。综合性不足的期刊在进行单方面选题开发上存在着可行性，但进行全面综述性报道，都会出现选题内容远远溢出期刊理念和思想的情况。

选题的发现，要求期刊具备高度敏感和洞察力，特别是对具有重大发掘价值题材的鉴别力。期刊选题最终形成和加工角度确定，是由题材内容质量、期刊思想穿透力、读者关注度三者共同组成。

第四节　期刊常规选题操作实例

一、长期连续性选题

期刊长期连续性选题是期刊在比较长时间内所进行的选题,时间范围可以是月、季度、半年甚至是一年,在较长时间内,期刊有能力就某些问题进行深入连续性报道,可以对所选择内容进行多角度、宽范围详细阐述,相对于通常简单的报道文章,期刊长期连续性选题对读者提供内容满足之外,也能更好地体现期刊编辑能力,在读者心目中树立期刊品牌形象。

（一）长期连续性选题的操作实例

2006 年 7 月 1 日,青藏铁路完全通车,由于青藏铁路在交通运输和国防上的重要价值,以及其在建设上需要解决的高原冻土、缺氧施工等科技难题,青藏铁路施工过程中一直得到了媒体广泛关注。在青藏铁路贯通前后,媒体展开对青藏铁路的报道就尤其能体现媒体特色。期刊在报道过程中,能够在长时间范围内进行多角度选题操作。表 7-2 为《三联生活周刊》报道概况。

表 7-2　《三联生活周刊》青藏铁路报道统计表

序号	日期	卷期	内容
1	2006-04-10	2006 年第 13 期,总第 379 期	内地进入西藏路线
2	2006-06-05	2006 年第 20 期,总第 386 期	西藏地理
3	2006-07-03	2006 年第 24 期,总第 390 期	拉萨传奇故事
4	2006-09-04	2006 年第 33 期,总第 399 期	西藏与周边
5	2006-10-23	2006 年第 39 期,总第 405 期	藏医藏药

西藏内容能够极大激发读者的阅读兴趣,从时间上来看,这五期时间跨度超过半年,以平均每月一期频率出现;五期内容,分别从不同内容,全面、系统地对西藏进行了介绍;从内容上五期内容超过了11万字,配以图

片,几乎达到一本书的信息量。显然,这样庞大的内容在同一期的期刊上出现,就会出现完全没有版面容纳其他内容的情况。在不将这五期内容作为专辑或特辑的情况下,《三联生活周刊》选择将其制作成长期连续性选题,将整体内容化整为零,以长期连续性选题在期刊上持续刊登。这种选题操作一方面使选题内容在形式上符合期刊媒体特征,另一方面长期连续性选题也能够刺激期刊读者的持续阅读兴趣,引发对期刊的连续购买。

在生活时政类期刊之外,其他期刊也可以进行长期连续性选题操作,如表7-3中为军事期刊《国际展望》的相关选题。

表7-3 《国际展望》解放军新式武器报道统计表

序号	日期	卷期	内容
1	2005.9	2005年第17期	新式常规潜艇
2	2005.11	2005年第21期	新式预警机
3	2006.5	2006年第9期	新式歼击机
4	2006.8	2006年第16期	新式运输机
5	2007.1	2007年第2期	新式歼击机
6	2007.4	2007年第7期	新式轰炸机

从自身特质来看,军事期刊虽然也具备期刊基本特征,但也是特殊题材期刊。军事期刊特殊性首先在于其内容不完全透明,任何一个国家都不会把自己的军事进行完全透明化处理,因此军事期刊内容处理上便总是存在模糊性。其次,军事期刊在办刊宗旨上都倡导和平为主旋律,维护世界稳定局势,但如果不存在军事斗争,军事期刊也必将失去读者关注度和生存市场,只要还存在不稳定、不安全因素,世界范围内还存在混乱局势,军事期刊就还存在的市场空间,因此,军事期刊虽然内容特殊,但一直吸引着一部分读者的关注。

因此,对于军事类期刊,进行长期连续性选题对内容是相当丰富的。

对于《国际展望》,其编辑质量和内容独特性是重要因素,在选题内容上的深度和广度在不违反国家保密规定的范围内,《国际展望》相继把我国新型常规动力潜艇、新型多用途攻击机、新型轰炸机、设计中的军用运输机等"尖端"信息在期刊上持续不断刊登,形成了一系列长期连续性选题,并以此作为期刊的看点和卖点。

军事期刊的这种选题操作还具备不断延伸性,在世界多极化形势下,国防科技是一个需要不断发展、更新的重大内容,这会给期刊持续提供源源不断的选题。

文化类期刊也可以进行长期连续性选题,如《文明》的选题操作,见图7-3。

图7-3 《文明》在春节期间期刊的封面

相较于以月份跨度为特征的长期连续性选题,期刊也能够在更长时间跨度内进行长期连续性选题操作。如《文明》长期连续性选题操作以年为时间跨度。《文明》月刊年度第二期通常适逢农历春节,于是选择该年度生肖相关图片作为当期封面,在期刊内容中对该生肖进行专题性报道。从读者阅读兴趣上来讲,在春节期刊对生肖的深度阐释的内容能够满足读者阅读,期刊以该生肖全面系统的介绍作为选题,庞大、细致并且具有强烈民族色彩的内容也增加了期刊文化价值,能够引起读者兴趣。

从选题的长期性来看,选择生肖作为期刊春节选题,历法上生肖一次循环在期刊封面上出现全部生肖就需要12年的时间,这样长时间跨度内,选题在内容确定后有丰富的操作时间,选题质量有充足保证。并且这样超长期连续性选题,对于期刊品牌建设能起到推动作用。

（二）长期连续性选题操作模式分析

期刊长期连续性选题,从操作模式上看,首先明确期刊办刊定位及编辑思想,从期刊办刊定位和编辑思想出发寻找选题,在能够成为期刊内容的选题中,选择能够和期刊定位和编辑思想融合为一起,共同表现期刊内涵的选题,在一个较长的时间段内合理分布选题内容,并将这些选题内容进行时间跨度内的规划,保证在时间范围内选题内容的衔接和整体表现力上的结合,使得期刊能够呈现出较长时间跨度内特定选题的连续性刊登,最终形成期刊长期连续性选题。

二、重大事件预期选题

现代资讯便利,大量信息可提前预知,尤其是国家、世界范围内重大事件,如美国四年一度的总统选举、四年一届的奥林匹克运动会、四年一届的世界杯足球赛等,这些在世界范围内能够引起广泛关注的重大事件自然会吸引媒体,期刊在内容选择上同样可以进行这类重大事件预期选题。

（一）重大事件预期选题操作实例

以北京奥运会为例,从1992初次申办失败到二次申办成功,虽然2008年北京奥运会才开幕,但奥运会倒计时很早就开始在各种场合进行反复提示,在中国,尤其是北京,奥运申办过程中信息都会被媒体广泛报道。如奥运场馆建设中,鸟巢钢结构竣工到水立方覆膜成形,奥运倒计时一周年等内容都在电视、报纸上进行相当大范围和深度的报道。这些重大事件期刊能够进行预期选题操作。一些期刊开辟出奥运栏目,《文明》以《文明·北京时间》的形式,集中对北京进行各层面的介绍,宣传和服务奥运,这些情况都是期刊对重大事件的预期选题。以2006年德国柏林举办的世界杯足球比赛前后,期刊也对这个重大事件进行预期选题。如表7-4为部分期刊的选题操作。

表7-4　世界杯期刊报道

序号	期刊	封面标题	页码量	刊登日期	总页码
1	科学旅游	我爱柏林—— 世足赛新玩乐方案	30	2006.6	176
2	时尚健康	足球新硬汉—— 激情世界杯报道	16	2006.6	196
3	男人装	世界杯超级访问	7	2006.3.6	180
4	新世纪周刊	情色世界杯	15	2006.6.11	120
5	看天下	2006·德国·情色世界杯	20	2006.6.8	104

以世界杯作为选题是体育类期刊必备科目,上述五种期刊不属于体育类期刊,分别属于旅游、时尚娱乐、新闻综合等门类,就选题而言,期刊在对重大事件进行选题操作时,必须找准事件和本期刊结合点,尤其是在操作非本门类重大事件预期选题更须如此。

在上述期刊中,《科学旅游》的选题围绕世界杯举办地点柏林的各种名胜景点展开,在对本届世界杯赛制、著名球员简介后,更多的内容是描述柏林景点和饮食。

《时尚健康》选题从"海外专访:卡恩教你场外健身""11顶尖球星独门秘技教学""消灭足球寡妇"多角度展开,在选题操作上,虽然球员数量选择出一支球队人数,但所选择球星来自于各个球队,并分别从激情、才华、坚持、勇敢、协调、精确、冒险、纪律、完美、速度、力量这些角度来对球员的球技进行总结和对球星个人进行点评,对由于男性看球导致出现"足球寡妇"的问题对女性球迷进行访谈,最终配合"卡恩教你热身"的室内小场地健身方法作为总结。从整体上分析,这种选题兼顾了该选题重大事件本身特质,也结合了期刊自身读者需求。

《男人装》借"异性相吸"来作为期刊卖点,较少出现对男性的介绍,在选题操作上和世界杯发生联系,《男人装》选择利用驻外记者站以及国际版权合作便利,对贝克汉姆等五位球星进行简单的访谈,但很显然,该期虽然有"世界杯超级访问……英格兰领军人物接受《男人装》独家专访"的封面标题,但该选题从内容到形式都不是期刊着力的重点,甚至和期刊办刊理念和思想契合不够,因此也就成为180总页码中仅7个页码这样无足轻重的尴尬选题。

《新世纪周刊》和《看天下》在期刊内容整体上都带有非常强的新闻性、娱乐性气息,两种不同期刊都进行"情色"为内容的世界杯内容的选题,在重大事件预期选题上更有代表意义,见图7-4《新世纪周刊》关于2006年德国世界杯的报道封面。

《看天下》的选题操作类似《时尚健康》的模式,选择11位刚好能组成一支球队的球星进行介绍,但每位球星都是和绯闻相关联人物,每位男球星搭配一名绯闻女友的图片,《看天下》以球星与绯闻女友的组合组成了"情色世界杯最佳阵容"选题。

《新世纪周刊》选题则显得更为宏大,在导语中:

> "虽然足球与性、情色从未脱过关系,但在以往的17届世界杯历史上,这一问题从未像今年的德国世界杯如此吸引人关注……世界范围内体育(包括足球)的情色化路线日趋主流,一向鼓吹'更高、更快、更强'的体育也难免要'娱乐至死'……短短四周的世界杯,具有强大的经济拉动效应,德国政府从本国利益出发做出了他们的选择。"

《新世纪周刊》"情色世界杯"选题,真正要论述的是体育情色化和国家色情业管理政策等深层问题,世界杯只是为这些问题表达提供了切入的途径,封面标题"情色世界杯"只是吸引零售读者的手段。

图7-4 《新世纪周刊》关于2006年德国世界杯的报道封面

在之后的选题组合中,分别以下列导语和文章标题,对"情色世界杯"选题进行扩充。

"情色业将改变人们对德国严谨而呆板的印象"

"德国竟有这等风情"

"这将是性、啤酒和足球的神圣同盟"

"性,世界杯外的叫卖"

"两家公司的盛宴"

"德国政府对卖淫的态度饱受抨击,被怒斥为世界杯的官方皮条客"

"世界杯不能承受之'色'"

"全然摒弃体育情色固不可取,但大规模的商业介入却将其扩大化、庸俗化了"

"体育:无情的情色化"

"研究者把运动员的性当作严肃的事,可运动员们却不"

"另一个主角：运动员"……

在《看天下》"情色世界杯"选题中，男球星占主要篇幅，绯闻图片只是一个补充；而在《新世纪周刊》中，对德国情色业的展现和介绍的图片、文章占统治地位，球星报道只是补充说明。

（二）重大预期选题操作模式分析

期刊对重大事件进行预期选题，必须明确重大事件作为公共信息资源，任何媒体都不具备信息独占性，不同期刊进行重大事件预期选题必须将本期刊定位与编辑思想的外延进行叠加，在存在关联性的情况下，才能进行重大事件的预期选题操作。

重大事件预期选题操作模式在于对一定时间段内将要发生的重大事件进行预测，针对预测结果来寻找重大事件与期刊编辑思想内涵和外延的结合，在能够深入挖掘重大事件对社会的影响并由其与本期刊的思想契合角度进行选题切入之外，还必须对重大事件的结果有准确预测，或者预备多套选题方案。

重大事件预期选题要求，不同领域的重大事件同本期刊定位和编辑思想结合之后，在切入点的选择之外，还不能忽视重大事件的媒体通用性，选题要避免与其他期刊发生选题雷同，内容加工近似，要表现出本期刊的独特性。

三、突发性事件选题

期刊选题中还存在突发性事件选题。突发事件指相对于正常社会事件，以突发性自然灾害、灾难性事件为代表的非常态且造成重大灾难的事件，突发事件在发生和进展上具有高度不确定性，但突发事件具备极强新闻价值，也是读者急于了解的信息。

（一）突发性事件选题操作实例

突发性事件以美国"9·11"恐怖事件为例，从事件发生开始，电视、网站、广播、报纸等媒体对此进行及时报道，事件的罪行认证、死难者人数确定、对死难民众的悼念等都在短时间内在媒体上刷新。但事件反映在期刊上，就存在一定难度。

时政类、新闻类期刊由于较短的刊期，能够将突发性事件作为选题，以周、旬为出版周期的期刊在突发事件发生后能够做出相对及时的反映。月刊、双月刊由于刊期较长，时效性不强，加之以期刊出版周期中印制与发行占用时间，更为滞后。但这不等于刊期较长的期刊在面对突发性事件时无所作为，《中国国家地理》在2001年10月号上就做了有关"9·11"事件的报道，见图7-5。

图7-5　《中国国家地理》报道"9·11"事件的刊期封面

就《中国国家地理》而言，10月号期刊内容在"9·11"事件发生前已经定稿，但"9·11"事件新闻价值巨大，如果即将面市的10月号上不进行报道，在11月号上进行报道，其新闻价值就会降低，而在10月号进行选题报道，短期内信息数据的准确性还有待核实，贸然选题报道存在失误的潜在危险，并且这样的选题角度也与期刊的编辑思想不相契合。

《中国国家地理》从"9·11"事件中发生地点，美国世界贸易中心的双子大楼出发,选择世贸双子楼的照片作为期刊封面,选题角度是摩天大楼的安全性,由此进行了"摩天大楼:激扬与沉思"的选题操作。

该选题以编者按形式,由事件发生概况介绍,过渡到高层建筑安全性:

> "……当人们为死难者默默的哀悼时,建筑学家们也在为20世纪30年代崛起的经典性建筑世贸中心哀悼……由'9·11'事件,引发了人们关于摩天大楼的大讨论,本刊因此采写了这个专辑。希望通过这个专辑,让更多的人关注到摩天大楼的现状和未来。同时也希望人们能认识到摩天大楼的脆弱性,关注摩天大楼中人的生活和生命,避免'9·11'的悲剧重演。"

该选题以"摩天大楼——激扬与沉思"为总题,分别以"最优秀的建筑家也没想到它会轰然倒下""脆弱的摩天大楼""摩天大楼轶事""摩天大楼的大辩论""摩天大楼的技术奥秘""香港的擎天楼""图解帝国大厦"等文章,从整体上对摩天大楼进行了论述。

而在10月号卷首语"世贸中心消失了,自由女神还在"中,开篇就讲明:

> "当这期杂志的编辑已经完成时,正逢美国纽约世界贸易中心和五角大楼被炸这一突发事件的发生。为了读者的需要,我们撤下了一些内容,策划和组织了特别报道《9·11,敲响了世界摩天大楼的警钟》和《阿富汗,战争和贫困轮番蹂躏的土地》,由于时间特别紧,对于我们一本月刊来说,这组报道的产生,相当于我们做了一次新闻周刊的工作……"

社会上的突发事件不可预知,而在10月号完成选题付印同时,文中还在将9·11死难者的人数认定为超过5000,当然这和最终确定数字差别很大。类似于急就章式的突发事件的选题,的确存在着选题上的难度,如果期刊没有充足准备和实力,面对突发事件选题还是会显得力不从心。

同样的情况在2008年再次发生,2008年5月12日发生汶川大地震,在6月号上,《中国国家地理》以地震为内容进行选题报到,契合了当时的热点。

(二)突发性事件选题操作分析

突发性事件选题不可预估,期刊对突发性事件进行选题,首先是抓住突发事件的概况,从概况出发,对突发性事件进行全方位的审视,选择造成突发事件方方面面的原因,由此在期刊办刊思想开始延伸,与突发事件进行可能的结合,将突发性事件选题引向本期刊所在领域,完成突发性事件和本期刊结合。

类似的我们可以看2007年4月到5月之间的世界范围内的突发性事件,如美国校园枪击案、中国辽宁钢铁厂重大事故等,但媒体在面对这些突发性事件时,投入的热情显然是不一样的。美国校园枪击案屡见不鲜,但从凶手种族色彩出发,凶手韩裔身份曾被误认为是华裔,引起了媒体在校园枪击案以外的关注;钢铁厂的重大事故虽然不该发生,本质上生产事故不能完全避免,但对该事件的报道如果只停留在安全生产任重道远的层次上,就很难被读者认可。

对突发性事件进行选题,需要更大精力投入才能避免选题内容上的浅薄和流俗。

第八章　期刊专题策划

在栏目和版块之外，现代期刊习惯使用大量篇幅集中表现某一主题，即期刊专题。专题内容使得期刊文章篇幅扩充，能够多角度、全方位对问题进行详细深入的分析和报道，可读性增强。

第一节　期刊专题的相关内容

现代期刊在正常的栏目和版块等内容结构之外，也越来越多的出现一些长篇幅的集中稿件，就某一问题进行全面和深入的报道，在篇幅上往往超出了期刊栏目的容纳空间，在内容上具有很强的相对独立性，可以将这样的报道称为期刊专题。

期刊专题在现代期刊中已经成为普遍现象。期刊专题与期刊选题存在着联系和区别，一方面期刊专题内容由期刊选题而来，期刊能够将一些内涵和外延都具有延展性的选题，或者读者感兴趣的选题进行扩大化和深入化加工，这样的期刊选题自然发展为期刊专题；另一方面期刊专题和期刊选题不能同等对待，不是每一个选题都能够扩大到专题的篇幅和深度。

一、期刊专题产生原因

专题是期刊很好的卖点,很多期刊已经习惯把专题作为期刊编辑过程中着力的重点,给予大量投入,并且将专题在封面上以封面标题、封面故事的形式着重突出,以吸引读者注意。如《时尚先生》十周年纪念刊的封面设计,选择梁朝伟作为封面人物,以"纪念刊·荣耀十年"作为封面标题,将明星的荣耀与纪念刊的"荣耀"结合,作为吸引读者的着力点,见图8-1。

图8-1 《时尚先生》十周年纪念刊的封面

可以用"木桶理论"来看待期刊专题。正常木桶应由长度相等的木板组成,如果木板长度不一,木桶容量则由最短木板的长度决定。这种思维方式也是通常期刊栏目要均衡发展的理论依据。但在短板影响容积的情况下,将木桶向最长木板方向倾斜,木桶容积还能相对有所扩大。将期刊预期效果看作是木桶容量,期刊栏目和版块看作是木板,栏目和版块在期刊自身不能面面俱到的情况下,期刊在编辑过程中自然会扬长避短,将可以发挥的栏目作为优势发扬,以冲淡不成功栏目对期刊的不良影响,这也相当于将木桶向最长木板方向倾斜。

期刊将优势栏目和版块扩大,挤占劣势栏目和版块版面空间,优势栏目和版块中的稿件在客观上就得到扩充,甚至能够脱离栏目和版块束缚,成为专题。

专题使得更大量、更精粹、更集中的信息可以直接展示,期刊专题对读者阅读有利,读者在期刊上可以看到专而精的内容,但期刊专题对期刊也存在着冲击。期刊专题对期刊来说,是其自身优势的最大限度发挥,是自身编辑力量的最佳体现,期刊专题对于读者来说,意味着更大的阅读兴趣,对专题的认同,将增加期刊的认同感。但专题质量如果不能得到读者认同,就是直接展示期刊编辑力量的薄弱,对于期刊反而不利。

同时,对专题的发扬,也不可以无限度地倾斜。期刊是栏目的组合,专题相当于某篇文章的延伸,如果期刊专题的出现对其他栏目空间造成了抢占和挤压,甚至影响到其他栏目的存在,那么在为读者带来专门内容的同时,期刊由多篇文章汇集的特性就无从体现,需要通过期刊了解全面信息的读者就会存在阅读上的失落。因此期刊专题虽然是期刊着力部分,但也不能把期刊专题的作用无限扩大。

同样,如果期刊专题就某一问题进行更为深入和全面的挖掘,会出现整本期刊的内容都围绕一个问题阐述,完全没有其他内容的空间的状况,这样期刊专题被无限放大,期刊专题也就扩大成为专辑。期刊的专题化和专辑化会对期刊产生两方面的作用:一方面期刊专题、专辑能够让期刊的信息量加大加深,吸引读者更为深入持久的阅读兴趣;另一方面期刊专题、专辑挤占的期刊正常的栏目空间也让期刊产生书籍化倾向,在吸引一部分读者的同时也使部分读者兴趣衰减。

二、期刊专题实例

2001年5月27日,著名歌手罗大佑在北京举办个人演唱会,在此之前《中国青年》进行了期刊专题报道。2000年第11期《中国青年》封面以罗大佑的照片,封面标题是"罗大佑,我的青春小鸟一去还会来"。期刊80个页码中,从第37个页码开始到第44个页码结束,一共8个页码作为一个比较完整的专题。专题概况的数据如表8-1统计:

表8-1 《中国青年》罗大佑专题数据统计表

序号	页码	标题	内容	备注
1	37	穿过我的岁月的你的歌	罗大佑专辑照片，标注5.27的演唱会	
2	38~39	5.27罗大佑的十首歌	刊登5.27演唱会的十首歌词	
3	40~41	雕刻罗大佑	以编辑部留言形式选择16个不同读者对罗大佑的评价，联页底部通栏为12张罗大佑不同造型照片	2个负面评价
4	42~44	你的样子	不同时代，不同读者所经历的罗大佑歌曲以及由罗大佑歌曲相关的故事	0.5个页码
		男生张华		0.5个页码
		溜不走的恋曲时光		0.5个页码
		吉他与罗大佑		1个页码
		海上花开，海上花谢		0.5个页码

在2001年前后期刊专题尚未蔚然成风阶段，《中国青年》选择做这样一个专题策划还是充分体现了其编辑实力。但是进行深入考察就会发现问题，在目录中导读部分："闪亮的日子等待罗大佑：5.27北京歌迷翘首以盼歌神。'理想主义＋浪漫情怀'是《中国青年》一贯的宗旨，也是罗大佑20年来最得人心之处，为此编辑部倾情推出——'我们的青春小鸟一去还会来'"以此对读者进行阅读引导。《中国青年》的口号是"关注青年中国，服务中国青年"，作为一份在中国青年中拥有相当影响的刊物，在进行娱乐界事件报道时就面临着处理难度。在报道人物选择上，罗大佑毫无疑问是在歌坛影响力巨大的正面公众人物，对其进行报道在娱乐期刊上很容易处理，但对于由共青团中央主办的《中国青年》来说，进行娱乐界人物

报道时就显得勉为其难,罗大佑的年龄和《中国青年》期刊读者年龄就存在着差别,社会上关于"青年"的年龄划分也标准不一,对罗大佑的报道用图片显然比用文字更容易出彩,但在《中国青年》的用纸上,普通新闻纸表现图片的效果并不理想,也限制了更多照片使用,而用文字表述很难全面和具体,总体上占用期刊10%的页码所进行的专题策划离预期效果是存在距离。

因此,进行期刊专题操作就必须尽可能全方位把握涉及期刊专题的各种因素。题在满足部分读者阅读兴趣的同时,也会带来另外部分读者的不满。

三、专题内容涵盖方面

从上文分析来看,一般情况下,期刊专题的策划、设计和实施过程中,下面的问题是必须要考虑的:

(1)专题内容;

(2)专题预期读者;

(3)专题篇幅文字容量;

(4)专题所占版面空间;

(5)专题与期刊编辑思想融合程度;

(6)专题对其他版块的影响;

(7)专题对本版块其他栏目的影响;

(8)本专题对期刊广告上的冲突;

(9)专题的预期编撰质量。

这些多角度考虑并是不简单罗列问题,在市场经济条件下要更好地实现期刊的精神价值,就必须给期刊以好的卖点,期刊在内容文字质量之外,还需要有好的表现形式。期刊表现形式有双重含义,一指期刊外部形态,二指期刊文本内容的组织形式。期刊文本内容有好的组织形式,这不仅仅是版式设计和图片处理问题,也是需要将期刊编辑思想、版式设计、图片处理等相关内容融为一体。

而在这些要素当中,最本质的还是作为期刊核心的内容。遵循出版规律,群众认可的卖点和出版法律法规允许范围总是存在一定的不重合性,如在新闻学上"星、腥、性"的内容显然对普通读者有着更大吸引力,虽然这些内容在媒体上频繁和大量地出现,但是这些内容不能超出版法律法规允许范围内,因此在出版法律法规允许的范围内寻找卖点以吸引读者是现代期刊必须考虑的内容。内容相对独立的期刊专题就是卖点之一,它能够满足部分读者深度阅读的需要,同时满足读者阅读兴趣的多样化需求,专题不是简单的栏目或者单篇文章的扩大,是期刊的有机组成部分,因此,在上述的几个期刊专题必须考虑的问题就成为进行期刊专题设计必须考虑的问题。

在期刊专题的具体运作上,除了期刊专题自身设计之外,还必须把专题放在期刊界和社会环境中进行评估,不能忽视本专题与其他期刊类似专题的比较,因此,在做好期刊专题与期刊整体融合之外,还必须考虑期刊专题能够达到何种效果,是否能够在和其他期刊的同类专题比较中占据优势,本专题的社会意义可以有哪些延伸等内容。因此以下的方面也是期刊专题所需要考虑的内容:

(1)同类期刊是否出现类似专题;

(2)同类期刊类似专题的编辑方法;

(3)其他期刊是否出现类似专题及做法;

(4)本专题对期刊文化价值的意义;

(5)本专题对社会的文化价值;

(6)本专题对期刊的经济价值。

期刊专题只有对本期刊和其他期刊进行综合考虑之后,才能真正做好,以高屋建瓴的角度来对期刊专题进行全面的把握,而不是仅仅简单地将某一栏目或稿件在字数上简单扩大和图片上简单放大。

四、期刊专题的重点内容

媒体活动是一种创造性劳动,各种媒体将信息在媒体上予以表现时,必须以适合媒体特征的形式进行再现,这是投入智力的创造性过程,期刊专题操作也是如此,我们下面将探寻期刊专题的操作模式。

期刊专题的内容和价值定位,决定其有一整套有别于期刊常规内容出版的操作模式。在内容上,期刊专题要求其题材、角度和主题能够有所创新,而且对内容选择的角度和主题能够细化和深化;在形式上,期刊专题通常是一种版块式的内容组合,一般都围绕一个核心事件或问题展开,并且必须把这个核心事件或问题深入挖掘,并辅之以各种相关资料链接来作为背景补充或者内容延伸。期刊专题的完成,关键是对期刊专题核心的把握,尤其是专题角度的发现和定位。

期刊专题不仅需要挖掘其他期刊没有看到或找到的事物,还需要通过对专题内容的分级深入分析,挖掘出具有高度传播价值的内容角度,使其能够以完整意义再现。期刊专题的制作,需要从单纯题材发现,提高到内容运作的高度。

期刊专题通常在前文需要考虑的各种方面之外,还必须包含以下三个方面的内容。

(一)期刊专题发生的时段

期刊专题发生的时段是指作为专题内容的事件发生的时间段。专题发生的时段可分为大时段(即促成专题事件发生的各种因素)和小时段(事件发生的各个阶段)。

根据不同性质的分类,大时段可以分为:季节性时段(因特定季节衍生新闻的时段,如节日黄金周、高考、学校寒暑假等)、政策性时段(国家新出台政策引发新闻的时段,如政府官员引咎辞职规定、高考取消对考生年龄和婚姻状况限制等)、事件性时段(重大事件引发相关报道的时段等)、灾难性时段(天灾人祸引出的新闻时段,如9·11恐怖袭击事件、地震灾害等)、链接时段(外地、外国新闻与本地具有联动性质的新闻时段)、活动性时段(与人们生活密切相关的活动式新闻时段,如申奥成功、房屋交易会等)、显著性人物时段(知名人物动态或平常人物反常举动引发的新闻时段)。

小时段是指新闻发生的具体阶段,相当于一个大系列报道中的一个个部分,期刊的专题制作必须很好地结合大小时段所表现的不同内容进行整合。

对于期刊专题来说,"重要时段"的概念,其意义为:(1)在时间上对专题角度发现给予提醒;(2)对专题报道的切入时间予以认定;(3)缩小搜索最高价值内容的范围。

(二)期刊专题的题材范围

题材范围是指构成期刊专题的诸多材料,包括具体的事件、人物、问题或现象等。期刊在进行专题操作时,应该对所操作专题的范围有一个全面了解,根据这种了解的深度与广度逐步建立并完善期刊专题,在具体实施时,逐层分列出具体的领域,逐层展开。对于某一专题报道,通常需要在采访前做预案,迅速做题材范围的分解或分工来完成。

(三)期刊专题的角度选择

期刊专题的角度选择,这里主要指大的角度的选择,也就是宏观上的报道思想。它依赖于期刊的时事观察、知识储备,以及期刊对某一领域的独特的研究或见解。简言之,角度选择直接表现为专题从哪一个"点"去报道的问题。

总体上说,这里的角度选择大体可以分三类:实用性角度、社会性角度和预见性角度。如交通采访,可以从与受众生活密切相关的价格、品种、质量、服务等竞争的角度报道(实用性角度),也可以从企业与生活相关的经营模式的社会性、经济性思考角度报道(社会性角度),或者以西方发达国家的交通为参照,着眼于未来交通发展的角度进行分析(预瞻性角度)等。角度选择是个深层次问题,它受媒介定位、记者认识、读者关注等多方面因素的制约。国家的各项政策的出台和执行往往能够进行这三种不同角度的选择,并且现代的媒介环境也允许和欢迎期刊在进行专题操作时能够进行多角度的选择。

重要时段、题材范围、角度选择是紧密联系在一起,并相互作用的。期刊在进行期刊专题的操作时,可以根据时段的选择、题材的范围以及角度的不同,排列组合创作出不同的专题。我们可以来参照具体的期刊专题来进行比较。

第二节　专题操作模式

一、从"春晚主角,十年沉浮"看期刊专题操作

我们可以看这样的一个例子,《时尚健康》(男士版)2005年第2期,封面专题"春晚主角,十年沉浮",见图8-2。

图8-2　《时尚健康》(男士版)2005年第2期封面专题

时尚类期刊倡导的文化取向一般是新锐文化,但央视春节联欢晚会一般被视为全国人集体娱乐甚至带有文化图腾意味的盛会,适应最大多数

人的欣赏趣味是春节联欢晚会所追求的目标,因此春晚在节目设置上要满足大多数人的文化品位,这样指导思路下的春晚被称为"四大俗"之一。就全国范围来说,的确存在着不同的欣赏水平和欣赏兴趣,因此,在对春晚支持的同时也必然存在反对意见。但相对于高档期刊的读者来说,他(她)们的兴趣更多是在高层次文化消费上,具体到《时尚健康》,主要读者为城市白领阶层,他们在很大程度上不会对春晚有太多的关注,因此选择这种专题,为不认同春晚的读者传递与春晚有关的信息,就必须在专题内容选择上有所取舍。

"春晚主角,十年沉浮"专题的操作是不讨论、不关注春晚节目本身的可视性,而是选择十位曾经多次参加春晚节目录制的娱乐界人士,对其春晚历程进行追踪,这种处理方式,即使《时尚健康》的读者对春晚不感兴趣,也在春晚外找到了娱乐明星的这个社会公共关注点,选择娱乐界人士作为期刊专题内容,也能够符合期刊读者的阅读兴趣。

"春晚主角,十年沉浮"专题的时间跨度选择上也值得玩味,十年时间跨度非常合适。1983年开始举办以来,春节联欢晚会已经成为春节文化必不可少的一道大餐,时间跨度距2005超过20年,如果完全按照春晚发展历程不加以选择地报道,那么早期春晚粗糙简陋和文化上号召力不足的问题就无法回避,过长的时间跨度也会让期刊自身的人力物力上不足以应对。专题从2005年回溯到1995年,这个十年则是相当于把春晚步入成熟走向辉煌的繁盛时期涵盖在内,并且从期刊读者来说,刚刚过去的十年也是自身对春晚亲身经历的十年,十年时间跨度的选择能够让读者有熟悉和伴随成长的感觉。

从所选择人物的年龄时间跨度上来看,以年龄最大的赵本山(46岁)和年龄最小的黄豆豆(28岁)的年龄来看,上溯十年和现在的年龄对比也可以看作是《时尚健康》现在主体读者的年龄阶层,他们有能力、有精力来关注健康,也有观念来关注健康。换言之,如果完整回顾春晚,二十余年的时间,《时尚健康》的读者在自身的年龄和阅历上还无法进行过长时间的跨越。

从专题的内容选择上,定位在了10位曾经连续参与春欢的娱乐界人士,以他们十年春晚经历来入手。专题对这些娱乐界人士的选择也非常用心,见表8-2《春晚主角,十年沉浮》专题基本数据统计。

表8-2 《春晚主角,十年沉浮》专题基本数据统计

序号	人物	性别	年龄跨度	主题话语	报道顺序	报道版面	照片篇幅	文字版面
1	赵本山	男	37～46	看多了,透了,自然会乐天	1	1.33	0.67	0.5
2	巩汉林	男	38～47	赵老师走了,我老了,儿子成年了	2	2	1	1.33
3	林依轮	男	24～33	我已经是两个孩子的父亲	4	1	1	0.5
4	蔡国庆	男	27～36	十年前,我寂寞的穿着范思哲	5	2	1	1.5
5	黄豆豆	男	18～28	一个舞者的刹那青春	9	2	1	1.5
6	宋祖英	女	29～38	原来我自己可以决定很多事情	3	1	0.22	0.78
7	倪萍	女	36～45	我尝到了生活真实的一面	7	1	0.33	0.67
8	杨澜	女	27～36	我现在不那么慌了	6	1	0.5	0.5
9	许戈辉	女	不详	我学会了示弱	8	2	1	1.5
10	孟庭苇	女	26～35	我那种不食人间烟火的姿态没有了	10	2	1	1

"春晚主角,十年沉浮"专题中,每人相关文字报道很少,主要是进行图片报道,从第42页到第61页,总共20个页码,在开篇以照片为开始,三

分之二版面的专题导言开始具体的人物报道,并以当年的评选单和部分娱乐界人物行踪及1995年春节联欢晚会节目评选的金银铜三种奖项的评选结果作为结束,在整体上形成了一个完整的闭合单元。对比本期《时尚健康》的总体228的页码量,10％的专题版面不会对其他的栏目和版块造成太大的冲击,能够保持期刊在整体上的稳定性。

专题与本期刊编辑思想的融合程度是在对期刊的专题进行评价时很重要的一个方面。期刊本身的编辑思想和期刊的专题应和谐统一,在对期刊专题进行设计时就必须对专题编辑思想进行调整,甚至在专题编辑思想的调整之外,还要在期刊导读或者专题的导语上进行技术处理,使得专题能够融入期刊中。在本专题的报道中,开篇的总括性的导语就起到了引导的作用,在报道内容之外,报道人物的话语凝缩也很能代表目前《时尚健康》读者群的生活状况,如"看多了,透了,自然会乐天"和"十年前,我寂寞的穿着范思哲""原来我自己可以决定很多事情"类似话语,能够和《时尚健康》编辑思想中的时尚风格结合,也能代表一部分期刊读者的心态,各种人物的或得意或平静的话语也更能以人生体验的语境来触发读者感悟,激发读者共鸣。

以上从期刊专题读者预期、专题文字篇幅和版面容量、专题和期刊编辑思想融合等几个角度来对期刊专题必须注意的问题进行了解释,而如果将该专题与其他期刊的类似专题进行对比,《春晚主角,十年沉浮》专题在制作上就本质而言是一种视角的转化,将其他期刊专题上常见的对春晚顶礼膜拜或者简单批评的通常做法抛弃,从春晚节目参加者的角度选择期刊读者熟知的人员,以他们十年间的春晚经历来吸引读者,但用时间段概念来贯穿"春晚主角"的"沉浮",十年间人物变迁所能给读者带来的感觉,能直接提升期刊的文化品位和期刊在读者心目中的文化含量。

在具体期刊专题操作中,还有很多不同的因素都会对期刊专题设计产生影响。但需要指出的是,期刊是一个多种要素构成的整体,部分的集合是整体,组成部分过于发达,也会对整体造成影响。期刊的专题在具体的操作上也必须时时刻刻放在期刊内容的环境中,不能脱离开期刊的环境来为专题而专题。

二、从郑和航海纪念专题看专题操作

2005年是郑和航海600周年,郑和航海是中国"和平崛起"的一个最好的例证,因此纪念活动层次丰富。具体在期刊上,《中国国家地理》《华夏人文地理》《文明》《中国科学探险》《中华遗产》等都进行了相关的或大或小的专题报道,表8-3为具体专题一些数据统计。

表8-3　郑和航海600周年纪念相关专题数据

刊期	期刊	专题	副标题	专题内容	相关报道	专题页码	期刊页码
2004 (11)	文明	沉没的丝绸之路	破译失落的海洋文明之谜	历史篇:石破天惊的发现 现代篇:捡拾被遗忘的丝瓷	文明月谈:蔚蓝色的文明、海上丝绸之路 幕后故事:郑和看着,我走完了全程	30	152
2005 (1)	华夏人文地理	崛起中国海	纪念郑和下西洋600周年	妈祖的海洋崇拜 中国造船的激情岁月 拦截凤凰号 北洋水师 考证郑和祖籍 水下考古中国海 古城泉州	卷首语:面向大海 专家论坛:海洋也是国土	63	152

续表

刊期	期刊	专题	副标题	专题内容	相关报道	专题页码	期刊页码
2005（1）	中华遗产	郑和的海上奇迹	无	1405，郑和下西洋 郑和的南亚遗痕 万里追踪三宝路	无	40	144
2005（4）	中国国家地理	郑和：远航于地理大发现前夕	无	远航于地理大发现前夕 郑和宝船有多大 二千料海船是郑和船队的主力	视点：中国人下大洋	20	152
2005（7）	华夏人文地理	再下西洋	寻找郑和与中国的海权时代	郑和下西洋	巨舰之谜：郑和一号宝船考 追随郑和再下西洋摄影展 卷首语：什么样的人物能够指挥世上最大的舰队	42	164
2005（8）	中国科学探险	1421：中国发现世界	无	中国人最早绘制欧洲航海家所用地图	无	14	160

这些期刊专题刊登主体时间集中于2005年上半年，这和国家整体宣

传时段是一致的。在时间段的选择上,郑和航海600周年纪念成为国家媒体宣传的重点,在郑和航海本身的意义之外,更重要的是作为中国和平崛起的例证,中国即使强大也不会对世界和平造成威胁,西方甚嚣尘上的"中国威胁论"在正面批驳不易奏效的情况下,选择我国古代情况来比较,郑和航海符合国力强大也与他国、世界和平共处的主旨,同时600周年纪念能为现代中国的复兴奠定好舆论基础。

《华夏人文地理》一共做了两期专题报道,如图8-3所示,一月号是"崛起中国海,纪念郑和下西洋600周年"是最为全面的专题报道,这个时期在全国范围内还没有形成对郑和航海纪念的广泛和深入展开。而当郑和航海成为中国"和平崛起"的最佳例证之后,全国的媒体形成了报道高潮。在这种情况下,《华夏人文地理》继续推出的报道就必须有所突破,但由于在"崛起中国海"专题已经相当全面和深入,再进行同题材的报道就存在难度。由于版权合作,《华夏人文地理》能够刊登美国《国家地理》的特稿,因此特稿就成为期刊的新的报道点。

图8-3 《华夏人文地理》专题报道封面

在题材范围的选择上,这几个专题也是各自有所侧重。从不同专题在刊登期刊上页码占期刊的页码量上直接有所体现道,如图8-4所示:"沉没的丝绸之路:破译失落的海洋文明之谜"把郑和航海放在海洋文明的框架内分析报道;"崛起中国海:纪念郑和下西洋600周年"是从海上贸易、海权等角度进行全方位的分析报道;"郑和:远航于地理大发现前夕"是在对郑和航海路线、影响、造船技术的角度的报道;"再下西洋:寻找郑和与中国的海权时代"则是美国《国家地理》的特稿编译是对郑和宝船角度报道;"1421:中国发现世界"是对孟席斯公布的郑和发现美洲的学说进行说明,而《中华遗产》的郑和的海上奇迹等三篇并列报道组成的专题以央视电视专题片为纲,系统全面地追踪郑和路线。这些报道内容的侧重点在和期刊自身的编辑思想结合之外,也在对其他期刊的同类报道进行回避。

图8-4　不同期刊对同个专题不同侧重的展现

　　在期刊专题的角度选择上,郑和航海纪念是全国舆论引导的下进行的报道,和平崛起成为郑和航海纪念专题的主线,其至会直接在专题题目上以"崛起中国海""郑和的海上奇迹"这样的说法予以着重指出。但在不同的专题制作中,是对辉煌历史的怀念,还是对未来中国的展望,在于体现角度的不同。

三、期刊专题操作模式分析

　　对于期刊专题的操作模式,虽然我们在期刊出版中试图将其以重要时段、题材范围、角度选择这三个大的方面加以认知,这三个方面也的确是紧密联系和相互作用的,但在具体期刊的专题操作中,还必须注意,期刊的种类不同，以及期刊编辑思想和风格的不同也会在期刊专题中反映出来，在对期刊专题模式进行简单总结的同时，不能对所有期刊专题采用同样模式。因此，期刊专题操作，必须是在具体环境中综合考虑期刊专题内容的时间段、题材范围和加工角度几个方面。

在具体进行期刊专题操作时，下面的几个因素必须注意：

（一）专题自身文化内涵与期刊编辑思想统一

期刊专题作为期刊提高可读性和提升自身形象的重要手段，首先要注意的问题是专题自身文化内涵与期刊编辑思想的统一。如果出现专题文化内涵与期刊背离，那么这样的专题操作就丧失了可行性。如上文列举的"春晚主角，十年沉浮"专题，选择十位上过春晚的娱乐人士的十年发展，以"沉浮"来唤起期刊读者的文化关怀，符合《时尚健康》期刊的编辑思想和读者群休，但如果不从这个角度挖掘，而试图让以时尚人士为主体的读者来对春晚进行关注，会造成严重的背离。

（二）专题选题内容定位准确

专题的选题内容是期刊专题操作的重要因素。在媒体竞争时代，缺乏的不是信息，而是刘信息的挖掘。专题的选题内容更大程度上是对选题的挖掘，将大家都了解的事件进行深入的剖析，从中挖掘出能够与期刊定位和编辑思想契合，能够满足期刊读者阅读趣味和欣赏水平的角度，才是适合期刊的专题内容。

（三）专题内容与期刊读者联系

对期刊专题所进行的设计，专题的文化内涵与专题内容挖掘本质来说，都是为了实现内容对读者的满足。专题内容必须能够与期刊读者紧密联系，这种联系可以是专题内容与期刊读者的直接相对应，也可以是专题内容经过挖掘和整理后与期刊读者的潜在心理相符合。

如上文所述，和罗大佑相关的专辑，从《中国青年》的读者的年龄层来看，罗大佑比主体读者早了一个时代，这样的反差使得专题很难深入；"春晚"专题中，则是在人物的性别、年龄等各个角度进行延伸，最终形成的情况是所报道的十个人物中，性别平均，但年龄层从上限到下限完全涵盖《时尚健康》读者的年龄层，并且人物所擅长的歌曲、小品、舞蹈、主持等职业要素也在迎合读者的审美水平。这样的专题就建立了与读者的紧密联系。

（四）专题内容预期表现形式

专题内容的预期表现形式是期刊专题从理念到实现的视觉表现，好的专题设计也必须有相应的期刊表现形式，专题的报道内容、报道篇幅、图片选择、报道方式等都必须放在期刊的真实环境下进行模拟，不能设计远超出期刊表现能力的专题，但也不能落后于期刊整体的制作水平。

（五）专题内容的相关支持

专题内容的相关支持涵盖了专题的辅助性报道等内容，这是结合期刊稿件加工中整体协调的思路。期刊专题的出现本身就是对期刊正常内容的挤压，因此，专题在期刊的内容构成上，最佳的形式应该是与前后内容都有过渡和衔接，使得专题能够融入到期刊中去。

四、期刊专题的设计

（一）同类期刊同类型专题的设计

在同类期刊对于同一个专题的设计上，我们可以来看这样的例子，比如我们把"盐"这个生活中通常不会被注意到的调味品的相关报道作为一个新的期刊专题考察点进行统计分析，如表8-4所示。

表8-4　"盐"专题数据统计

期刊	刊期	期刊页码	所在页码	标题	内容	与期刊关系
中国国家地理	2003（9）	192	114-121	自贡：盐井与恐龙造就的历史名城	盐井，1001处深处的昨天；盐是这样炼成的	四川专辑"上帝为什么造四川"中"城市"部分自贡介绍

期刊	刊期	期刊页码	所在页码	标题	内容	与期刊关系
中国科学探险	2004（2）	152	128-138	探访蜀中井盐	天赐矿源、世纪老井、世代盐工、盐井上崛起的都市、超于写实的神话	期刊专题
华夏人文地理	2004（8）	146	52-81	盐，国之大宝	自贡盐生产历史回顾，盐城（运城盐池），藏北驮盐（原川康地区盐的运输），盐湾唱晚（池盐生产衰落）	期刊专题
中国国家地理	2005（1）	148	100-110	百味咸为先	盐的开采、盐的用途、盐的意义等	新年专辑"舌尖上的秧歌"中"咸的追逐"部分

可以从这些"小专题"来看，不考虑照片所占用的篇幅，"盐"作为一个小的切入角度，在期刊上也可以做大，也可以只是其他期刊专题的一个小的组成部分。其中的度的把握在于期刊编辑人员对所编辑内容的了解。

（二）不同类期刊同内容专题设计

期刊专题大量出现，在给读者提供深度、全面的内容的同时，也给期刊的专题设计提出了更高的要求。

期刊一方面能够在选题上选择符合本刊理念和编辑思想的内容进行专题设计，另一方面也可以通过选题加工角度，将不完全符合期刊理念和编辑思想的内容进行转化。前者的专题设计是同类期刊在内容上为吸引读者进行的直接竞争，而不同类期刊之间进行的同类型专题在吸引读者上进行的竞争，比同类期刊同类型专题的竞争更为激烈。

如2005年5月和8月，分别是世界反法西斯战争胜利60周年纪念和中国抗日战争胜利60周年纪念。这两场给受害国带来深重灾难的战争在世界范围内影响巨大,当代世界政治格局奠定也正是以此为基础的。在60周年纪念中,当代世界多极格局的政治因素也在此反映。因此各种媒体纷纷将此作为重要内容,具体在期刊上,军事类期刊将其作为重要内容,军事期刊在当期将世界反法西斯战争胜利60周年纪念专题和中国抗日战争胜利60周年进行了很好的组织和设计。

在当时社会热点的驱动下,非军事类期刊也进行了报道。如《中国科学探险》和《华夏人文地理》都刊登了抗日战争胜利60周年的期刊专题,相比于军事类期刊报道偏向于专业的描述,这种带有科普性质和人文气息浓厚的期刊的报道在行文风格和阅读上显然更加容易让读者接受,并且专题中以图片作为内容的重要组成的做法也使得报道更为精彩。从专题可读性而言,非军事类期刊选择的专题设计方式通常比军事期刊专题更能吸引读者。

还可以参考这样的专题设计,《新世纪周刊》在纪念活动中也进行了两期专题报道,报道情况见表8-5。

表8-5 《新世纪周刊》抗战相关专题数据统计

刊期	专题	组合报道	页码量	总页码
2005(5)	电影中的"二战"启示录——纪念反法西斯战争胜利60周年特辑	浴血换回的和平不能被忘却	2	48
		反思战争,勿忘和平	2	
		说"二战",聊电影	3	
		亚洲制造:铭记战争才能维护和平	2	
		美洲制造:美国大兵的侠骨柔情	3	
		亚洲及太平洋"二战"电影地图	2	
		欧洲制造:平民欧洲,火线下的勇气	3.3	
		联合制造:共同铭记与反思	0.7	
		欧洲"二战"电影地图	2	
		"二战"电影音乐:弥漫硝烟的旋律	1	

续表

刊期	专题	组合报道	页码量	总页码
2005（7）	勇敢者的游击战——纪念抗日战争胜利60周年特辑	勇敢者的游击战	2	48
		战斗在铁道线上	4	
		地雷战与麻雀战	2	
		白洋淀上的雁翎队	3	
		创建敌后抗日根据地示意图	1	
		神秘冉庄地道战	2	
		《地道战》与冉庄	2	
		艺术升华的游击队员	1	

很明显，在纪念世界反法西斯战争和抗日战争胜利60周年的专题，严肃性是很重要的一个特征，在军事期刊上，如"国际展望"，前后通过四期进行了报道，在抗日战争部分，"血战台儿庄"和"战长沙"两期做的尤为深刻和严肃；但从专题的可读性而言，《新世纪周刊》两期专题，专题设计的视角却是另辟蹊径，在正视历史事实的基础上，选择了"电影中的战争"这样一个特殊的视角进行专题的设计来表现沉重内容，而现代读者阅读的显著特征是速读和快餐阅读，相对轻松的专题设计能够贴近读者兴趣，使得战争纪念的沉重选题最终能够以相对轻松、亲和的面孔来为读者所接受。不同类型期刊的专题设计对期刊间竞争的冲击是显而易见的。

第三节　期刊专题化

一、期刊的专题、专辑、特辑

期刊的专题、特辑和特辑是使用比较混乱的三个词汇，在某种程度上甚至被混用，以下对这几个词汇进行简单的说明。

（一）期刊专题

在期刊中，如果单篇的报道文章篇幅庞大，或者几个单篇的、内容相近或者思想倾向相同的文章构成了一个完整报道，能对某个问题进行明确、深入的解答，这种报道在页码量上，必然要跨越栏目，甚至会跨越版块的页码量。这种重点单篇文章或者几篇文章的组合，可以称为是期刊专题。

期刊扩大版面、扩大开本、选择期刊印刷用纸等举措都是为了直接扩大期刊能够承载的信息量，期刊信息量增大的同时，也面临期刊内容分类的条理化。期刊内容在组成上必须有其内在编辑逻辑作为支撑，稿件在期刊内的位置应该是最优化，不可更改的。从期刊内容构成来看，不同的稿件之间既存在独立性，也存在逻辑上的关联性，期刊作为稿件集合而存在。在期刊的内在逻辑上，相似的文章集合成为期刊栏目；比较大的栏目，或者是比较接近、相似的栏目组合成为期刊的版块。栏目和版块以文章集合体的形式容纳不同篇幅的稿件。但期刊稿件在整体上表现期刊编辑思想之外，稿件之间的逻辑关系较为松散，联系不够紧密，不能集中和有深度的来对期刊某一主题进行深入和详尽说明。

因此，在期刊栏目和版块之外，现代期刊上经常随着某些重要事件（相对于社会或者相对于期刊自身）的发生，着力组织一些稿件围绕这些重要事件或主题来向读者进行信息宣传。围绕具体主题所组织的大型化期刊选题操作，可以称为期刊专题。

期刊专题在期刊上跨度很大，版面空间占用也较多，往往会占据期刊一个栏目甚至一个版块以上的版面，但期刊专题不是简单的扩大栏目或版块，在内容上的全面性和深入性使得期刊专题具备相对独立性，通常以期刊专题的名称进行界定。期刊专题报道方向超出正常的期刊栏目设置，并且也占据大量版面空间来对具体内容进行深入报道，从而使得所试图论述的主题能得到深入的挖掘和整理，让读者得到深刻印象，接受期刊观点或受期刊内容影响。

（二）期刊专辑

期刊以专题形式来集中报道专门信息，对信息进行大规模和深度报道，这种专门化内容和期刊其他内容可能存在版面空间的相互影响，但还能使期刊其他内容得到保持，留有相对的版面空间，期刊专题和其他内容存在着一定的编辑思想上的协调。

但期刊专题专门化的内容往往存在着扩大的趋势，期刊专题在不断深化的情况下，会出现期刊以专题内容不断扩大和深化以求保证专题质量，客观上期刊专题篇幅处于一种无限增加的情况。但在同一本期刊，版面有限，专题本身已经挤占了期刊部分内容版面，期刊专题的持续扩大会严重影响期刊其他内容，使得整本期刊只能为非专题内容留有很少的版面空间，这种情况可称之为期刊专辑。

期刊专辑以比通常期刊专题更为大量的版面对某一主题进行全面和深入报道，如果从专题和专辑的页码量占期刊整体页码量比例来看，期刊专题页码量是在30％左右。而期刊专辑页码量是在50％左右。期刊的专辑可视之为扩大化的期刊专题。进行专题和专辑区分，在于期刊上出现期刊专题的情况时，期刊专题冲击了期刊其他栏目和版块的内容，但从整体上而言，期刊还保留了多篇不同性质文章汇合的"杂志"的形态。而对于期刊专辑，则是对同一主题的报道内容过于庞大，已经影响到了期刊上其他栏目和版块等期刊内容的正常存在，整个期刊从内容构成上偏向于同一内容的集中报道。

（三）期刊特辑

期刊特辑和期刊专题、专辑直接相关。

期刊特辑是期刊围绕某一主题，使用全部的版面对其进行全面和深入报道，整本期刊不会出现通常期刊的其他内容。整本期刊用全部的篇幅进行专门的某一内容的报道的期刊形式为期刊特辑。

在内容上，期刊特辑也是以多篇文章围绕同一期刊主题展开，对该主题进行多角度、全方位的深度挖掘和报道。但在期刊特辑上，只会出现和主题相关的内容,完全摒弃了其他期刊内容的特殊期刊形态。

期刊出版中往往会遇到一些突发事件或重要内容需要着力报道,而这种报道所需的版面空间对期刊正常栏目和版块会造成重大冲击,严重影响期刊其他正常内容呈现。因此,期刊会选择以"增刊"或者"赠刊"等附加形式,对这些内容进行单独编辑加工和印刷呈现,与正常序列期刊同时发行,增刊可以单独收费,赠刊则为免费。这种做法,不会使期刊正常的内容受到太大影响。

如果期刊不采取"赠刊"或"赠刊"的形式,还试图以正常出版序列来容纳这些需要大版面着力报道的内容,这些内容的版面空间、图文体量将会严重挤压其他内容,会产生期刊特辑这一形式。期刊特辑作为一个名称或现象,还从属于正常的期刊出版,但含有特辑的期刊,在特定内容上深度和重要性极度彰显,但在特辑的内容之外,其他内容大为消减,正常的栏目和版块基本清零。

但在具体期刊出版中,经常出现的情况是把期刊专辑与期刊特辑二者名称混用的情况,在对期刊特辑和期刊专辑的定义和实践进行辨析和举例之外,不对二者进行过多学术上的研究,在大的逻辑关系上把期刊的专题、特辑、专辑这种部分期刊报道文章超常规的全面和深化的情况,统一在期刊专题化范畴内进行研究。在本书中,将期刊专题、专辑、特辑这样的期刊内容形式,统称为期刊专题化。

二、期刊专题化的表现

期刊专题化在定义上以期刊专题、专辑、特辑名称出现,在具体操作上,大量期刊都会采用专门报道形式进行特殊题材报道,这里选择《中国国家地理》和《文明》都进行过的景德镇瓷器这一内容作为期刊专题化的研究点(见图8-5)。同样内容,在《文明》中以单篇稿件形式出现,处于期刊栏目的地位,但在《中国国家地理》,单篇报道扩充到专题的篇幅,见表8-6。从这两种期刊中该内容的稿件构成、稿件性质、版面空间等角度首先进行数据上的分析。

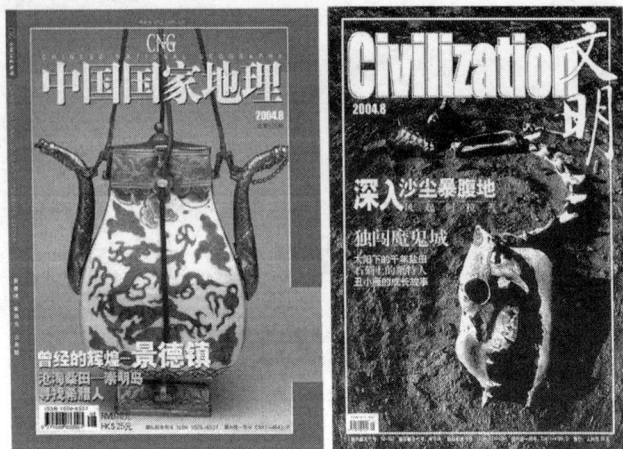

图8-5 《中国国家地理》《文明》报道景德镇瓷器的期刊封面

表8-6 瓷器专题统计数据比较

期刊	专题	专题文章构成	文章性质	页码
中国国家地理	景德镇：辉煌的瓷器时代	China——景德镇	卷首语	1
		封面选择	编读往来	0.5
		感受景德镇千年辉煌	编读往来	0.5
		景德镇 曾经的辉煌	图片报道	2
		创新是景德镇的生命	瓷器史、瓷器概况	1
		谁来拯救景德镇	景德镇概况、危机	2
		聆听昌江千年诉说	景德镇历史沿革	10
		瓷器的根脉 高岭土	瓷器的物质组成元素	4
		品味湖田 景德镇民窑精华考古记	景德镇民窑烧造	8
		洞穿景德镇明清御窑	景德镇官窑烧造	6
		八百年血脉相融 故宫与景德镇	故宫景德镇瓷器使用收藏	4

续表

期刊	专题	专题文章构成	文章性质	页码
中国国家地理	景德镇：辉煌的瓷器时代	与时间共舞：景德镇传统制瓷技艺	景德镇传统制瓷工艺流程	12
		风靡世界清花瓷的魅力	清花瓷的工艺及市场	10
		景德镇的黄金时代	景德镇光辉历史	6
文明	寻找景德镇	联页图片（窑工）	窑工在瓷胎上彩绘	2
		联页图片（窑工）	窑工制胎	2
		昌江寂寞（照片、文章）	景德镇衰落	2
		移民之城（照片、文章）	移民（制瓷工）历史	4
		世家兴衰	制瓷世家衰落	2
		以假乱真	制瓷作坊的仿古生产	4
		未来变数	景德镇危机、希望	2
		在景德镇过日子	记者后记	1

表8-6表现了在2004年8月号《中国国家地理》中，"景德镇：辉煌的瓷器时代"专题内容，篇幅占据了一半以上的版面空间，而2004年8月号《文明》中，"寻找景德镇"专题内容共18个页码，并在这些版面中，图片占用版面数量还在一半以上。从完全的版面来计算，两者之间的版面差别是4倍，当期《中国国家地理》共144个页码，《文明》共152个页码，从专题报道的篇幅数量在期刊上占有的比率上来看，专题和专辑在期刊上的表现形式通过文章同期刊总页码的比较可以得到最直接的体现。

还可以选择其他的特辑进行比较，每年的元旦和春节，各大期刊往往推出专辑，重大节庆期间推出的专辑通常会对全年办刊情况进行汇总和总结，并对下一年办刊设想情况进行信息上的披露，或者推出在这个节庆期间期刊认为读者感兴趣的内容。

《中国国家地理》2004年和2005年两年的春节期间，相继推出两期与饮食相关专辑，如图8-6、表8-7所示。

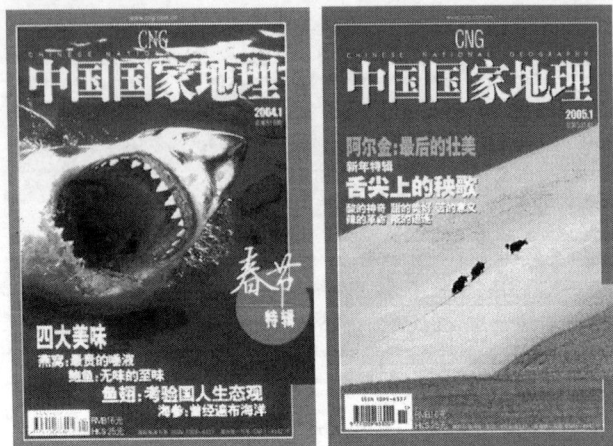

图8-6 《中国国家地理》2004年和2005年的饮食相关专辑封面

表8-7 《中国国家地理》春节专辑数据统计

刊期	特辑	构成栏目	文章	页码
2004/1	中国的四大美味	卷首语	中国鲍鱼与法国蜗牛	1
		封面选择	略	0.5
		导读	中国四大美味	2
		燕窝	燕窝神话	17
			背景知识:中华古今燕谱谈	1
		鲍鱼	鲍鱼:美食、富贵与权力(含拉页)	19
			背景知识:八珍、鲍鱼的美味、中国餐饮文化、世界鲍的地理分布	3
		海参	海参:海底古老的搬运工	10
		鱼翅	鱼翅:鲨鱼的痛	16
			视点:吃翅还是反翅? 一个凸现的生态问题	8
2005/1	舌尖上的秧歌	卷首语	文明嗅着味道前行	1
		封面选择	略	0.5
		视点	鲜味化的大众口味	1
		酸	酸味:不可思议的妙用	12
			背景知识:味蕾 味觉 五味	1

刊期	特辑	构成栏目	文章	页码
2005/1	舌尖上的秧歌	甜	甜的美好隐语	9
		苦	舌尖上的苦旅(含拉页)	14
		辣	生活在辣椒时代	14
			背景知识:辣,不是味儿	1
			背景知识:关于辣椒	1
		咸	百味咸为先	12

2005年的特辑中的味觉内容和2004年特辑中的美味内容,都是在为春节期间阅读进行的预测,"吃"是中国文化的一个重要内容,尤其是在春节期间,吃的内容最为突出,在这样的时间段内编辑这样的专辑,能够给读者提供好的服务之外,更多的是对读者进行观念上的引导。

二、期刊专题化产生的根源及利弊

(一)期刊专题化产生的根源

随着时代的发展,社会信息极度膨胀,反映在媒体上就是使得各种媒体都试图承载海量信息,媒体都有膨胀化的趋势。期刊不断扩充自身版面,开本选择也在趋向于大开本,由月刊改半月刊,母刊衍生子刊,选择更轻薄的印刷用纸以变相增加页码等都是期刊为了承载更多信息,增强市场竞争力的举措。

但在增加承载的信息之外,期刊也面临增加的这些内容是否能够得到读者认可的问题,读者对信息数量的需求容易满足,但读者对信息质量的需求往往很难同步得到满足。

因此在形式上改进之外,期刊也在探寻内容上的改进,期刊专题、专辑、特辑等期刊专题化的形式的出现是和期刊内容改进相关的举措。期刊以专题化的形式探索期刊形式的发展,也加深内容上的精耕细作,增加内容的深度,扩大内容的广度,以期实现对读者深度阅读的满足和应对其他期刊和媒体的内容竞争。

(二)专题化对期刊的有利影响

1."内容为王"思路的贯彻

同期刊的专题化一样,期刊的专辑化对期刊能产生两方面的作用,一方面期刊的专辑这样专门的内容能够让期刊的信息量加大加深,吸引读者更为深入持久的阅读兴趣,在现代出版"内容为王"的思路上,期刊专题化对读者是一个很好的满足。

2. 期刊形式的新的探索

期刊专题化的倾向,是期刊在内容上尝试向深度挖掘的一种做法,长期以来对期刊的看法认为期刊应该是"杂",以多种内容的聚合来整体汇集成期刊,但期刊在深度上优于报纸得到公认后,在信息的深度上劣于书籍也是共识。期刊专题化能够改变这一状况,是期刊形式的新的探索。

(三)专题化对期刊的不利影响

1."杂志不杂"局面的出现

期刊专题化挤占了的期刊正常栏目空间,也让期刊产生书籍化的倾向,在吸引部分读者的阅读兴趣,满足读者的阅读深度的同时,大量普通信息上的缺失也在让部分读者兴趣衰减,期刊的专门书籍化的倾向的出现,背离了期刊的特征。

2.高质量专题难以为继

期刊专题化的制作需要大量的人力和物力投入,并且还存在着所制作专题得不到读者认可的情况。同样,高质量的期刊专题也很难一直持续,在后续专题质量不稳定的情况下,读者会认为期刊质量下降,不利于期刊品牌的持续建设。

制作期刊专题,相对于常态的期刊,专题信息的深度挖掘和广度扩大都需要更多的资金和人力的投入,将期刊专题长期化和日常化的倾向,将会增加期刊运作成本,压缩期刊利润。同时,期刊专题上的加大投入在客观上必然影响对期刊其他内容的投入,会对期刊的其他内容产生不利影响。

期刊策划操作篇

　　本篇为期刊策划操作篇,分为期刊策划操作实例、期刊策划操作延伸两章,从列举具体的期刊策划操作相关知识出发和流程展示出发,别对期刊进行了较为全面的策划展现,将期刊策划从市场分析、内容规划、整体设计、分步骤实施予以展示,为读者提供期刊策划的一个可参考案例,并对全书进行总结。

第九章　期刊策划操作实例

期刊最为重要的是内容,在前文期刊内容知识篇中,以递进的方式,分别从文本结构、内容选择及内容扩充几个方面进行了内容策划的大量案例展示和分析,本章将分别展示具体的内容策划及期刊创刊策划案例。

在本书之前的举例中,虽然以特殊内容居多,但就在期刊日常出版中,还是常态化内容居多,因此,在展示期刊策划操作实例时,所选用的策划内容为常态化内容,本章选用两个案例分别为"梦"和"手表",分别从主题为常态化内容角度和创刊策划角度予以演示。

第一节　期刊常态化内容策划

我们选择"梦"这个内容进行分析,梦作为一种生理现象,司空见惯,从中国传统的"周公解梦"到弗洛伊德的"梦的解析",不管是从科学角度,还是从民俗等角度,都存在着对梦进行详细阐述的可能性,如大量期刊中已经出现的"释梦""解梦"等小文章、测试等内容,不仅如此,将"梦"作为一个比较重大的选题,使其在期刊上不再是一个无足轻重的补白地位,在医学类、心理卫生类、保健类期刊存在将此内容列为选题之外,其他期刊也存在这样的选题操作。

一、《东方杂志》的"新年的梦想"与《读者》的"旧梦与心说"选题

1933年,胡愈之在其主编的《东方杂志》上,以"新年的梦想"为题,发表了160多位各界知名人士和普通读者梦想"未来的中国"和"未来的个人生活"的应征稿。考察1933年的社会环境,在当时军阀混战、外敌入侵、民生凋敝的情况下,做梦不是轻松的事情。由于梦是大脑在清醒期间存贮信息,在睡眠阶段大脑皮层松弛时候无意识的自我剪辑和整理,因此梦往往是以无意识的形式来表现现实生活的内容。在当时社会环境下,与其说是"梦",更不如说是"梦想",换言之,编辑组织这样的选题不在于真正来征集"梦"或"梦想"的内容,而是对未来生活的"梦"语言"展望",供稿者所描述的"梦想",在更大程度上是对当时社会现实不认可的一种曲折反映。

而在1993年,《读者》组织了以"旧梦与新说"为题目的文章,选择当年供稿者中尚健在的名人,以"重新做梦"的文字对比形式,将前后60年的"梦境"进行对比,在这篇文章的导语中,《读者》刊登:

> "60年前,胡愈之老先生在其主编的《东方杂志》上,以"新年的梦想"为题,发表了160多位各界知名人士和普通读者梦想"未来的中国"和"未来的个人生活"的应征稿。一个甲子过去了,当年参加这一征稿活动的前辈大多已作古。今天,几位尚健在的老人应《文汇报》之邀,回溯60年来的世纪之变,总结60年来的人生体验,再次写下感怀和勉励的文章。
>
> ……
>
> 周谷城(96岁)
>
> 我为何梦着抽水马桶……

我梦想中的未来中国首要之条件便是：人人能有机会坐在抽水马桶上大便。

我梦想着：此后我真能不再作什么梦想了。

1993 年 1 月

60 年前作《新年的梦想》时，我只有三十几岁，是暨南大学教授，年轻气盛总想标新立异，不想讲吃饭穿衣之类，人云亦云。让知识分子有地方住的梦想杜甫早在茅屋歌中讲过了。"我梦想中的未来中国首要之条件便是：人人能有机会坐在抽水马桶上大便。"其实这是当时我愤世的疾呼，是受社会压迫的呐喊！我从小生活在湖南农村，所谓厕所根本就没有听说过，种田人就在茅草屋旁搭一个篷子解手，或者就根本"敞向大自然"，要如何"方便"就如何"方便"！后来我到上海教书，住在老靶子路一个叫"三德里"的弄堂里一间极小的"亭子间"里，我实在不能适应上海居民的"传统"：放一只木桶在房子里的过道上，用块布帘子遮一下，或者就在房间里放只木桶，大小便很随便，不文明更不卫生。为什么？因为太穷，饭都没有吃，怎能想到厕所间抽水马桶！那时有抽水马桶的人家是极少的，犹如今日之有空调机，只有在英、法、日、美租界里的洋房子里才有。富人要吃饭，穷人当然也要吃饭；富人要上厕所，当然穷人也要上厕所，应该是平等的，但那个社会里千千万万百姓在水深火热的生死线上挣扎，还要遭受帝国主义者和反动统治者的残酷迫害，哪里有关心人民生活疾苦的政府？哪里有为广大人民搞"物质文明建设"和"精神文明建设"的政府？我一个三十来岁的穷教书匠，除了冷嘲一声当时的社会之外，还能梦想什么？

今天我把六十年前"中国人人都能在抽水马桶上大便"的梦想讲给家人听，家人都笑得前俯后仰，只可惜六十年过去了，梦想并未实现,就是中国第一大城市上海也还没有完全消灭木马桶。现在看来这个梦想还有意义,时代变了,社会变了,以经济建设为中心的中国一定会在物质文明和精神文明两个建设中有巨大的成就,因为今日之中国是在中国共产党领导之下,走在社会主义道路上的伟大的中国,我的梦想可以实现。

1993 年 1 月 17 日于上海

陈翰笙(96 岁)

我为独立自主的新中国骄傲

对于未来的中国……,我以为只有三种可能局面。一是完全沦为帝国主义的殖民地;二是沿海各地变成属地或共管区域,而内地却还能独立,不受帝国主义支配;三是中国完全能独立……。帝国主义因此寿终正寝。但我只希望第三种局面快快成功。

假使梦想就是希望,我总希望着我个人的工作能助长人类的进化;而我个人的生活不违反这种工作的志趣。

1933 年 1 月

我当时讲的中国有三种可能的局面,那都是假设,准确地说,是心存希望,还不能算是梦想。后来,第三种可能性得以实现,中国成了一个独立自主的国家,骄傲地屹立于世界各国之林中。

当然,到香港澳门归还祖国,大陆台湾统一之时,整个局面就更辉煌,无丝毫遗憾之处,我希望能看到这个局面的实现。

1993 年 1 月 15 日于北京

以亲身经历来对比中国两个时期的落后与先进、愚昧与文明等各个方面,这样以老人口吻诉说的文字显然比单纯的政治口号式的宣传具有更好的效果。

二．2004 年《新周刊》"我梦见"的选题

2004 年 1 月 1 日《新周刊》,也以"我梦见"为选题,制作了策划。具体见图 9-1、表 9-1。

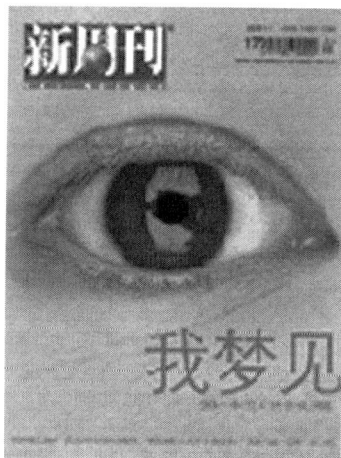

图 9-1 《新周刊》选题"我梦见"

表 9-1 《新周刊》"我梦见"梦境调查统计表

序号	姓名	性别	简介	位置	话语
1	王媛媛	女	北京舞蹈编导	北京	梦见儿子掉到电梯里,夹到手指头了
2	邓箭今	男	画家	广州	我不是达利
3	秦娜	女	北京协和医院护士	北京	梦见到处都一个人没有,很伤心
4	韦余涛	男	IT 人兼 SOHU 一族	北京	又看到父亲回来了,跟我们在一起
5	李平	女	系统集成企业高级雇员	广州	四周一个人都没有,很蓝很蓝的海

序号	姓名	性别	简介	位置	话语
6	潘月屏	女	英国总领事馆文教处公共关系主管	北京	梦见跟同事们在一个地下室玩
7	大谷纯子	女	日本化妆师	北京	有一次在梦中出现了一个葬礼
8	马斌等	略	中央视经济频道资讯室主持人	北京	生活已经很好了,跟做梦差不多
9	成斌	男	打工,拉面店送外卖	广州	做梦买彩票,中了500万,我去领奖,人家告诉我说是假的
10	杨珊娜花绍峰	略	夫妻、银行职员、海关公务员	上海	想做就去做吧
11	Denny	男	美国人,待业	不详	天上有两个太阳照耀着我
12	金文京	女	东方电视台节目编导	上海	没有恐惧,只有茫然
13	小芳	女	俱乐部DJ	广州	梦到大蛇缠身
14	关琦	女	新丝路模特,53界"世界小姐"季军	不详	有一只大灰狼,对我说……
15	赵丹虹	女	顶层画廊主持人	上海	一大团的波纹密密压过来
16	郭志大	男	退休工人	上海	开辆轿车,载着我老婆和女儿出去玩,就是我一直做的梦
17	林小乖	女	在读研究生,兼职门户网站	北京	做梦时会摸耳朵,可能是害怕耳环不见了吧
18	曹桦	男	某洋酒中国品牌大使	北京	苏格兰古堡的门总是关上了又自己会打开
19	王茂军	男	江苏籍民工,在京从事5年木工	北京	永远在梦里,跟妈妈在一起

序号	姓名	性别	简介	位置	话语
20	唐以文	女	公司职员	上海	幽灵在我身边漂浮,不过我不怕他们……
21	朱大可	男	文艺评论家,教授	上海	梦见我去非洲了
22	童伟音	男	某品牌服装业务经理	上海	我倒是偶尔发发白日梦
23	孙俪	女	演员	北京	我想象着它们都可以飞起来
24	朱芳琼	男	摇滚音乐人	北京	有职业追梦人,他们能进入人的梦境去追人
25	夏雨	男	演员	北京	梦见有两只鹦鹉,把我向两边扯
26	朱彧	男	广告创意总监	广州	发大水的梦,压抑得透不过气来
27	王志远	男	保安	北京	长大以后很少做快乐的梦了
28	张有待	男	北京音乐台DJ	北京	梦里头那树是可以动的
29	王东晟	男	商业插画师,作品M-zoneLOGO	北京	梦就是我内心的神灵
30.	郭春宁	男	广告公司副总裁,奥运会会徽设计者	北京	那些梦好像还有上下集似的
31	窦唯	男	音乐人	北京	现实生活中似乎并不那么痛苦,但在梦里头就会哭出来

就描述梦境者所在地进行分析,集中于北京、上海、广州三个城市,北京作为全国政治中心、文化中心,也是传媒中心之一;上海是经济中心、传媒中心;广州作为沿海经济开放城市,同时也是《新周刊》编辑部所在地。《新周刊》作为全国新锐杂志,而能够欣赏新锐思潮,并消费新锐思想的地方,只能是城市,而北京、上海、广州则正是中国城市代表,《新周刊》主要

销售也是在这三个城市实现,因此即使是在选择梦境描述者,也会主要从这三个城市进行选择。

从表格中,对梦境描述者性别进行分析,男性比女性略多的性别比例也是和《新周刊》读者性别分布相符合,从描述者职业进行判断,主要职业都相对集中于社会中层以上人员,如演员、经理等,这也同期刊主体读者相吻合。

但在描述者职业选择(结合经济能力)分析中,编辑分别选择了一名护士(北京,协和医院)、工人(退休、上海)、民工(江苏籍、北京木工)、保安(北京),这四人工作偏于属于低端行业,不是通常意义上社会所追逐的白领、明星等,但"我梦见"的选题特殊性也在于此。如果单纯完全比照期刊读者的年龄群、性别比、职业分布、收入等各个方面情况来选择,从理论上来讲,上述四人是很难出现于《新周刊》的读者群中。但在读者群整体的青年群体、高收入、高文化素质等角度,完全的符合上述读者群特征会出现梦境描述者过于集中特定群体,不能具备整体涵盖意义。因此护士、退休工、民工、保安的梦境选择也从一定程度上确保所选择梦境描述者群体具备了中国人整体面貌,比小众群体有更高可信性。

同样情况也发生在这四个人梦境描述中,如表9-2所示。

表9-2　梦境统计表

序号	姓名	性别	简介	位置	话语
3	秦娜	女	北京协和医院护士	北京	梦见到处都一个人没有,很伤心
16	郭志大	男	退休工人	上海	开辆轿车,载着我老婆和女儿出去玩,就是我一直做的梦
19	王茂军	男	江苏籍民工,在京从事5年木工	北京	永远在梦里,跟妈妈在一起

序号	姓名	性别	简介	位置	话语
27	王志远	男	保安	北京	长大以后很少做快乐的梦了

很显然，弱势群体或为孤独，或为朴素，或为追求亲情，或为梦境无力，对比于其他描述者想象力纷呈的梦境，显得朴素。

而新锐读者中，也必然存在对弱势群体关注的读者。在《新周刊》的导读中，则是用了这样的文字：

> 这是个性张扬的时代，《新周刊》有意对这些锐意表现自我的人与事进行记录，呈现其中的真实与记忆。继承2003年第一期的"闭上眼，许个愿"之后，我们在2004年开年推出这期收集梦的专题"我梦见"，延续此种特立独行的杂志行为。
>
> 值得注意的是，这个专题不是在做《梦的解析》的工作，它是一次前所未有的在一个杂志媒体上展示"梦"的报道。我们的媒体经常在报道生活报道变化，但却从未尝试从"梦"入手来凸显生活与人心底的潜意识与本能。这次便是一次前所未有的尝试，透过对中国人的梦的探究调查，来呈现"梦"所折射的社会现实……

三、常态化内容策划评析

期刊选题，能够进行各种宏观方面选题固然能够吸引到读者注意，但读者的兴趣不可能一直在这些宏大叙事方面上长期保持，期刊作为最为体现大众传播窄播化的媒体，应该更加注重满足读者的阅读深度，这样，本身可能是"小"的选题，在经过期刊编辑深入挖掘后，必然也是存在着"大"的意义，以小见大，以小搏大，这才是期刊小选题的真正意义。

普通人的日常生活不会发生轰轰烈烈的大事件,如果媒体一味以重大新闻、突发新闻来作为筛选播报信息的标准,会迅速让读者产生审美疲劳。普通读者在对周围世界的好奇心满足之后,更关心的反而是和切身生活相关的事情。这点在现代电视节目中,民生类节目大行其道即可证明。

就期刊而言,虽然作为媒体希望有爆炸性新闻带来视觉冲击,也有众多的大事件也不符合新闻报道相关纪律,因而对期刊而言,必须保证能够和读者有足够的密切关联,不至于让读者产生"这些事情离我太远"的疏离感。期刊选择常态性内容作为选题也是必然结果。

但结合期刊的特征,这些相对"常态化"内容策划,必须找到新的角度,挖掘到新的深度,进行采编,才能给读者带来新鲜感,让读者从"旧闻"中找到新意,从"常态"中发现不同。这就要求在期刊策划中注意事件可挖掘的角度和深度,用不同角度和深度的组合,采用排列组合的方式,寻找出最能体现新意、体现深意的行文线索,完成期刊内容策划。

第二节　模拟期刊《指针》策划

受到外来文化的影响,中国人逐渐认为腕间手表并不只是单纯的时间工具,而是象征着财富、地位、文化,等等。还有为家中即将成年的男子购置一块手表,以表达对他成年祝福这样的说法存在,因此手表在中国国民的生活中具有很多特殊的含义。正如行业内对百达翡丽的广告语:"没人能拥有百达翡丽,只不过为下一代保管而已"。这句话就简单表明高端手表同时具有传承和奢侈品的意义。

奢侈品行业在国内是一个非常小众的领域,在一些主流时尚杂志上大都被归入生活方式栏目,但是国内也存在一些专攻奢侈品钟表的杂志,旨在为喜爱钟表的读者提供钟表知识与信息,同时为了调整阅读效果和保证文章多样性,也都在杂志中增添钟表外的其他奢侈品高端汽车、珠宝或者古董等内容。在奢侈品刊物中,高端钟表或者珠宝的内容非常丰富,占有相当大的比重,并且如果专精于一点的话,钟表珠宝的内容可以完全支撑一本刊物,目前市场上现存的就有《时间观念》《时间艺术》《芭莎珠宝》等。

因此,存在市场需求的情况下,是否需要创办一本以高端手表为主题,以《指针》为名的期刊?

一、市场分析

在互联网时代,由于来自新媒体的冲击,科技为人类提供新式阅读的同时,也会淘汰一批出版企业。"纸媒黄昏"就如同悬在传统出版人头上的一把剑,随时都可能落下。

但纸媒有很多优势是新媒体没有的或者说是短时间内难以企及的。纸媒的阅读情趣与质量就是最为显著的优势,无论是书籍、期刊还是报纸都是作者和编辑们智慧的结晶,读者所阅读到的内容必定是经过层层筛选出来的优质内容,与网络上纷繁复杂且良莠不齐的文章有着明显的差异。媒体数据的真实性的考核存在非常严重的问题,广告主更需要一个稳定的、数据可观真实、能与品牌方结为稳定关系的媒体作为宣传窗口。

在时尚界有一句话:"潮流是循环的。"这句话在出版界同样适用,在不久的将来,当大家厌倦网络上质量参差不齐的海量杂选文章时,会逐步回归到传统纸媒上。同时,新媒体爆发式的生长对传统出版是挑战更是机遇,转型与革新蓄势待发。而就纸质媒体与线上媒体的对比可以看出,纸质媒体的"血统"纯正,品牌性高,更具权威性;线上媒体通过网络传播时效性很强,互动性高,利于维护粉丝和增加黏性用户,因此这两者对于现代奢侈品钟表信息传播都是不可缺少的承载物,并且在这个钟表行业"乍暖还寒"的重要时期,传播更是有着重要的位置。虽然在这几年的发展中,钟表媒体在各渠道上的覆盖面越来越广,但因为信息对象小众的原因,"广而不精或精却不规范"也就变成了一个亟待解决的问题,一些相关微博大V对于信息的发布并不具体,而一些纸质刊物的线上媒体渠道并不完善,因此现在并没有一个很完全的钟表媒体可以做得很完善。

国内较为知名且具有权威性的专业钟表纸质刊物为《时尚时间》《时间观念》《时间艺术》等,这些杂志在市场上已经积累了不少的粉丝,但是也存在一些明显的问题。随着互联网的不断发展,网络上催生了很多钟表线上媒体,比如腕表之家、万表网等,而且这部分网络媒体还结合了自身的优势开创了手表在线售卖的功能。微博、微信自媒体有时间前线、表姐等,也有各种钟表纸质刊物在线上的窗口,但效果不甚理想。还有一些时尚媒体如YOKA时尚网、《时尚先生》等都会专门开设手表专栏。

这些奢侈品手表的专业期刊,他们对于模拟期刊《指针》既是学习的对象,也是强有力的竞争对手。

如时尚集团旗下的《时尚时间》,这本杂志是目前最了解中国内地钟表珠宝消费市场的行业性杂志,精准定位于高端消费市场,且最具广告投资回报的时尚生活杂志。创刊号一经推出就填补了中国传媒在钟表领域的空白,当时的市场反应相当热烈。曾市值高达四千万。《时尚时间》非常注重每月杂志内容的选择,制定重大选题也非常切合市场现状,文章内容非常专业并且调和深浅有度,排版设计以极简主义为主,表现了高端杂志的特色,是一本很专业很有权威的钟表珠宝期刊。但是它也存在问题,首先是杂志内容里大都以自己的文章为主,除了出售的软文或行业动态以外很少有与品牌方进行"联络"的地方,这样对于与品牌方的合作来说,并不是一个很好的现象;其次是线上渠道并不完善,《时尚时间》并没有设立专业的网络传播专员,他们线上渠道的文章多以打包售卖给品牌方的软文或活动报道为主,文章可读性并不高,没有特色,对于喜欢追求网感的网络年轻读者来说并没有太大的吸引力,官方微博的运营死气沉沉。这方面就表现出《时尚时间》的线上渠道做的不是很完善,自身品牌的极少,导致无法挖掘潜在粉丝等等各种情况的发生。

《指针》杂志的构思意义就是为了力求线上线下的平衡,先在平衡中站稳脚跟,结合线上线下多种渠道,再在平衡中获取利润,而后改善钟表媒体中存在的各种不良问题,打造出一个各方面完善的钟表传媒平台。

《指针》的运营战略主要是整合线上线下的资源,进行合理调配。首先要调整好每月的主要专题文章,让杂志的内容阅读价值首先得到体现,接下来就要特别注重市场脉络进行撰写或约稿卖点内容,这部分的内容要贴合现在社会或市场上的一些长效热点,如最近的冰岛旅行非常流行,就要紧抓这一点出一篇符合自身品牌特性的文章,这样才能最大化引起读者的共鸣。做一本期刊首先要制作出读者想读的文章,最后才能达到引导读者阅读的目的,达到这种效果时,《指针》就会累积一批可观的黏性粉丝。

因此,在《指针》中设立一些栏目作为品牌展示版块,占有一定比重,却不会影响整体的基调,这是与品牌方打下良好合作基础的第一步,可以先赠送推文,而后再逐步进入谈合作的阶段。在线上渠道除了向品牌方出售打包宣传服务以外,还会设立专门的网络编辑定时定量的发文稿,内容以诙谐幽默为主,文章要符合年轻人的阅读口味但不能过于追求网络浮夸风,同时微博经营可以与品牌联系在一起,适当举办手表在线讲座,回答粉丝问题,并且举办一些营销活动,例如转发赠礼或者邀请粉丝参与品牌沙龙等等,目的在于增加粉丝和扩大品牌的显示,还需要整合直播平台的资源,直播内容可以以"探秘日内瓦表厂"等大家很少接触过的新鲜文化为主。同时线上的资源可以最后落回到纸质期刊上,在纸质期刊上进行一定的呈现。《指针》杂志的策略如此可以最大利用现有的网络资源,扩大品牌影响力,成为奢侈品期刊中无法被忽略的重要一员。

二、《指针》的整体规划

制作一本期刊首先需要对整体进行规划,所以才会有选题会的存在,宏观规划可以帮助编辑明确当月杂志的核心内容,再由大到小的去解决细节部分,《指针》的整体策划正是通过由大到小的方式进行细分内容。

1.内容的整体规划及框架搭建

除开封面、封二、封三及封底,《指针》每月共制作96个版面,但是可以根据当月的广告、软文以及投稿等出现的特殊情况对内容进行合理的调整,需要注意不同类型内容的配比,以追求整体阅读效果,所有栏目不用每月都安排进入杂志,根据实际情况进行合理规范的整理即可,力求让《指针》杂志的阅读效果不会因为版面调整而产生改变。最后杂志内容以达到品牌宣传和满足读者阅读需求为主。

在设计《指针》杂志的内容时,主要将其分为四个大点,分别为卖点内容、核心内容、次要内容、盈利内容。详细参照构建图9-2。

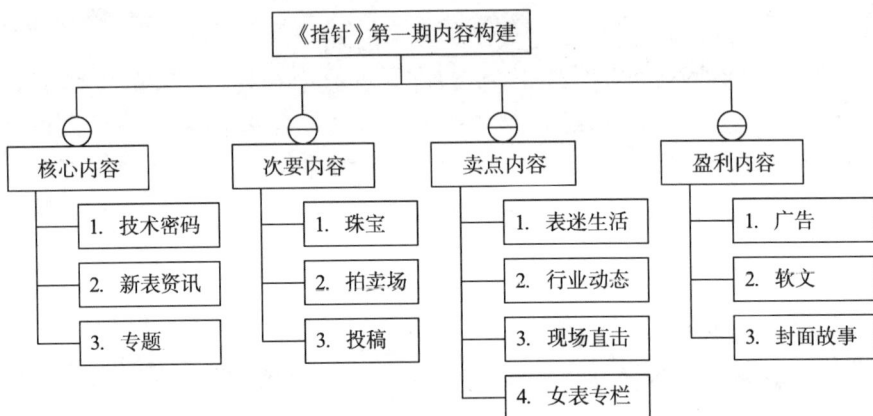

图9-2 《指针》内容框架构建图

2.《指针》内容的具体规划整理

(1)核心内容。核心内容为《指针》的灵魂部分,整本杂志的调性都需要从核心内容里进行提炼,每月选题会制定一个重要的专题内容作为当月的主要议题,这就是最为核心的一点,因为有主题才会有内容,才能让《指针》杂志更有凝聚力与整体性。核心内容包括技术密码、新表资讯以及专题等。

①技术密码:本栏目主要是向喜欢研究手表技术的读者解析手表或者钟表中存在的各项技术问题和技术革新内容。栏目可以作为表现《指针》权威及专业性的核心栏目之一。但该栏目主要存在的问题是技术解析在阅读上会较为枯燥,无法适应现代读者的快节奏阅读或碎片化阅读的习惯,因此不宜多版面描绘,每月共6~8个版面左右即可。《指针》第一期约稿

了知名钟表媒体人炎弹平,撰写文章《从19到42香奈儿J12的表坛跨度》讲述著名的香奈儿J12手表的表壳大小变化以及产生的女表潮流影响。

②新表资讯:行业内各品牌所推出的最新手表,《指针》会对每块手表进行2个版面的图文报道,每期5块手表,共10个版面。排版设计风格以简洁大气为主、行文风格可以根据所讲述的手表的不同进行多种变换。这个栏目第一是表现杂志的时效性,向读者传递行业新表的动态;第二是向潜在的品牌方客户伸出"橄榄枝"。《指针》第一期为劳力士、宝格丽、宝珀、香奈儿以及格拉夫等品牌所最新推出的各款手表进行宣传。

③专题:每期杂志都必须要有一篇作为议题的主题文章,例如9月份是时尚业的重要月份,奢侈品与时尚业的关系也是密不可分的,大多数品牌都会在这个月份做出应对潮流变化的对策,因此主题文章就可以围绕时装表主题进行选题。而在《指针》第一期中设置议题是"买古董表?还是买复刻表?"这个问题一直是购表者非常关心的问题,因为古董表经典、价值高,很多现代的手表都有它们的影子。而复刻表的价格大多数购表者都可以承担,且造型也是根据经典古董表进行改良设计,如果价格相差不太大,购表者都会在两者中游离不定。主题文章讲述内容重要,涉及知识面广,因此每月安排占据20个版面左右。

(2)次要内容。次要内容的设置是为了配合核心内容的,让读者在阅读效果上能够得到一定的提升,不会因为主要内容比重过大而产生倦怠感,《指针》的次要内容包括珠宝、拍卖场、投稿内容等。

①珠宝:珠宝与手表的联系是非常紧密的,而且在一定程度上二者可以相辅相成,比如说珠宝表就是手表类别中一个很重要的表达形式,对于珠宝专栏的开设可以缓解读者的阅读疲劳,而且珠宝的美感可以让整体的排版设计有着更精致的风格,同时我们还可以将这个栏目转变为软文的形式,针对某些品牌进行打包售卖,比如卡地亚、宝格丽等珠宝手表品牌,因为次要内容起到辅助的作用,所以每月6个版面左右。《指针》第一期中我们盘点了知名女星伊丽莎白·泰勒与她那些价值连城又倾城动人的珠宝。珠宝内容是奢侈品杂志重要的组成部分,因此安排版面为6~8个版

面左右。

②拍卖场：手表和珠宝都是拍卖场的常客，百达翡丽钢壳1518万年历计时表在日内瓦拍卖会上拍出7500万天价，刷新纪录在奢侈品行业就是一个非常重要的信息爆点，但有意思的是，拍卖会上出现的形形色色的各种拍品都是极其丰富的历史意义和自身价值的存在，在本期《指针》中我们就盘点了近期出现在各大拍卖场上的粉钻，有单颗也有已经制成首饰的。该内容每月所占版面为4个版。

③投稿：接受广大读者进行钟表或珠宝类文章的投稿，择优选取，一经刊登按照社内统一对外稿费标准支付稿费报酬，同时因为是投稿内容，所以也会对当月的杂志栏目配比进行一定的调整。

（3）卖点内容。核心内容为灵魂，次要内容为辅助，而饱含创意与提升品牌风格调性的最重要的手段就是一定要有自己的特色内容，而这种内容往往会凝聚一批粉丝，从而慢慢转换为黏性粉丝。因为在各媒体大都一样的内容基调上，再做一本没太大变化的杂志毫无意义，而正是这样有意思的钟表内容或者相关内容就更加重要，这也是设计《指针》的重要参照之一。这部分的内容包括女表专栏、表迷生活、现场直击以及行业动态。

①女表专栏：女性消费者因为对于自身配饰的差异化选择，正在逐步转向选择钟表市场，在她们看来钟表更加正式而且很多品牌方也开始重视女表的出产，比如珠宝表、时装表等也渐渐变成主打款型，而且类似于迪奥、施华洛世奇等品牌更是将女表作为主要推出表款。版面选择4~6个版面。

②表迷生活：这个栏目是《指针》杂志最重要的一个部分，举个例子来说：列举一位百达翡丽的用户的日常生活，以旅游、美食、舒享生活为主。可以让该用户自行撰写，后由编辑修改，也可是写手代为撰写。这个栏目的目的主要是"避开手表谈生活"，简单来说就是让阅读者对这种类型的生活感到好奇和羡慕，从而引发购买欲。这种表现形式，是现在品牌方比较认可的一种方式。8个版面左右。

③行业动态:这是现今各品牌都非常看重的一点栏目,而且品牌信息在杂志上的显示很大程度上也决定了这个品牌会否对该杂志进行广告合作。这个栏目的主要内容是报道品牌做出的线下线上活动或者动态咨询,品牌方也会邀请各杂志编辑前往活动现场参观交流。而且一般的行业活动策划前、活动中还有结束后,品牌方都会发送公关稿到各大相关媒体人的邮箱,同时寄出邀请卡,作为反馈媒体方也会尽量以贴合品牌方发出的公关稿的形式出稿,以达到宣传的作用。这部分的内容要求时效性,所以需要编辑们适当安排先后顺序或重要与否的顺序。

④现场直击:这部分的内容与行业动态相似,只不过行业动态大部分是比较零散的碎片化的行业信息,而现场直击则是重要的品牌方举办的大型的活动或者新表预热,需要精细报道,通常需要2~4版左右,而且这部分还可以转化为软文向品牌方进行售卖。

(4)盈利内容。一本杂志最重要的盈利项目是广告,其次就是软文,杂志会与某些品牌方签订年单,年单就是指十二个月的杂志中包含多少篇品牌手表软文、封面以及封面故事等的撰写。除了年单以外,还可以洽谈约单或者"套餐型组合",举个例子就是向品牌方进行套餐出售,那么该月会包含封面刊登、封面故事的撰写、微信公众号平台的发布、微博平台的实时跟进,等等。同时还可以进行一些项目转化,比如说各档栏目就可以转化为软文的形式,具体根据品牌方的要求进行合理的调整。最后还可以单独出售软文。

①封面故事:卖封面是杂志盈利收入和提高知名度的最主要手段之一,可以将封面、封面故事、软文、微信公众号文章以及微博宣传等等连成一个整体产品卖给品牌方,使他们达到宣传的效果,为了维护客户,还可以争取与关系比较好的品牌方签订年单,或者在重要月份,例如9月等进行封面拍卖。封面故事一般占据6个版面,以签订年单的客户优先选择刊登时间。

②软文(又称名表品牌):为签订年单的客户撰写软文,内容根据品牌方提供的资料进行撰写,还可以按照2/4/6的版面进行单独售卖。

③广告：刊登品牌投放的广告和赠送广告，以求联系品牌合作实现盈利的目的。

3.《指针》的表现形式以及其他细节

《指针》的表现形式如表9-3所示。

表9-3　《指针》的表现形式

杂志名称	《指针》
开本大小	16开
纸张选用	封面采用250g铜版纸，内页采用128g铜版纸
印刷方式	封面采用四色印刷镀膜工艺，杂志名称采用烫金工艺
目标读者	核心读者为钟表爱好者、钟表研究者、行业内部人士、品牌方作为产品宣传资料边缘读者为对奢侈品感兴趣的都市白领，或追求高端生活的读者
销售地点	选择国内三线城市以上的机场、星级酒店等顾客有着一定消费水平的场所。如果在报刊亭售卖也要尽量选择在商务中心、商圈、奢侈品消费场所附近的站点
宣传方法	微博、微信公众号以及杂志三位一体成为一个产品，借助参与行业活动、网络热点造势及品牌双向宣传进行杂志宣传

（1）《指针》版序图安排。版序图对一本期刊的前期制作非常重要，在制定好当月内容后，合理进行栏目的配比与编辑的分工可以提高工作效率，并且能够很直观地看到一本即将成型的期刊的框架。一般这项工作由社内流程编辑负责，在当月选题会结束后，统计当月内容栏目的大体情况，预留出广告部所占的版面以及软文、投稿之类的变动性较强的栏目，再进行划分，也可以先由编辑撰写稿件，根据稿件的大小在调整版序图的分配，《指针》在制作前也制作了广告预留版和完全版两张版序图，如图9-3。

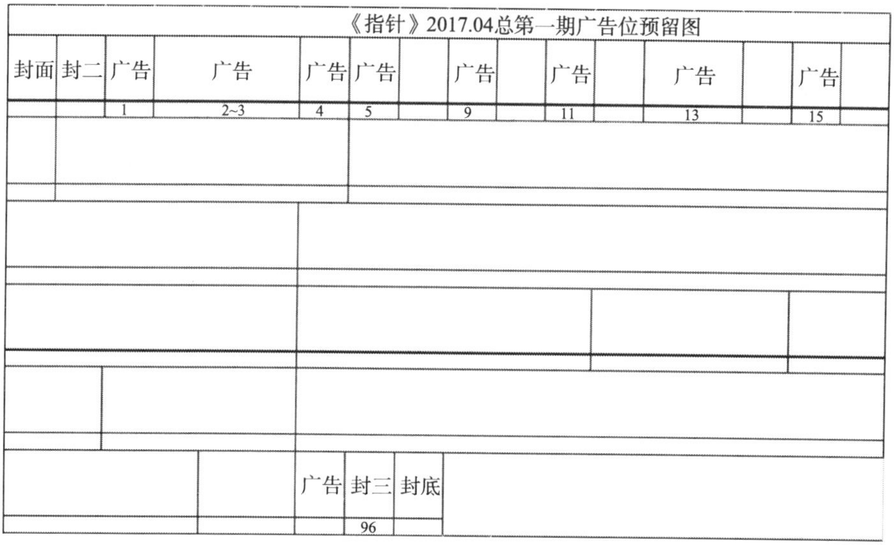

《指针》2017.04总第一期广告位预留图									
封面	封二	广告	广告	广告	广告	广告	广告	广告	广告
		1	2~3	4	5	9	11	13	15

（下部）广告 | 封三 | 封底 ， 96

图 9-3　版序图（预留广告位）

（2）分版块制作。在内容编辑加工方面，《指针》的所有内容分为四个大部分，但是其中涉及很多不同的栏目，所以在撰写的时候需要采用不同的文风。

如技术密码栏目，就是一个非常严肃的技术性话题栏目，作者在撰写这篇稿子时首先要以体现权威性和专业性为主，词汇使用虽然需要行业专用术语的支撑，但是尽量描述得简单直白，便于读者理解，编辑在审稿时也需要将晦涩难懂的语句合理解释为直白的语句；而表迷生活栏目，就是一个宣传高端生活方式的栏目，目的是为了让读者能够体会高端旅行、世界美食等不一样生活所带来的愉悦，这方面的整体文风一定以诙谐为主，要足够引起读者的好奇心和向往，所以建议以第一人称视角，文章主题和寄托点，以故事的形式描述更能带动读者的情绪，也更加适合现代读者追求金句、段子和发人深省的短文字的特征。

在排版方面还是以极简主义为主要基调，原因是为了充分展现奢侈品的美感。不同的栏目可以有不同的排版差异，但必须是在整体基调相同的基础上来表现。留白和辅助线条的合理运用可以为杂志的视觉效果提升不小的档次,文字排版则按标准字号与期刊专用字体来排版,保证读者的阅读体验,文本块采用大版块对齐方式,方正有间以突出图文配搭整齐格局的效果。

三、《指针》的制作过程

模拟期刊《指针》的制作过程,完全按照市面上常规月刊杂志规范流程进行制作,广泛收集行业信息并严格按照步骤规划制作过程,具体过程如下。

1. 部门任务分配流转

市场专员→编辑部/营销事业部→视觉设计部→发行部→读者服务部

2. 详细步骤划分

关注行业实时动态(市场调研)→发布任务,预想选题→选题会与评刊会→确定杂志的各部分内容→约稿或撰稿→广告部确定当月广告→确定版序图(预留广告位)→美编排版→黑白样本打印→校对杂志内容和设计缺陷→修订错误→主编审版→下厂→出彩色样刊→编辑部校对→主编审阅→二次下厂修改→出样刊→发行上市→读者服务→市场反馈评估。

具体呈现见图9-4、9-5模拟期刊《指针》内文图,图9-6所示《指针》版序图。

总的来说,《指针》无论是在内容、排版设计还是细节掌握上,都达到了一本可以面向市场发行的杂志的各项基本要求。在内容规划上,《指针》专注于建立读者与品牌方的桥梁,在排版设计上凸显奢侈品手表或珠宝,并重视每一个细节,最终呈现出一本专业、权威并且有阅读性的《指针》。

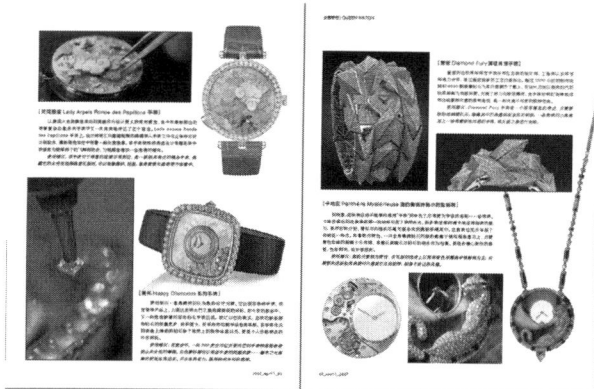

图9-4 模拟期刊《指针》内文图1

图9-5 模拟期刊《指针》内文图2

223

《指针》2017.04 总第一期　版序图

封面（DIOR）	封二（香奈儿）	广告（施华洛世奇）	广告	广告	目录1	广告（卡地亚）	目录2	广告（海瑞温斯顿）	版权1	广告（奔驰车）	版权1	广告（旅车）	行业动态	广告（游艇）	编者的话
		2-3	4	5	6	7	8	9	10	11	12	13	14	15	16

行业动态	封面故事6p（DIOR）	新表资讯10p（劳力士+宝格丽+Graff+宝珀+香奈儿）
17	18-23	24-33

技术密码6p（香奈儿J12）	专题2p（买古董？还是买复刻？）
34-39	40-59

专题20p（买古董？还是买复刻？）	女表专栏6p（春日宴　珠宝手表）	软文（DIOR）
40-59	60-65	66-69

拍卖场4p（粉钻）	表迷生活4p（雷克雅未克之光）	珠宝8p（珠宝绕地球一圈是什么感觉）	软文4p（天梭）
70-73	74-77	78-85	86-89

行业动态	现场直击（欧米茄）	广告（欧米茄）	广告（红酒）	广告（宝格丽）
90-93	94-95	96		

图9-6　《指针》版序图（完全版）

第十章　期刊策划延伸

学习提示：期刊策划的效果，需要通过市场来检验，一般有两方面的标准：一方面是当期期刊的发行量等经济数据，另一方面是读者评价。期刊需要通过对其策划进行评估来确定以后的发展方向。同时期刊策划也存在一个是否可以深入开发的问题。

期刊作为连续出版物，其出版是一个持续不断、循环拔高的过程，在上文期刊专题策划部分已经提及，期刊专题化甚至会带来高质量专题难以为继的情况。为确保期刊策划的质量，需要对期刊选题策划进行评估，同时，好的期刊策划，也存在进行继续开发的可能性。

第一节　期刊策划评估

对期刊策划质量评估最直接的是期刊发行量或者说是期刊销量数据，这是期刊策划质量好坏的晴雨表，单纯的一两期的期刊策划质量不好，销量可能波动不大，但持续的期刊销量波动，那期刊策划质量出问题的可能性就非常大了，前文已经举过英国《笨拙》的例子，这里不再赘述。但具体期刊的销售数据对于期刊社来说，带有商业机密的性质，因此不具体评析数据。同时，期刊市场数据是一个较大的概念，既包括期刊的市场销量、市场区域覆盖等数据，也包括期刊及其他竞争品的数据，需要专门机构进行数据分析。

对期刊策划的质量进行评估,有多重方法,选题会、评刊会、读者调查等都可以作为期刊策划评估的依据。

对期刊策划进行评估,有两层意义,首先是对具体期刊运作的评估,其次是对期刊具体策划的评估。

一、对期刊运作评估

对创办期刊进行评估,首先必须明白创办期刊不是一个人能单独完成的运作过程,有很多事情需要考虑,如多数杂志依靠售卖广告和发行杂志生存。这需要一份稳定的计划;期刊还要与印刷商、分销商、广告商保持长期的合同关系;最重要的是期刊需要一份稳定的投资,而且这份投资要一直坚持到它开始盈利为止,这也许意味着长期高昂的运作费用必须有稳定的来源。想法就是在你脑海中形成的概念,这是办刊理念形成的来源。它来自你的想象力,独立于商业领域之外。

期刊创办最初的想法非常重要,因为它主要是关注人们可能会喜欢读什么东西。市场调查的重要作用是帮助这个想法变成具体的商品。通过调查,可以看到一个理念的强项在什么地方,可以看到这个理念中有哪些潜在读者可能会欣赏的独特之处。调查的主要目的是要来检验一下最初的想法从商业角度考察的可行性以及其所具备的竞争能力。

在对办刊理念进行检验前,也需要对这个理念加以概括总结:期刊面对什么样的读者,期刊的目标市场是什么,我的期刊有什么与众不同之处,应该呈现出什么样的个性呢,等等,诸如此类。

对期刊的价值进行评估,关键点是该期刊价值何在,重在实用性还是消遣性,重点在向读者传递信息还是为他们提供一种娱乐的途径,或要达到以上两种目的?

对期刊的整体文本策划进行评估,涉及选用什么样的图片?选用什么样的表现方式,期刊提供的信息量有多少,选用什么样的内容结构,如何平衡不同内容的比例等。如对女性期刊志进行评估,应该包括以下几方面的内容:时尚.美容、家居、健身以及两性关系等。大多数女性期刊囊括了以上各方面的内容,但是必须确定各方面内容在总量中的比例,比如让家居方面的内容占内容总量的50%。可以通过调查来检验自己设定的各方面内容的比例是否可行。

需要确定,在使用目标群体进行调查时.如何利用视觉提示来展示期刊的个性和形象——这需要美术总监的参与。考虑一下,如何给期刊命名,选用哪种类型的作者?是不是需要聘用名人做作者或采访者来塑造权威性或创造可读性,在期刊中应该投放什么类型的广告,如果在这方面没有明确答案的话,那么不清晰的理念可能会成为杂志发行早期的障碍。这些问题都是在进行期刊运作和创刊之前构思理念时应该着重考虑的。

二、对期刊内容策划评估

在期刊编辑出版过程中,选题会、评刊会的设置首先就是对期刊内容策划进行评估,只有通过选题会的选题才能进入采编制作环节,并且在编辑过程中,还需要通过评刊会的检验,才能继续执行。

1. 选题会

期刊选题会是由期刊开始编辑之初,由主编、编辑部、市场部等多个部门人员共同参加,有编辑提出选题,参会人员对选题进行论证的内部工作会议。报选题是期刊编辑的赶考日,选题会上对选题进行论证,同一栏目要求备三四个选题,有时一个也通不过。

在选题会上,编辑最重要的工作是能够提出一份完整的选题策划方案。一份完整的期刊选题方案基本上包括选题意图、内容特色、读者对象需求分析、市场构成及宣传建议几大部分。

选题意图的部分需要表述清楚编辑为什么做这个选题,可以从社会效益、经济效益以及与本刊版块、栏目是否相吻合等方面来说明。

内容特色需要做简单说明,着重介绍该选题的定位和卖点,并介绍其与市面上的其他期刊同类选题相比有何特色。

对读者需求的分析包括两方面,首先是对目标读者群要有个较准确的定位。通过分析选题的内容和特点,可以大概量化出读者群的年龄段、学历、职业、性别;其次则是要说明此选题与读者的需求的吻合度有多大,也就是读者需要什么,这个选题能提供什么。如果能做到对读者定位精准,对读者心理把握清楚,就能吸引读者的购买兴趣。

提交一份能够通过选题策划会的方案的前提是编辑自身对选题的熟练把握,只有在对该选题各方面情况都了然于心的情况下,才能在选题会上灵活自如地论证选题,应对各方提出的问题,并在采编的过程中降低工作难度。

选题会之后是形成目录格式,然后分解到各编辑做操作方案,交由记者或写手付诸实施。

2. 评刊会

期刊有一种说法,刊是评出来的,不是编出来的。评刊会的潜在参会人员,是这本杂志的读者们。他们是每一次评刊的默认值,主编应是他们的代言人。评刊时发行和广告代表一同参与是必须的。

评刊会通常先由栏目主持介绍操作过程,然后大家提意见。无论当初操作如何费尽心力,只有到摆到桌面上才会发现问题。任何版面都有不尽如人意之处,但一经印刷出版就成了白纸黑字定局,不能重来。因此通过评刊会对期刊选题策划进行评估,有利于期刊在策划上积累经验,吸取教训,在以后的工作中扬长避短,不重蹈覆辙。

在评刊会不光是只批评缺点,也需要表扬优点,对期刊评"每期最佳",最佳选题、最佳文章、最佳版式、最佳图片。"每期最佳"是很重要的评判,也是树立杂志标志的最好方式。评刊工作分解决的更多是物质层面的,而"最佳"更多是精神鼓励,评刊会后贴于公众场所以资鼓励。

同时,评刊时顺带评一下同类期刊是有益的,比较同一选题,不同操作手法之优劣,方能知己知彼。

三、读者调查

读者是期刊直接消费者,读者购买使得期刊出版过程得以顺利完成,使信息得以利用。对期刊读者进行调查,能够及时向期刊社反馈最新市场信息和购买意向,让期刊编辑部门能够根据读者阅读意向来制定新的编辑计划。

在期刊所展开的读者调查中,一方面是对阅读情况进行调查,以了解期刊在内容上改进方向,读者阅读状况包括期刊读者的年龄分布、收入分布、地域分布、期刊购买在消费中的比例、在阅读上的时间花费等;另一方面是对读者的是社会状况和经济地位进行调查,以取得广告主的认可。

期刊以读者调查问卷形式进行读者阅读情况和购买意向的调查,如《读者》的分刊和《读者乡村版》和《读者欣赏》,这些经营上的新刊的出现在编辑理念上来说是在学习美国《读者文摘》多种语言的不同版本,在经营上来说是扩大期刊自身发行范围和影响深度。这些行为的产生都离不开对市场的把握。期刊读者调查经常在期刊的创刊和改刊时期发生,创刊前期的市场调查是为期刊内容等方面做细致划分,对期刊市场进行准确定位。创刊后调查是为期刊的内容进行适合市场和读者阅读趣味进行调整。期刊改刊较少发生,发生改刊与新办期刊差别不大,改刊产生一般都是在读者调查的基础上产生,通常情况下期刊改刊前要经过长时间的调研,在改刊过程中也要进行多次的调查以便把握改刊方向。

期刊内容的调查可以参考《文明》的读者资料卡。

《文明》读者意见调查表

1. 您的个人情况

姓名_____性别_____年龄_____学历_____

电话_____电子信箱_____

通信地址及邮编

2. 您的工作情况

您工作单位的性质:□行政机构□国企□外企□私企□学校□科研院所□医院□部队□其他

您的工作职位:□总经理□主管□部门经理□员工□学生

□军人□其他

3. 请问您对本期杂志的整体满意程度　□非常满意□满意□普通□不满意

4. 请您对本期封面评分　□非常满意□满意□普通□不满意

5. 请您对本期版面设计评分　□非常满意□满意□普通□不满意

6. 您对本期杂志最感兴趣的3篇文章分别是：

①_____感兴趣的原因：□图片□文字□设计

②_____感兴趣的原因：□图片□文字□设计

③_____感兴趣的原因：□图片□文字□设计

7. 您对本期杂志最不感兴趣的3篇文章分别是：

①_____不感兴趣的原因：□图片□文字□设计

②_____不感兴趣的原因：□图片□文字□设计

③_____不感兴趣的原因：□图片□文字□设计

8. 您对《文明》哪些专题更加关注？

□社会纪实□民俗□生物圈□地理科考□考古□科技□收藏□异域人文□揭秘□其他

9. 您对本刊有什么感想或建议请告诉文我们：_____

您认为目前《文明》应该关注的话题是什么？_____

您如何获得《文明》杂志？□订阅□购买□借阅

除《文明》外，您喜欢的杂志还有：_____

10. 沟通方式：（期刊社联系方式略）

在调查表中，在对读者的姓名、性别、年龄等基本因素调查之外，期刊对读者对期刊认知更为关注，问题设计都围绕读者阅读趣味等开展。

相对于期刊的读者信息,在期刊读者调查中,对具体细节能够有很强针对性,从封面设计到版式设计,从图片到文字内容,期刊社都在详细了解读者意见,这和期刊刊期一般较短以及期刊市场化程度较高有很大关系,因此期刊对读者反映相当灵敏。本期读者意见,很快就能在以后的期刊上就可以反映。

四、其他信息获取方式

期刊市场调查在使期刊社能够有效了解读者信息和读者阅读情况,对期刊未来发展提供参考意见之外,也应该把期刊读者调查看作是一个期刊和读者沟通的方式,期刊通过对调查问卷的回收和分析,能够深切感受到读者对期刊的殷切希望,从这个角度讲,期刊读者调查也是一种期刊与读者沟通。因此也要注意到期刊和读者沟通的其他方式。

1. 期刊编读往来等内部栏目

期刊编读往来栏目是期刊与读者沟通的最基本方式,编读往来栏目刊载和摘录读者来信,并由期刊编辑进行解答,以这种方式与读者以交流之外,能让读者产生受尊重的感觉,激发了更多阅读兴趣,会对期刊产生更强烈的感情忠诚度和行为忠诚度。

期刊内部类似栏目还有读者纠错、有问必答等不同小版面栏目形式。这种交流形式是期刊最为省力的读者交流形式。

2. 编读交流会、座谈会

编读交流会、座谈会也是期刊和读者进行沟通的直接方式。

举办编读交流会、座谈会,面对面的沟通交流方式属于人际传播范畴,这种沟通方式能够直接从读者得到相关信息。对于期刊而言,与读者交流活动都能在一定程度上收集到读者意见,读者调查的反馈和读者意见都能够对编辑工作进行校正,对期刊选题策划等进行校正,保证期刊能够紧密联系读者。

但这种方式和期刊编读往来栏目相比较,影响面必须通过期刊宣传才能达到,并且还存在交流会与座谈会举办成本的问题,在下期或者以后的期刊版面上也必然占据空间,存在成本核算的问题。同时,选择哪些读者来与期刊编辑人员进行交流,读者选择的覆盖面以及代表度问题,都会对交流会和座谈会的效果产生影响。

第二节　期刊纸媒形式策划开发

质量好的期刊策划,存在内容继续开发的可能性。对期刊内容进持续挖掘,在前文期刊选题策划、专题策划部分,已经说明,期刊的专题可以看作期刊选题的扩大化,在期刊本身将内容持续挖掘,多角度、多层次将期刊内容持续呈现。

同时还应注意到,期刊策划纸媒形式开发,也可以在期刊之外进行。

一、其他纸媒形式开发

期刊和图书、报纸在含义上就显示了它们在形态上的差异性,但期刊和图书之间还存在很大的融合性,一方面在于期刊和图书同为纸质媒体出版物,构成的物质材质决定了它们在外在形态上的相似不可避免。另一方面,期刊编辑和图书编辑也在互相学习模仿,在外部形态上的靠拢之外,部分期刊逐步出现了原本是图书才会有的凝肃、朴实、厚重的气息,而部分图书在版式上的灵活、内容上的拼接等方面,也透露出期刊的气息。

例如《荣宝斋》期刊,由中国美术出版总社主办,国家新闻出版总署主管,创办目的是促进中国文化艺术的繁荣及中国文化艺术市场的健康发展,促进中国文化艺术品走向世界。期刊设有8个固定栏目,若干个非固定栏目,固定栏目包括:

(1)中华瑰宝:典藏、考古新发现、文物艺术风采及其价值

(2)艺术纵横谈:专家学者或名家文章、近代美术史论、继承与发展

(3)画廊:文人画、大家画、近现代佳作、重点报道当代中青

232

年优秀作品和新人力作

（4）鉴赏与收藏：文物鉴赏、当代造假手法揭秘、收藏热话

（5）艺术市场：拍行介绍、拍卖信息、拍卖人谈拍卖、拍卖品热点与焦点、艺术市场规范

（6）人物访谈：名人、学者、专家、收藏家、经纪人、拍卖人专访

（7）艺林纪事：著名文人、艺术家、学者趣闻、轶事、回忆录等有关文摘

（8）海外艺坛：西方文化艺术、拍行介绍、当代西方画家及作品介绍、文化艺术活动及有关艺术动态

这些由固定栏目所反映出来的内容特殊性，加上开本、版面设计的因素，使得该期刊更类似于有关不同文物的、带有论文性质的汇编，非常像图书。

图10-1　期刊《荣宝斋》封面

很显然，将期刊《荣宝斋》的内容进行汇总、整理，分门别类的按照古玩字画的门类进行图书出版。内容相当于是信息，而信息是媒体可以通

用的。报刊的内容可以出现在图书、报纸中,反之亦然。

中国有大量的文摘类期刊,如《读者》《青年文摘》等,其内容很多都摘录于图书。还出现过这样的情况,同样的一篇文章,被多家期刊转载,如《书摘》,本身的内容完全是从各种新出版的图书中摘录得来的,在每篇文章的末尾都标注上所摘录图书的书名、作者、出版社、出版时间等版权信息。

而期刊上的部分内容,经过简单的加工整理就能汇集成图书。如在2003年"非典"、2008年汶川地震之后,就出现了将报纸、期刊上发表的有关抗非典、抗震救灾内容的文章,汇总形成的新的图书。

并且,这种灾难性时间之后,人们在日常生活中所融入的健康观念,也很容易地催生了《登上健康快车》这一类图书,这些都是期刊内容在纸媒上深入开发的实例。报刊内容的结集出版,已经属于书报刊互动经营的惯常做法。近年来书刊互动呈现明显增长趋势,最简单如社办期刊的年度合订本,并且以图书的形式对期刊内容进行汇编,使得期刊内容成为图书内容的来源,而有影响力的杂志和出版社之间的合作是期刊相互融合的最佳佐证。

美国的著名期刊《国家地理》,其精美的图片,特别是图片编辑标准达到了苛刻的程度。美国《国家地理》甚至专门签约著名摄影记者进行专题图片拍摄,这也是大量的《国家地理》读者喜爱这本期刊的一个重要原因。《国家地理》还不定期地将期刊上的图片进行整理,以《国家地理图片集》的形式予以出版,同样获得了很大的市场销量。这就是把期刊中的内容,以图书的形式再次开发利用,将同样的资源进行二次开发,并得到很好经济效益的实例。

另如,在时尚集团成立10周年时,《时尚》和中国旅游出版社合作推出《时尚》系列丛书10种,《时尚健康》杂志社和吉林美术出版社合作出版的《50位女性讲述乳房的故事》等《时尚》系列图书,《新周刊》都会在年末将期刊内容有选择地结集成书,以《新周刊年度佳作》的名义结集出版。

期刊策划的纸媒开发还体现在书报刊之间的评论和沟通上。文化气息浓厚的报纸和期刊往往开办有书评栏目,如《三联生活周刊》上书评栏目已经固定化,以"书话""书与人"两个小栏目刊登有关一些图书的内容及评论(偏重于翻译图书),而一些评论性质的图书也会将报刊作为评论的内容,如《南方周末》《新周刊》等,报刊自身以及所刊载内容都经常成为图书内容。此外,期刊上的书评栏目已经成为一些新闻、文化等期刊的必备栏目,并且也具有相当大的读者号召力。《中国图书评论》《博览群书》《读书》《书城》等期刊,是书刊之间评论与沟通的重要平台。

二、新型纸媒形式开发

期刊策划的纸媒形式,这里还需要提及 mook 这样一个概念。mook 可以翻译为杂志书,是 magazine 与 book 两个单词的结合,在构词上是图书和期刊的组合,在意义上也是兼备了双重特征。杂志书起源于日本,在日本已被认为是与图书和期刊并列的第三种出版物。

图书优点是内容深入全面,更具专业性和权威性;期刊优点是贴近生活,时效性强,图文并茂,视觉效果往往更好。期刊(magazine)和图书(book)的结合体杂志书在内容上深入全面,其出版也有较固定的周期,可以在书店征订、发行,也兼具杂志和图书的优点。其整体特点是:形式新颖,内容广泛,品位高,姿态低,具有一般图书的思想深度和品位高度,其作者和编者往往是某方面的专家、学者,确保了内容的权威性和专业性。具有一般杂志的轻松、休闲、美观的特点,其内容通俗易懂,版式新颖活泼,给人以美的享受。

杂志书中影响较大的有《老照片》《世纪书窗》《足球之夜》等,《读书》《万象》等传统意义上的期刊,也因其具有图书的某些特点而被一些人士视为 mook。杂志书在国际上已成为一种新的出版潮流,杂志书的出现,被评为 1998 年台湾地区出版界的"热力现象"之首,现在已有多家出版机构涉足杂志书的出版。如台湾墨刻出版股份有限公司专门从事 mook 的出版,自称是"华人第一家以深耕 mook 出版为宗旨的出版社"。

我国大陆地区最为知名的《读库》即为 mook,自 2006 年出版以来,每年以两月为周期,每年度6期,至今超过10年,每期销量稳定在3万份左右,具有行业标杆的性质。

Mook所代表的图书的杂志化和杂志的图书化,是不同媒体间互相渗透的结果。Mook的出现还只是纸媒体之间在内容、形态和经营上的相互渗透,在现代文化产业中,不同媒体之间的相互影响和借鉴,已经被提到文化创意的高度上来,仅仅从栏目的名称和宣传口号上,就可以在电视节目中很轻松地找到《中国周刊》《世界周刊》等一系列以"刊"命名的电视节目和《东方时空》这样的"电视新闻杂志"的宣传定位。这些以新闻深度挖掘为主题的电视新闻分析节目,在命名和宣传中都使用"刊",很明显是对期刊报道内容深入特征的描摹,并且在节目内部组成结构上,将有限的新闻分门别类进行组合,也在大量借用期刊的内容框架构造。

第三节　数字形式开发

以数字形式来对期刊策划进行延伸,可以以"蓝海"来形容数字期刊形式。

数字出版是指以互联网为流通渠道,以数字内容为流通介质,以网上支付为主要交易手段的出版和发行方式。它主要有在线阅读、电子图书(E-book)、按需印刷(POD)等形式。期刊数字化进程最简单的表现是期刊内容通过网络传播,根据统计,2006年全国9468种期刊中,印刷版中标明网址的有4270多个,其中可以看到独立自办网站是950多个,借助数据库平台和网络出版门户是1160多个,借助单位或行业机构的网站是2000多个。

对期刊进行数字化不是简单将期刊内容上网,在出版业数字化浪潮中,期刊出版也在探索期刊数字化发展。

1. 纸质期刊与期刊数字化

期刊定义在强调公众发行、刊期、连续出版等要素之外,"印刷品"也是期刊定义中强调的一个方面,读者购买的期刊也都以纸质印刷品形式出现。随着科技发展,期刊在数字化浪潮下也出现了新形式。

随着电子出版技术的发展,期刊配发光盘、光盘版期刊、网络期刊等已经成为现代期刊频繁采用的方式。现阶段很多期刊社都开办网站,虽然开办了网站目的不一,但网站首先都将本社期刊作为网站重要内容,对期刊封面进行完全展示,对期刊内容进行部分或者全部展示,以便读者阅读内容,期刊网站也向购买期刊的读者提供邮购渠道。

期刊社将期刊内容进行网上展示,部分期刊网站提供对期刊全部文本免费阅读的做法,相比于大多数期刊网站仅仅提供目录或者文章导读,是观念进步。传统观念认为,将期刊内容做成网站内容展示,读者在对文本内容进行阅读后,会减弱甚至取消对期刊购买意向,影响期刊销售,因此在网站上展示期刊内容,倾向于简单展示,最普遍做法是展示目录,对期刊具体内容进行简要说明。这种做法是将纸质形式期刊视作期刊主流,将内容上网看作是期刊宣传和与期刊读者沟通手段。

期刊社将期刊信息上网发布,已经迈出了期刊数字化的第一步,但种观念和技术水平,还不是真正的期刊数字化。

2. 期刊数字化的概念

期刊数字化是随着计算机和互联网技术进步而出现,期刊数字化是信息数字化的一部分。随着科技发展,在现代出版环境中,期刊在纸质表现形式之外,也开始了和网络结合,在网络上能够以网页浏览形式进行期刊内容阅读,也能够以PDF格式在网络上对纸质期刊进行再现,也出现了专门电子期刊合成软件对期刊内容进行合成,这些和网络结合的形式都是期刊数字化表现的不同形式。

期刊在由纸质形态向数字形态的转化中,需要引入"信息碎片"的概念。信息碎片是指数字期刊的信息来源于对其他多种媒体的综合剪辑、加工、整理,这些非网络媒体提供的信息在数字期刊的表现形式上,已经通过适合网络表现形式的编辑加工,相对原始媒体上的信息已经有了很大的差异,而在信息的传递性上,原始的部分信息还能够得以保留,我们将此称为"信息碎片"。

就数字期刊而言,在网络上以多媒体的形式表现期刊的内容,的确是一种跨媒体的思维,是将不同的媒体形式融合在一起。在以电脑显示器或阅读器的阅读界面表现纸质期刊的内容,或者直接表现数字期刊创办者的思维,信息的杂糅的形式必然也在数字期刊上有所反映,因此数字期刊所采用的信息,是在原始信息的基础的"碎片"的基础上重新整理而成的。

期刊数字化是指依托传统期刊内容资源,用数字化工具进行立体化传播。期刊数字化涉及很多问题,包括版权、发行、支付平台和具体服务模式,它不仅指直接在网上编辑内容,也不仅指把传统印刷版内容数字化或进行网上订阅,而是将传统期刊经过数字化转换,在网上传播。实际上,数字化期刊——或称为电子期刊,是一种新兴媒体形式,它预示了纸质期刊的发展方向。

数字技术发展也正在悄然改变期刊行业的格局和市场,不仅影响着期刊社的运作经营和期刊出版,而且也给期刊从业人员的工作方式以及期刊内容带来变化。2007年5月在北京举办的第36届世界期刊大会的一个重要议题即是期刊数字化变革。2008年开始,在期刊行业也开始举办亚太数字期刊大会,至今已经多次举办。

3. 期刊数字化的发展概况及历程

随着信息化社会的提出和建设,期刊也逐步开始了数字化探索。

期刊数字化发展首先由专业类、学术类期刊开始,这类期刊由于其内容的特殊性,被首先列入国家信息化建设项目,且发展迅速。目前我国绝大部分学术期刊已经上网,并且主要通过集中上网方式,少数期刊是自行或分散上网。国内大型网络学术期刊数据库有中国期刊网、万方数据资源系统、中文期刊数据库、国研网数据库等。如中国期刊网于1999年6月正式开通,是中国学术期刊电子杂志社开发研制的目前全世界最大型的中文学术期刊全文网络数据库。

在国内学术期刊数字化建设的同时,国外著名出版机构如德国施普林格出版社、荷兰爱思唯尔出版社也在加入中国学术期刊数字化的进程中,通过 SPRINGER LINK 和 SCIENCE DIRECT 等在线平台实现学术期刊的数字化。整体而言,学术类期刊有计划、有规模、系统性地展开数字化。

相比学术类刊物以数据库形式作为数字化建设的方式,大众类刊物的数字化表现形式上有更多选择,不少期刊社采取挂靠门户网站、独立网站、电子杂志、博客等多种形式将传统的纸质期刊内容通过网络发布。如《三联生活周刊》在通过征订或零售方式购买纸质版本的同时,读者可以通过以下几种方式看到其数字化版本:

(1)登录《三联生活周刊》网站;

(2)登录龙源期刊网等集成平台;

(3)登录其《三联生活周刊》在新浪网上的博客或微博;

(4)通过 ZUBU 网订阅其电子杂志;

(5)通过手机登录三联 APP;

(6)通过手机登录三联微信公众号。

《三联生活周刊》逐步开展的数字化过程正好体现了大众类刊物数字化的几个不同进程:从单纯将已存在的平面媒体上内容原封不动搬移上网,到展开博客上的编读互动,而 2007 年开始和 ZUBU 网合作的电子杂志,并且随着网络技术的迭代,微博、微信、手机 APP 则是目前最新的数字化形式,不仅声光电等多媒体手段同时采用,而且具有支持全文检索,轻松加入注释等等一系列功能。

第四节　期刊数字化发展趋势

一、期刊数字化模式

开拓数字化期刊市场的主要是期刊网络服务商,如龙源期刊网和 Xplus,他们在数字化期刊的技术实现、版权维护等方面做出了诸多尝试,且掌握了大量的期刊社内容资源。而还有部分期刊社由于技术因素或认识原因,对期刊数字化还没有表现出太多积极性。

在纸质期刊与数字化期刊共存情况下,数字化期刊的传播和阅读还依赖于网络等条件,在人们传统的阅读、购买习惯依然强烈倾向于纸质期刊的情况下,数字化期刊只有表现出比纸介质期刊更高应用价值和更好的内容,才能保证数字化期刊和纸介质期刊共同发展。

目前在由纸质期刊向数字化期刊转化过程中,有以下的出版类型:

(1)再版型,把原来纸介质版内容变成光盘或者变成网络;

(2)内容扩展型,对于稿源非常丰富的期刊,由于纸介质管理、刊期、成本的原因,部分未刊登稿件在网络再版;

(3)广告宣传型,主要是门户型宣传期刊,利用同一品牌,网刊各有不同的内容,刊网互动;

(4)品牌建设,拓宽期刊形象展示;

(5)期刊内容网络陈列;

(6)整合出版型,核心是为了内容增值。

纸质期刊在向数字化期刊发展过程中,通过技术手段、网络手段的数字化表现,使纸质期刊内容增值、用量增加。纸质期刊和数字化期刊能够长期共同发展,并发挥各自优势。

二、不同性质期刊数字化的模式

在纸质期刊上,不同种类和性质期刊有着不同表现形式,反映在期刊数字化发展趋势上,不同期刊也有不同的数字化表现模式。

1. 学术类期刊

学术期刊关注是整合出版传播,需要构建知识网络,如中国知网在中国期刊网构建的知问链接,各种参考文件、供应文件与相关文件通通整合在一篇文章下,整合在一个主题下的知识网络的连接模式。种模式对于文件的广泛传播,包括学术文件背景的提高具有重要的意义。

2. 大众文化类期刊

对于大众文化类期刊来看,整合传播与发行服务,家庭化、个性化数字图书馆,知识系统化服务、互动服务等,应该是其发展模式。这种个性化的数字图书馆、知识系统化的服务,不是简单的纸介质版的原版数字化和这种数字化版本的简单陈列。

3. 品牌期刊

对于品牌期刊,同一品牌下应该开发不同的产品。不同的纸介质产品和网络产品的发展模式是不一样的。在所有的模式当中充分考虑可持续发展的版权模式和商业模式。这也是目前国际期刊集团进行版权输出时的重要内容。

期刊数字化的核心问题在纸介期刊的简单数字再版和内容网上的陈列与阅读之外,应该注重用数字化、网络化的技术和手段实现纸介质的功能。在网络时代的巨大浪潮和社会进步中,期刊数字化、网络化的趋势,应当是充分利用数字化、网络化的优势和技术手段,使期刊内容增值、用量发生雪崩和裂变式的变化,这是市场的需求,更是数字化、网络产业界的发展。

附录1 期刊出版管理规定

期刊出版管理规定

第一章 总 则

第一条 为了促进我国期刊业的繁荣和发展,规范期刊出版活动,加强期刊出版管理,根据国务院《出版管理条例》及相关法律法规,制定本规定。

第二条 在中华人民共和国境内从事期刊出版活动,适用本规定。

期刊由依法设立的期刊出版单位出版。期刊出版单位出版期刊,必须经新闻出版总署批准,持有国内统一连续出版物号,领取《期刊出版许可证》。

本规定所称期刊又称杂志,是指有固定名称,用卷、期或者年、季、月顺序编号,按照一定周期出版的成册连续出版物。

本规定所称期刊出版单位,是指依照国家有关规定设立,经新闻出版总署批准并履行登记注册手续的期刊社。法人出版期刊不设立期刊社的，其设立的期刊编辑部视为期刊出版单位。

第三条　期刊出版必须坚持马克思列宁主义、毛泽东思想、邓小平理论和"三个代表"重要思想，坚持正确的舆论导向和出版方向，坚持把社会效益放在首位、社会效益和经济效益相统一的原则，传播和积累有益于提高民族素质、经济发展和社会进步的科学技术和文化知识，弘扬中华民族优秀文化，促进国际文化交流，丰富人民群众的精神文化生活。

第四条　期刊发行分公开发行和内部发行。

内部发行的期刊只能在境内按指定范围发行，不得在社会上公开发行、陈列。

第五条　新闻出版总署负责全国期刊出版活动的监督管理工作，制定并实施全国期刊出版的总量、结构、布局的规划，建立健全期刊出版质量评估制度、期刊年度核验制度以及期刊出版退出机制等监督管理制度。

地方各级新闻出版行政部门负责本行政区域内的期刊出版活动的监督管理工作。

第六条　期刊出版单位负责期刊的编辑、出版等期刊出版活动。

期刊出版单位合法的出版活动受法律保护。任何组织和个人不得非法干扰、阻止、破坏期刊的出版。

第七条　新闻出版总署对为我国期刊业繁荣和发展做出突出贡献的期刊出版单位及个人实施奖励。

第八条　期刊出版行业的社会团体按照其章程，在新闻出版行政部门的指导下，实行自律管理。

第二章　期刊创办和期刊出版单位设立

第九条　创办期刊、设立期刊出版单位，应当具备下列条件：

（一）有确定的、不与已有期刊重复的名称；

（二）有期刊出版单位的名称、章程；

（三）有符合新闻出版总署认定条件的主管、主办单位；

（四）有确定的期刊出版业务范围；

（五）有30万元以上的注册资本；

（六）有适应期刊出版活动需要的组织机构和符合国家规定资格条件的编辑专业人员；

（七）有与主办单位在同一行政区域的固定的工作场所；

（八）有确定的法定代表人或者主要负责人，该法定代表人或者主要负责人必须是在境内长久居住的中国公民；

（九）法律、行政法规规定的其他条件。

除前款所列条件外，还须符合国家对期刊及期刊出版单位总量、结构、布局的总体规划。

第十条　中央在京单位创办期刊并设立期刊出版单位，经主管单位审核同意后，由主办单位报新闻出版总署审批。

中国人民解放军和中国人民武装警察部队系统创办期刊并设立期刊出版单位，由中国人民解放军总政治部宣传部新闻出版局审核同意后报新闻出版总署审批。

其他单位创办期刊并设立期刊出版单位，经主管单位审核同意后，由主办单位向所在地省、自治区、直辖市新闻出版行政部门提出申请，省、自治区、直辖市新闻出版行政部门审核同意后，报新闻出版总署审批。

第十一条　两个以上主办单位合办期刊，须确定一个主要主办单位，并由主要主办单位提出申请。

期刊的主要主办单位应为其主管单位的隶属单位。期刊出版单位和主要主办单位须在同一行政区域。

第十二条　创办期刊、设立期刊出版单位，由期刊出版单位的主办单位提出申请，并提交以下材料：

（一）按要求填写的《期刊出版申请表》；

（二）主管单位、主办单位的有关资质证明材料；

（三）拟任出版单位法定代表人或主要负责人简历、身份证明文件及

国家有关部门颁发的职业资格证书;

(四)编辑出版人员的职业资格证书;

(五)办刊资金来源、数额及相关的证明文件;

(六)期刊出版单位的章程;

(七)工作场所使用证明;

(八)期刊出版可行性论证报告。

第十三条　新闻出版总署应当自收到创办期刊、设立期刊出版单位的申请之日起90日内,作出批准或者不批准的决定,并直接或者由省、自治区、直辖市新闻出版行政部门书面通知主办单位;不批准的,应当说明理由。

第十四条　期刊主办单位应当自收到新闻出版总署批准决定之日起60日内办理注册登记手续:

(一)持批准文件到所在地省、自治区、直辖市新闻出版行政部门领取《期刊出版登记表》,填写一式五份,经期刊主管单位审核签章后,报所在地省、自治区、直辖市新闻出版行政部门,省、自治区、直辖市新闻出版行政部门应在15日内,将《期刊出版登记表》报送新闻出版总署备案;

(二)公开发行的期刊,可以向ISSN中国国家中心申领国际标准连续出版物号,并向新闻出版总署条码中心申领条型码;

(三)省、自治区、直辖市新闻出版行政部门对《期刊出版登记表》审核无误后,在10日内向主办单位发放《期刊出版许可证》;

(四)期刊出版单位持《期刊出版许可证》到工商行政管理部门办理登记手续,依法领取营业执照。

《期刊出版登记表》由期刊出版单位、主办单位、主管单位及所在地省、自治区、直辖市新闻出版行政部门各留存一份。

第十五条　期刊主办单位自收到新闻出版总署的批准文件之日起60日内未办理注册登记手续,批准文件自行失效,登记机关不再受理登记,期刊主办单位须把有关批准文件缴回新闻出版总署。

期刊出版单位自登记之日起满90日未出版期刊的,由新闻出版总署撤销《期刊出版许可证》，并由原登记的新闻出版行政部门注销登记。

因不可抗力或者其他正当理由发生前款所列情形的，期刊出版单位可以向原登记的新闻出版行政部门申请延期。

第十六条 期刊社应当具备法人条件，经核准登记后，取得法人资格，以其全部法人财产独立承担民事责任。

期刊编辑部不具有法人资格，其民事责任由其主办单位承担。

第十七条 期刊出版单位变更名称、合并或者分立、改变资本结构，出版新的期刊，依照本规定第十条至第十四条的规定办理审批、登记手续。

第十八条 期刊变更名称、主办单位或主管单位、登记地、业务范围、刊期的，依照本规定第十条至第十四条的规定办理审批、登记手续。

期刊变更刊期，新闻出版总署可以委托省、自治区、直辖市新闻出版行政部门审批。

本规定所称期刊业务范围包括办刊宗旨、文种。

第十九条 期刊出版单位变更期刊开本、法定代表人或者主要负责人、在同一登记地内变更地址，经其主办单位审核同意后，由期刊出版单位在15日内向所在地省、自治区、直辖市新闻出版行政部门备案。

第二十条 期刊休刊，期刊出版单位须向所在地省、自治区、直辖市新闻出版行政部门备案并说明休刊理由和期限。

期刊休刊时间不得超过1年。休刊超过1年的，由新闻出版总署撤销《期刊出版许可证》，所在地省、自治区、直辖市新闻出版行政部门注销登记。

第二十一条 期刊出版单位终止期刊出版活动的，经主管单位同意后，由其主办单位向所在地省、自治区、直辖市新闻出版行政部门办理注销登记，并由省、自治区、直辖市新闻出版行政部门报新闻出版总署备案。

第二十二条 期刊注销登记，以同一名称设立的期刊出版单位须与期刊同时注销，并到原登记的工商行政管理部门办理注销登记。

注销登记的期刊和期刊出版单位不得再以该名称从事出版、经营活动。

第二十三条　中央期刊出版单位组建期刊集团,由新闻出版总署批准;地方期刊出版单位组建期刊集团,向所在地省、自治区、直辖市新闻出版行政部门提出申请,经审核同意后,报新闻出版总署批准。

第三章　期刊的出版

第二十四条　期刊出版实行编辑责任制度,保障期刊刊载内容符合国家法律、法规的规定。

第二十五条　期刊不得刊载《出版管理条例》和其他有关法律、法规以及国家规定的禁止内容。

第二十六条　期刊刊载的内容不真实、不公正,致使公民、法人或者其他组织的合法权益受到侵害的,期刊出版单位应当公开更正,消除影响,并依法承担其他民事责任。

期刊刊载的内容不真实、不公正,致使公民、法人或者其他组织的合法权益受到侵害的,当事人有权要求期刊出版单位更正或者答辩,期刊出版单位应当在其最近出版的一期期刊上予以发表;拒绝发表的,当事人可以向人民法院提出诉讼。

期刊刊载的内容不真实、不公正,损害公共利益的,新闻出版总署或者省、自治区、直辖市新闻出版行政部门可以责令该期刊出版单位更正。

第二十七条　期刊刊载涉及国家安全、社会安定等重大选题的内容,须按照重大选题备案管理规定办理备案手续。

第二十八条　公开发行的期刊不得转载、摘编内部发行出版物的内容。

期刊转载、摘编互联网上的内容,必须按照有关规定对其内容进行核实,并在刊发的明显位置标明下载文件网址、下载日期等。

第二十九条　期刊出版单位与境外出版机构开展合作出版项目,须经新闻出版总署批准,具体办法另行规定。

第三十条　期刊出版质量须符合国家标准和行业标准。期刊使用语言文字须符合国家有关规定。

第三十一条　期刊须在封底或版权页上刊载以下版本记录：期刊名称、主管单位、主办单位、出版单位、印刷单位、发行单位、出版日期、总编辑（主编）姓名、发行范围、定价、国内统一连续出版物号、广告经营许可证号等。

领取国际标准连续出版物号的期刊须同时刊印国际标准连续出版物号。

第三十二条　期刊须在封面的明显位置刊载期刊名称和年、月、期、卷等顺序编号，不得以总期号代替年、月、期号。

期刊封面其他文字标识不得明显于刊名。

期刊的外文刊名须是中文刊名的直译。外文期刊封面上必须同时刊印中文刊名；少数民族文种期刊封面上必须同时刊印汉语刊名。

第三十三条　一个国内统一连续出版物号只能对应出版一种期刊，不得用同一国内统一连续出版物号出版不同版本的期刊。

出版不同版本的期刊，须按创办新期刊办理审批手续。

第三十四条　期刊可以在正常刊期之外出版增刊。每种期刊每年可以出版两期增刊。

期刊出版单位出版增刊，应在申请报告中说明拟出增刊的文章编目、印数、定价、出版时间、印刷单位，经其主管单位审核同意后，由主办单位报所在地省、自治区、直辖市新闻出版行政部门审批；批准的，发给一次性增刊许可证。

增刊内容必须符合正刊的业务范围，开本和发行范围必须与正刊一致；增刊除刊印本规定第三十一条所列版本纪录外，还须刊印增刊许可证编号，并在封面刊印正刊名称和注明"增刊"。

第三十五条　期刊合订本须按原期刊出版顺序装订，不得对期刊内容另行编排，并在其封面明显位置标明期刊名称及"合订本"字样。

期刊因内容违法被新闻出版行政部门给予行政处罚的，该期期刊的相关篇目不得收入合订本。

被注销登记的期刊,不得制作合订本。

第三十六条　期刊出版单位不得出卖、出租、转让本单位名称及所出版期刊的刊号、名称、版面,不得转借、转让、出租和出卖《期刊出版许可证》。

第三十七条　期刊出版单位利用其期刊开展广告业务,必须遵守广告法律规定,发布广告须依法查验有关证明文件,核实广告内容,不得刊登有害的、虚假的等违法广告。

期刊的广告经营者限于在合法授权范围内开展广告经营、代理业务,不得参与期刊的采访、编辑等出版活动。

第三十八条　期刊采编业务与经营业务必须严格分开。

禁止以采编报道相威胁,以要求被报道对象做广告、提供赞助、加入理事会等损害被报道对象利益的行为牟取不正当利益。

期刊不得刊登任何形式的有偿新闻。

第三十九条　期刊出版单位的新闻采编人员从事新闻采访活动,必须持有新闻出版总署统一核发的新闻记者证,并遵守新闻出版总署《新闻记者证管理办法》的有关规定。

第四十条　具有新闻采编业务的期刊出版单位在登记地以外的地区设立记者站,参照新闻出版总署《报社记者站管理办法》审批、管理。其他期刊出版单位一律不得设立记者站。

期刊出版单位是否具有新闻采编业务由新闻出版总署认定。

第四十一条　期刊出版单位不得以不正当竞争行为或者方式开展经营活动,不得利用权力摊派发行期刊。

第四十二条　期刊出版单位须遵守国家统计法规,依法向新闻出版行政部门报送统计资料。

期刊出版单位应配合国家认定的出版物发行数据调查机构进行期刊发行量数据调查,提供真实的期刊发行数据。

第四十三条　期刊出版单位须在每期期刊出版30日内,分别向新闻出版总署、中国版本图书馆、国家图书馆以及所在地省、自治区、直辖市新闻出版行政部门缴送样刊3本。

第四章　监督管理

第四十四条　期刊出版活动的监督管理实行属地原则。

省、自治区、直辖市新闻出版行政部门依法负责对本行政区域期刊和期刊出版单位的登记、年度核验、质量评估、行政处罚等工作,对本行政区域的期刊出版活动进行监督管理。

其他地方新闻出版行政部门依法对本行政区域内期刊出版单位及其期刊出版活动进行监督管理。

第四十五条　期刊出版管理实施期刊出版事后审读制度、期刊出版质量评估制度、期刊年度核验制度和期刊出版从业人员资格管理制度。

期刊出版单位应当按照新闻出版总署的规定,将从事期刊出版活动的情况向新闻出版行政部门提出书面报告。

第四十六条　新闻出版总署负责全国期刊审读工作。地方各级新闻出版行政部门负责对本行政区域内出版的期刊进行审读。下级新闻出版行政部门要定期向上一级新闻出版行政部门提交审读报告。

主管单位须对其主管的期刊进行审读,定期向所在地新闻出版行政部门报送审读报告。

期刊出版单位应建立期刊阅评制度,定期写出阅评报告。新闻出版行政部门根据管理工作的需要,可以随时调阅、检查期刊出版单位的阅评报告。

第四十七条　新闻出版总署制定期刊出版质量综合评估标准体系,对期刊出版质量进行全面评估。

经期刊出版质量综合评估,期刊出版质量未达到规定标准或者不能维持正常出版活动的,由新闻出版总署撤销《期刊出版许可证》,所在地省、自治区、直辖市新闻出版行政部门注销登记。

第四十八条　省、自治区、直辖市新闻出版行政部门负责对本行政区域的期刊实施年度核验。年度核验内容包括期刊出版单位及其所出版期刊登记项目、出版质量、遵纪守法情况等。

第四十九条 年度核验按照以下程序进行：

（一）期刊出版单位提出年度自检报告，填写由新闻出版总署统一印制的《期刊登记项目年度核验表》，经期刊主办单位、主管单位审核盖章后，连同本年度出版的样刊报省、自治区、直辖市新闻出版行政部门；

（二）省、自治区、直辖市新闻出版行政部门对期刊出版单位自检报告、《期刊登记项目年度核验表》及样刊进行审核查验；

（三）经核验符合规定标准的，省、自治区、直辖市新闻出版行政部门在《期刊出版许可证》上加盖年度核验章；《期刊出版许可证》上加盖年度核验章即为通过年度核验，期刊出版单位可以继续从事期刊出版活动；

（四）省、自治区、直辖市新闻出版行政部门在完成期刊年度核验工作30日内向新闻出版总署提交期刊年度核验工作报告。

第五十条 有下列情形之一的，暂缓年度核验：

（一）正在限期停业整顿的；

（二）经审核发现有违法情况应予处罚的；

（三）主管单位、主办单位未履行管理责任，导致期刊出版管理混乱的；

（四）存在其他违法嫌疑需要进一步核查的。

暂缓年度核验的期限由省、自治区、直辖市新闻出版行政部门确定，报新闻出版总署备案。缓验期满，按本规定第四十八条、第四十九条重新办理年度核验。

第五十一条 期刊有下列情形之一的，不予通过年度核验：

（一）违法行为被查处后拒不改正或者没有明显整改效果的；

（二）期刊出版质量长期达不到规定标准的；

（三）经营恶化已经资不抵债的；

（四）已经不具备本规定第九条规定条件的。

不予通过年度核验的，由新闻出版总署撤销《期刊出版许可证》，所在地省、自治区、直辖市新闻出版行政部门注销登记。

未通过年度核验的,期刊出版单位自第二年起停止出版该期刊。

第五十二条 《期刊出版许可证》加盖年度核验章后方可继续使用。有关部门在办理期刊出版、印刷、发行等手续时,对未加盖年度核验章的《期刊出版许可证》不予采用。

不按规定参加年度核验的期刊出版单位,经催告仍未参加年度核验的,由新闻出版总署撤销《期刊出版许可证》,所在地省、自治区、直辖市新闻出版行政部门注销登记。

第五十三条 年度核验结果,核验机关可以向社会公布。

第五十四条 期刊出版从业人员,应具备国家规定的新闻出版职业资格条件。

第五十五条 期刊出版单位的社长、总编辑须符合国家规定的任职资格和条件。

期刊出版单位的社长、总编辑须参加新闻出版行政部门组织的岗位培训。

期刊出版单位的新任社长、总编辑须经过岗位培训合格后才能上岗。

第五章　法律责任

第五十六条 期刊出版单位违反本规定的,新闻出版行政部门视其情节轻重,可以采取下列行政措施:

(一)下达警示通知书;

(二)通报批评;

(三)责令公开检讨;

(四)责令改正;

(五)责令停止印制、发行期刊;

(六)责令收回期刊;

(七)责成主办单位、主管单位监督期刊出版单位整改。

警示通知书由新闻出版总署制定统一格式,由新闻出版总署或者省、自治区、直辖市新闻出版行政部门下达给违法的期刊出版单位,并抄送违法期刊出版单位的主办单位及其主管单位。

本条所列行政措施可以并用。

第五十七条　未经批准,擅自设立期刊出版单位,或者擅自从事期刊出版业务,假冒期刊出版单位名称或者伪造、假冒期刊名称出版期刊的,依照《出版管理条例》第五十五条处罚。

期刊出版单位擅自出版增刊、擅自与境外出版机构开展合作出版项目的,按前款处罚。

第五十八条　出版含有《出版管理条例》和其他有关法律、法规以及国家规定禁载内容期刊的,依照《出版管理条例》第五十六条处罚。

第五十九条　期刊出版单位违反本规定第三十六条的,依照《出版管理条例》第六十条处罚。

期刊出版单位允许或者默认广告经营者参与期刊采访、编辑等出版活动的,按前款处罚。

第六十条　期刊出版单位有下列行为之一的,依照《出版管理条例》第六十一条处罚:

(一)期刊变更名称、主办单位或主管单位、登记地、业务范围、刊期,未依照本规定办理审批手续的;

(二)期刊出版单位变更名称、合并或分立、改变资本结构、出版新的期刊,未依照本规定办理审批手续的;

(三)期刊出版单位未将涉及国家安全、社会安定等方面的重大选题备案的;

(四)期刊出版单位未依照本规定缴送样刊的。

第六十一条　期刊出版单位违反本规定第四条第二款的,依照新闻出版总署《出版物市场管理规定》第四十八条处罚。

第六十二条　期刊出版单位有下列行为之一的,由新闻出版总署或者省、自治区、直辖市新闻出版行政部门给予警告,并处3万元以下罚款:

（一）期刊出版单位变更期刊开本、法定代表人或者主要负责人、在同一登记地内变更地址，未按本规定第十九条报送备案的；

（二）期刊休刊未按本规定第二十条报送备案的；

（三）刊载损害公共利益的虚假或者失实报道，拒不执行新闻出版行政部门更正命令的；

（四）公开发行的期刊转载、摘编内部发行出版物内容的；

（五）期刊转载、摘编互联网上的内容，违反本规定第二十八条第二款的；

（六）未按照本规定第三十一条刊载期刊版本记录的；

（七）违反本规定第三十二条关于期刊封面标识的规定的；

（八）违反本规定第三十三条，"一号多刊"的；

（九）出版增刊违反本规定第三十四条第三款的；

（十）违反本规定第三十五条制作期刊合订本的；

（十一）刊登有偿新闻或者违反本规定第三十八条其他规定的；

（十二）违反本规定第四十一条，以不正当竞争行为开展经营活动或者利用权力摊派发行的。

第六十三条　期刊出版单位新闻采编人员违反新闻记者证的有关规定，依照新闻出版总署《新闻记者证管理办法》的规定处罚。

第六十四条　期刊出版单位违反记者站的有关规定，依照新闻出版总署《报社记者站管理办法》的规定处罚。

第六十五条　对期刊出版单位做出行政处罚，新闻出版行政部门应告知其主办单位和主管单位，可以通过媒体向社会公布。

对期刊出版单位做出行政处罚，新闻出版行政部门可以建议其主办单位或者主管单位对直接责任人和主要负责人予以行政处分或者调离岗位。

第六章 附 则

第六十六条 本规定施行后,新闻出版署《期刊管理暂行规定》和《〈期刊管理暂行规定〉行政处罚实施办法》同时废止,此前新闻出版行政部门对期刊出版活动的其他规定,凡与本规定不一致的,以本规定为准。

第六十七条 本规定自2005年12月1日起施行。

中华人民共和国新闻出版总署令

第31号

《期刊出版管理规定》已经2005年9月20日新闻出版总署第1次署务会议通过,现予公布,自2005年12月1日起施行。

署 长 石宗源

二○○五年九月三十日

附录2　期刊出版形式规范

期刊出版形式规范

1　期刊CN（国内统一连续出版物号）

以CN为前缀，由6位数字（前2位为地区代码，后4位为地区连续出版物的序号）和分类号组成。是由新闻出版总署负责分配给一种期刊的唯一代码。

1.1　期刊CN规定

1.1.1　CN执行《期刊出版管理规定》和GB/T9999-2001《中国标准连续出版物号》相关规定。

1.1.2　获得CN的期刊应持有新闻出版总署批准文件（2004年以前批准的科技期刊持有科技部文件）、期刊出版许可证，并在新闻出版总署备案。

1.1.3　一个国内统一连续出版物号只能对应出版一种期刊，不得用同一国内统一连续出版物号出版不同版本的期刊。

1.1.4　CN应印在期刊封面、版权页或封底上。

1.2 期刊CN准则

1.2.1 一个CN对应一种期刊唯一刊名,期刊更名、变更登记地(跨行政区域)应获得新的CN。

1.2.2 一个CN只能出版一种期刊的一个版本。

1.2.3 不同文种、不同载体的期刊应分别有各自的CN。

1.2.4 CN编号后面不允许附加任何其他标识信息。

1.2.5 CN分类号应以新闻出版总署批准文件为准,不能任意跨学科更改和刊印时省略。

1.2.6 期刊出版单位不得出售、出租和转让CN给其他期刊使用。

1.2.7 CN应按规定格式和字体印在期刊封面、版权页或封底上。

2 期刊ISSN(国际标准连续出版物号)

以ISSN为前缀,包括一位校验码在内的8位数字。由ISSN中国国家中心分配给每一种获得CN并公开发行的期刊的唯一识别代码。

2.1期刊ISSN规定

2.1.1期刊社应持国家新闻出版总署批准创办期刊文件复印件、期刊出版许可证复印件和期刊出版登记表复印件向ISSN中国国家中心申请ISSN。

2.1.2 ISSN执行《中国标准连续出版物号》和《期刊出版管理规定》相关规定。

2.1.3 获得ISSN的期刊应持有ISSN中国国家中心颁发的ISSN证书并在该中心数据库注册。

2.1.4ISSN应印在期刊封面右上角、版权页或封底上。

2.2 期刊ISSN准则

2.2.1获得CN并公开发行的期刊应申请ISSN,期刊更名须获得新闻出版总署批准

后申请新的ISSN。

2.2.2 一个ISSN应与该刊的CN及刊名保持一致。

2.2.3 一个ISSN只能出版一种期刊的一个版本。

2.2.4 不同文种、不同载体的期刊应分别有各自的ISSN。

2.2.5 ISSN应按规定格式和字体印在期刊封面、版权页或封底上。

2期刊条码

出版物条码是由一组按EAN规范排列的条、空及其对应字符组成的表示一定信息的出版物标识。期刊条码由前缀码977(3位)、数据码(ISSN前7位)、年份码(2位)、校验码(1位)以及附加码(2位)组成,由新闻出版总署条码中心负责制作。

2.1 期刊条码规定

3.1.1 期刊条码执行《出版物条码管理办法》和GB/T16827-1997《中国标准刊号(ISSN部分)条码》等相关规定。

3.1.2 期刊条码由新闻出版总署条码中心统一负责制作。

2.2期刊条码准则

3.2.1 期刊条码应与该刊的ISSN及刊名保持一致。

3.2.2 一种期刊的条码只能用于一种期刊的一个版本,不同文种、不同载体的期刊应分别有各自的期刊条码。

3.2.3 期刊条码的附加码应与期刊出版的刊期和(或)出版的年份、月份或期号保持一致。

3.2.4 期刊条码可以通过相关设备识读。

3.2.5 期刊条码应印在规定的位置,印刷质量和色彩应清晰并便于识读。

4 期刊广告经营

期刊刊登广告应在工商管理部门注册登记。

4.1 期刊广告经营规定

4.1.1 期刊广告经营执行《期刊出版管理规定》和相关法律法规。

4.1.2 期刊刊登广告应持有工商管理部门颁发的广告经营许可证。

4.1.3 广告经营许可证号应印在期刊版权页上。

4.2 期刊广告经营准则

4.2.1 刊登广告的期刊须将广告经营许可证号印在每一期期刊版权页或封底上。

5 期刊名称

期刊使用的名称,包括期刊中文刊名和外文刊名。

中文期刊使用中文刊名,刊名包括分册(分辑)刊名、不同内容版本刊名。

外文期刊使用相应语种刊名,刊名包括分册(分辑)刊名、不同内容版本刊名。

少数民族语文期刊使用相应语言刊名,刊名包括分册(分辑)刊名、不同内容版本刊名。

5.1　期刊名称规定

5.1.1　期刊名称执行《期刊出版管理规定》和《中国标准连续出版物号》的相关规定。

5.1.2　出版不同版本的期刊,须按创办新期刊办理审批手续。

5.1.3　期刊的外文刊名须是中文刊名的直译。

5.1.4　外文期刊封面上必须同时刊印中文刊名,少数民族文种期刊封面上必须同时刊印汉语刊名。

5.1.5　期刊名称应印在期刊封面、版权页等处。

5.2　期刊名称准则

5.2.1　期刊刊名由新闻出版总署批准并同时为该刊名分配CN。一个刊名对应一个CN为一种期刊。

5.2.2　期刊刊名变更须经批准并获得新的CN;未经批准不得在刊名中增加、删减和更改字词。

5.2.3　一种期刊不得以任何形式出版两种或两种以上期刊,不得使用同一个CN出版不同刊名的期刊,如:

◆　一种期刊不能以增加类似版别方式,分别出版两种或两种以上期刊;

◆　一种期刊不能以"社会科学版""自然科学版""教师版""学生版"等字样,交替出版两种或两种以上期刊;

◆　一种教育辅导类期刊不能分别使用"XX年级""小学版""语文版""英语"等字样,出版两种或两种以上期刊。

5.2.4　期刊名称应出现在封面和版权页等处。

5.2.5　期刊刊名应明显于期刊封面的其他标识性文字。

5.2.6　期刊名称在封面、版权页、封底、书脊等处应保持一致。

5.2.7　期刊外文刊名的翻译应准确并与中文刊名保持一致,不能使用不相关的外文名称。

6　期刊主要责任单位

期刊主要责任单位包括期刊的主管单位、主办单位和出版单位。

6.1　期刊主要责任单位规定

6.1.1　期刊主要责任单位执行《期刊出版管理规定》等相关规定。

6.1.2　期刊主管单位、主办单位、出版单位变更须经新闻出版总署批准。

6.1.3　两个以上主办单位合办期刊,须确定一个主要主办单位。期刊的主要主办单位应为其主管单位的隶属单位。

6.1.4　期刊出版单位须与主要主办单位在同一行政区域。

6.1.5　期刊主管单位、主办单位、出版单位应印在期刊版权页或期刊封面等处。

6.2　期刊主要责任单位准则

6.2.1　期刊主管单位、主办单位、出版单位未经批准不得变更。

6.2.2　期刊主管单位、主办单位、出版单位名称应印在期刊版权页或期刊封面等处。

6.2.3　未经注册成立具有法人资格的期刊社(杂志社)的期刊,出版单位应标识为:"XX编辑部"。

6.2.4　期刊出版单位和主要主办单位的所在地须在同一行政区域。

7　期刊印刷发行单位

印刷单位是具有印刷经营许可证可以印制期刊的机构。

发行单位是承担期刊发行的部门。

7.1　期刊印刷发行单位规定

7.1.1　印刷单位、发行单位应印在期刊版权页或封底上。

7.2　期刊印刷发行单位准则

7.2.1　期刊印刷单位和发行单位的刊印不应省略。

8　期刊总编辑(主编)

总编辑(主编)是主持期刊编辑和终审等工作的负责人。

8.1　期刊总编辑(主编)规定

8.1.1　总编辑(主编)执行《期刊出版管理规定》和相关法规。

8.1.2　总编辑(主编)姓名应印在期刊版权页等处。

8.2　期刊总编辑(主编)准则

8.2.1　总编辑(主编)姓名应印在期刊版权页等处。

8.2.2　期刊上不得出现多个总编辑(主编)。

9　期刊出版标识

期刊出版标识包括期刊编号、刊期、期刊版式设计等。

期刊编号指期刊在编辑出版过程中所采用的卷、期、年、月标识。

期刊刊期指一种期刊每年出版的频次。

9.1　期刊出版标识规定

9.1.1　期刊出版标识执行《期刊出版管理规定》相关规定。

9.1.2　期刊须在封面的明显位置刊载期刊名称和年、月、期、卷等顺序编号,不得以总期号代替年、月、期号。

9.1.3　期刊应按批准的刊期出版。

9.2　期刊出版标识准则

9.2.1　每期期刊封面和版权页等处的年、月、期号标识不能省略。

9.2.2　期刊的年、月、期号标识可采用卷号和(或)总期号方式标识,凡采用卷和总期号标识的期刊,其卷号和(或)总期号应连续编排,不应随意更改,不得使用总期号和卷号代替年、月、期号。

9.2.3　同一期刊每年出版的各期不得分别独立设置编号体系交叉出版。

9.2.4　一种期刊的每一期应为一册。

9.2.5　任何期刊不得以不同刊期或增加刊期频率方式变相出版两种以上期刊。

9.2.6　期刊不得随意脱期出版,不应任意增减出版刊期。

9.2.7　同一期刊在每年度中的版式设计风格应基本保持一致。

9.2.8　同一期刊在每年度中各期的幅面尺寸应保持一致。

10　期刊版权页

期刊出版情况的记录,列载供国家版本管理部门、出版发行单位、信息资源管理等部门使用的版本资料。

10.1　期刊版权页规定

10.1.1　期刊版权页执行《期刊出版管理规定》相关规定。

10.1.2　期刊版权页记录:期刊名称、主管单位、主办单位、出版单位、印刷单位、发行单位、出版日期、总编辑(主编)姓名、定价、国内统一连续出版物号、广告经营许可证号。

10.2　期刊版权页准则

10.2.1　期刊须设立版权页,版权页位于期刊正文之前,也可设在期刊封底上。

10.2.2　期刊版权页记录的各个项目应完整。

10.2.3　期刊版权页记录的项目应与封面或封底上记录的相同项目保持一致。

11　期刊标识性文字

期刊版权页规定的记录项目之外,在期刊封面或显著位置上对期刊进行宣传的文字。

11.1　期刊标识性文字规定

11.1.1　期刊标识性文字执行《期刊出版管理规定》相关规定。

11.1.2　期刊封面其他文字标识不得明显于刊名。

11.2　期刊标识性文字准则

11.2.1　期刊标识性文字不得使用毫无实据的、过于夸张的宣传语言,如:"世界排名第X名""全球发行量最大""中国唯一的""XX领域最早期刊""获奖最多"等。

11.2.2　期刊刊名的补充文字说明、期刊内容宣传等标识性文字不得明显于期刊刊名,不得通过颜色、位置等手段突出显示。

《期刊出版形式规范》编制说明

《期刊出版管理规定》第四十七条规定:"新闻出版总署制定期刊出版质量综合评估标准体系,对期刊出版质量进行全面评估。经期刊出版质量综合评估,期刊出版质量未达到规定要求或者不能维持正常出版活动的,由新闻出版总署撤销《期刊出版许可证》,所在地省、自治区、直辖市新闻出版行政部门注销登记。"为更好地执行《期刊出版管理规定》,特制定本规范。

《期刊出版形式规范》制定目的

本规范制定目的是为期刊提供可依据的出版形式规范,为提高期刊综合出版质量,建立科学的期刊出版管理体系服务。

《期刊出版形式规范》制定原则

本规范制定的原则是:科学合理,客观实际,标准兼容,可操作性强。

《期刊出版形式规范》制定依据

本规范制定以《出版管理条例》、《期刊出版管理规定》、GB/T9999–2001《中国标准连续出版物号》以及相关国家标准和仍在有效期内的各种法规为依据。

《期刊出版形式规范》规范项目

本规范根据《期刊出版管理规定》规范如下项目:国内统一连续出版物号(CN)、国际标准连续出版物号(ISSN)、广告经营许可证号、期刊条码、期刊名称、期刊主要责任单位(主管单位、主办单位、出版单位)、印刷发行单位、总编辑、期刊出版标识(期刊编号、刊期)、版权页和期刊标识性文字。

《期刊出版形式规范》适用范围

本规范适用于获得国内统一连续出版物号(CN)的期刊。

《期刊出版形式规范》的解释

本规范由新闻出版总署制定并负责解释。

参考资料

[1]徐柏容.期刊编辑学概论[M].沈阳:辽宁教育出版社,1995.

[2]陈仁风.现代杂志编辑学[M].北京:中国人民大学出版社,1995.

[3]李频.期刊策划导论[M].石家庄:河北教育出版社,2001

[4]李频.大众期刊运作[M].北京:中国大百科全书出版社,2003

[5]沈国凡.解读《故事会》[M].上海:上海社会科学出版社,2003.

[6]孟格尔.期刊经营[M].朱启文,译.石家庄:河北教育出版社,2004

[7]帕特森ＢＲ,帕特森ＫＥＰ.期刊编辑[M].崔人元,译.石家庄:河北教育出版社,2006.

[8]令狐磊.杂志癖[M].北京:新星出版社,2006.

[9]日本排版设计研究会.书籍杂志编排设计完全手册[M].北京:中国青年出版社.2004.

[10]师永刚.读者传奇[M].北京:中国社会科学出版社,2004.

[11]宋应离.中国期刊发展史[M].开封:河南大学出版社,2006.

[12]叶新.美国杂志的出版与经营[M].北京:中国传媒大学出版社,2007.

[13]徐春莲.英国期刊产业前沿报告[M].广州:南方日报出版社,2007.

[14]李辉.封面中国[M].北京:东方出版社,2007.

[15]中国科学技术期刊编辑学会.科学技术期刊编辑教程[M].北京:人民军医出版社,2007.

[16]龚维忠.现代期刊编辑学[M].北京:北京大学出版社,2007.

[17]中国科学技术期刊编辑学会.科学技术期刊编辑教程[M].第二版.北京:人民军医出版社,2007.

[18]新周刊杂志社.一本杂志和一个时代的体温[M].桂林:漓江出版社,
2007.

[19]李辉.封面中国—美国《时代》周刊讲述的中国故事[M].北京:东方出
版社.2007.

[20]王栋.对话美国顶尖杂志总编[M].北京:作家出版社,2008.

[21]郝振省,汤潮.期刊主编访谈[M].北京:中国书籍出版社,2009.

[22]徐柏容.期刊:长流的江河[M].北京:首都师范大学出版社,2009.

[23]李频.共和国期刊60年[M].北京:中国大百科全书出版社,2010

[24]布鲁克斯,西索斯.编辑的艺术[M].刘英凯,译.北京:中国人民大学出
版社,2010.

[25]龚军辉.期刊市场营销[M].长沙:湖南人民出版社,2010.

[26]瘦马.时尚行业生存手册[M].北京:中信出版社.2011.

[27]赵云泽.中国时尚杂志的历史衍变[M].福州:福建人民出版社.2010.

[28]龚维忠.现代期刊编辑学[M].北京:北京大学出版社,2013.

后　　记

《期刊策划教程》这本书的完成，要进行一个简单的历史回溯。

1995年北京印刷学院出版系成立，第一任系主任为聂玉海老师(已仙逝)，第二任系主任为李频老师(现任中国传媒大学教授、博导)。李频老师研究方向广泛，当时研究方向之一为期刊，先后出版《期刊策划导论》《大众期刊运作》等相关著作，开设期刊类相关课程，笔者于1999年开始了北京印刷学院的求学之旅，有幸在课堂上一睹李频老师风采，并且在以后学习中得到了李频老师的指导，所以首先要感谢李频老师在专业上的引路。

北京印刷学院出版系多年来在本科、高职、成人教育相继开设期刊出版课程，在2007年启动期刊出版教材编写工作，编写工作由笔者承担，2010年2月教材定稿完成，但因种种原因，一直未能实际出版。

斗转星移，时光荏苒，出版系创办逾20年，先后划入出版传播与管理学院(2003年开始设立，于2010年底拆分为新闻出版学院和经济管理学院)和新闻出版学院(2010年11月成立，茁壮发展至今)，相继成为北京市品牌建设专业、国家级特色专业建设点，社会认可度不断提高，影响力持续扩大，专业具体名称虽有变化，但"编辑出版"作为专业核心一直不变，期刊课程一直存在，也由期刊出版一门，演化为期刊策划、期刊出版两门。但本校期刊教材未能出版，始终是一憾事。

因此，在这里特别要感谢北京印刷学院新闻出版学院历任领导魏超教授、陈丹教授、高杨文教授的支持、帮助和督促，没有他们的宽容、鼓励和支持，《期刊策划教程》的出版还要经历更多的等待。

感谢编辑出版专业原专业负责人朱宇教授的多次悉心指导与帮助。朱老师是笔者的老师，不仅在笔者求学期间悉心指导，在笔者走上教师岗位后，朱老师多年来也一直耐心、细心地与笔者在教学、科研等方面进行指导和交流，尤其是在教学方面。朱老师多年来承担编辑出版专业出版学、编辑学、选题策划导论、模拟书制作等各类专业核心课、实践课等课程，积累了大量的上课心得与经验，这些她都无私地分享给笔者；在笔者所承担的课程上，在课堂教学、课后训练等方面，朱老师也提出很多建设性的意见和建议，在此特别谢过。

也感谢编辑出版专业的各位师友的支持和帮助。

本书第九章第二节《指针》策划部分主要来源于原编辑出版专业2013级聂汉文同学的毕业设计"期刊《指针》设计与制作"，聂同学在大三先后选修期刊策划、期刊出版两门课程，大四选择笔者为毕设指导老师，历经半年时间，结合自己在《时尚时间》的实习积累，聂同学完成了整本期刊的内容搜集、栏目设计、排版、印刷等一系列工作。在前期与笔者在版块设计、内容策划等方面的沟通之外，以个人之力完成一本期刊的体量，其中辛苦与努力自不待言。专业课程设置是否得当，能否教会学生，真正的检验就是看学生的作品，这也是对期刊策划的课程教学的一个佐证。

课程日常授课以期刊实物展示、案例分析为主，教材写作过程中结合课堂实际，也以大量期刊为案例，本书中先后使用《新周刊》《北京大学学报》《国际展望》《中国国家地理》《文明》《华夏地理（原华夏人文地理）》《时尚先生》《时尚健康》《南方人物周刊》等期刊的封面、部分内容为案例展开论述，也向这些刊社表示谢意。

最后，也对编辑出版专业历年来选修期刊策划课程的同学表示感谢，感谢你们在没有教材的情况下对笔者的信任和支持，这门课程授课依赖于期刊实体展示和课堂案例分析，教学相长，在授课过程中从你们身上笔者也获益良多,课程教学和考核的严格,也是担心大家在无教材指导的情况下学习不够扎实,现在终于能够以《期刊策划教程》呈现出来,把最后的感谢,送给你们,谢谢你们多年来在课堂上的坚强、坚持和坚韧。